いまさら聞けない!?
雇用社会のルール

採用から退職まで

はしがき

　毎年、労働法を学んだことがない大学生を対象とする講義の初回に、クイズ形式で問題を出しています。その問題のなかの一つに次のようなものがあります。

「次の就職に関する説明のうち、正しいものを一つあげなさい。
① 　会社は、採用内定を出しても、まだ実際に働く前であれば、自由に内定を取り消すことができる。
② 　採用内定をもらい、内定式が終わっていても、労働者（学生）のほうから内定を辞退することは許される。
③ 　会社は、新卒（新規学卒者）から3年以内の労働者（学生）であれば、新卒と同じ扱いにすることが法律で義務づけられている。
④ 　卒業後、いったんニートになってしまうと、職業訓練学校に通わなければ、正社員の募集への応募をすることはできない。」

　驚くことに、ほとんどの学生が①と答えます。違うと言うと、③と答えます。それでも違うと言うと、④と答えます。しかし、正解は②なのです。
　学生の普通の感覚からすると、内定式までは、複数のところから内定（正確には、内々定）をとって、後から辞退できるものの、内定式が終わると正式な決定なので、その後は辞退できないということのようなのです。その一方で、会社のほうからは、いつでも内容を取り消せると思っているのです。学生だから知識が不十分なのかもしれませんが、社会人になっていても、どれくらいの人が、①が間違いで、②が正しいと指摘して、その理由を、正確に説明することができるでしょうか（⇒ *Theme* 09 ）。
　また、学生に関係する話では、アルバイトには労災保険が適用されないという誤解もよく耳にします。アルバイトは普通は短時間の就労なので、雇用保険、

i

厚生年金、健康保険に加入していなくてもよいことが多いのですが、労災保険は違うのです。労災保険は労働者であれば誰にでも適用されるのです。それでは、アルバイトは労働者か。大学生の自分のお子さんにこう聞かれたとき、みなさんはきちんと答えられますか（⇒ **Theme 01**）。

　社会人でも、自分たちのことについて、思わぬ誤解をしていることがありそうです。ちょっと点検してみることも必要でしょう。たとえば、多くの会社で、管理職になった人は、労働組合から脱退し、残業代が支払われなくなります。これはいかにも労働組合法や労働基準法に則して行われているようなのですが、はたして法律はそういうことを定めているのでしょうか（⇒ **Theme 11**）。

　実は、雇用社会の常識となっていることでも、法的にみるとおかしい、あるいは根拠がないものは、意外にたくさんあるのです。自分が勝手に常識と思いこんでいることもあります。少し疑問を感じても、いまさら誰かに聞きにくいな、ということもあるでしょう。そんな人は、まずは本書の目次にあるテーマをざっとながめてください。37の質問がありますが、どれだけ自信をもって答えられるでしょうか。

　私は、「労働基準」（日本労務研究会）という月刊誌における「いまさら聞けない！？　雇用のルール」という連載で、働く人にとって誤解しやすい雇用社会のルールを一つひとつとりあげて、法的な解説をしてきました。本書は、この連載に加筆修正を加えてまとめたものです。本書が、労働者や経営者の人にとって、正しい雇用社会のルールを知るための助けに少しでもなることができれば、と思っています。

　私は一般の人に労働法を知ってもらうように積極的に情報提供することも、研究者の重要な仕事と考えています。そうした目的で、これまで何冊かの本を世に出してきました。読者のみなさんの知識のレベルや関心のもち方によって、本書では難しすぎる、あるいは簡単すぎるという人もいるでしょう。もし難しすぎると思ったら、『どこまでやったらクビになるの――サラリーマンのための労働法入門』（2008年、新潮新書）から読んでみてください。逆に、もし簡単すぎると思ったら、一定の労働法の基礎的な知識のある人を想定して書いた『キーワードからみた労働法』（2009年、日本法令）と『雇用はなぜ壊れたのか――会

社の論理vs.労働者の論理』(2009年、ちくま新書)を読んでみてください。さらにもう少し深く考えてみたいと思ったなら、『雇用社会の25の疑問 ─ 労働法再入門(第2版)』(2010年、弘文堂)と、大学の講義を再現したような形の『労働の正義を考える ─ 労働法判例からみえるもの』(2012年、有斐閣)も読んでみてください。

最後に本書の刊行には、日本労務研究会の橋本一郎さんに、たいへんお世話になったことを付言しておきます。

　2012年6月

大内 伸哉

... Contents ....
•目次•

第1編　基本的なことは、意外に難しい ―― 1

［第1章］労働者について ……………………………………… 2
・Theme 01　正社員って誰のこと？ ……………………………… 2
・Theme 02　個人事業主も、従業員扱いしなければならないことがあるの？ … 10

［第2章］使用者について ……………………………………… 18
・Theme 03　親会社は、子会社の従業員に対して、責任を負うことがあるの？… 18
・Theme 04　事業譲渡があれば、他社への移籍が強制される？ ………… 26
・Theme 05　派遣社員は、どの会社に雇われているの？ ……………… 34

［第3章］労働契約について …………………………………… 42
・Theme 06　約束しても守らなくていいの？ …………………… 42
・Theme 07　就業規則は会社の憲法なの？ ……………………… 50
・Theme 08　会社の慣行には、どこまで拘束力があるの？ ………… 58

第2編　採用から退職までのルールを学ぼう ―― 67

［第1章］採用過程 …………………………………………… 68
・Theme 09　採用内定の取消って自由にできるの？ ……………… 68
・Theme 10　会社は、試用期間中の労働者であれば、自由にクビにできるの？… 76

［第2章］賃金 ………………………………………………… 84
・Theme 11　管理職になるとなぜ残業代はなくなるの？ ………… 84
・Theme 12　残業代込みの年俸制は適法なの？ ………………… 92

- Theme 13　給料からの天引きは、どういう場合に認められるの？ ………… *100*
- Theme 14　働かなくても、給料がもらえることはあるの？ ………… *108*

[第3章] 労働時間 ………… *116*
- Theme 15　仕事の遅さは自己責任？ ………… *116*
- Theme 16　年休は、会社の許可がなければ取れないの？ ………… *124*

[第4章] 懲戒・服務規律 ………… *132*
- Theme 17　会社の不正を外部に告発するのは秘密漏洩にあたるの？ ………… *132*
- Theme 18　勤務時間中に私用メールをすることは許されないの？ ………… *140*
- Theme 19　会社は、従業員の身だしなみを、どこまで規制できるの？ ……… *148*
- Theme 20　会社は、従業員のアルバイトを制限していいの？ ………… *156*
- Theme 21　会社は、従業員に対して損害賠償を請求していいの？ ………… *164*
- Theme 22　経歴を偽って入社したことがバレればクビなの？ ………… *172*
- Theme 23　懲戒解雇は、普通の解雇とどこが違うの？ ………… *180*

[第5章] 人事 ………… *188*
- Theme 24　転勤命令には絶対服従しなければならないの？ ………… *188*
- Theme 25　仕事ができなくなると、ただちにクビになるの？ ………… *196*

[第6章] 労災・安全衛生 ………… *204*
- Theme 26　仕事に関連する病気は、どこまで労災保険の対象となるの？ … *204*
- Theme 27　従業員のメンタルヘルスに、会社はどこまで配慮しなければならないの？ … *212*

[第7章] 雇用平等 ………… *220*
- Theme 28　男女雇用機会均等法は、誰のための法律？ ………… *220*
- Theme 29　セクシュアルハラスメントって何？ ………… *228*

[第8章] 解雇・退職 ………… *236*
- Theme 30　会社の都合による解雇は、許されるの？ ………… *236*
- Theme 31　会社は、従業員を何歳まで雇わなければならないの？ ………… *244*
- Theme 32　会社は、従業員の退職後の就職先を制限してよいの？ ………… *252*

v

第3編　労働組合に関するルールを学ぼう ────── *261*

［第1章］労働組合とは、どんな組織か ………………………………… *262*
　・*Theme 33*　管理職は労働組合に加入してはならないの？ ……… *262*
　・*Theme 34*　労働組合に入らない自由はないの？ ………………… *270*

［第2章］労働組合の活動 …………………………………………………… *278*
　・*Theme 35*　労働協約と労使協定はどこが違うの？ ……………… *278*
　・*Theme 36*　ストライキって、ほんとうにやっていいの？ ……… *286*
　・*Theme 37*　会社施設を利用した組合活動は、どこまで許されるの？ ……… *294*

注　記 ……………………………………………………………………… *302*

キーワード索引（Theme） ……………………………………………… *305*

凡例

[法律略語一覧]
- 労基法 ………… 労働基準法
- 労基則 ………… 労働基準法施行規則
- 労契法 ………… 労働契約法
- 労組法 ………… 労働組合法
- 育介法 ………… 育児休業、介護休業等育児又は家族介護を行う労働者の福祉に関する法律
- 承継法 ………… 会社分割に伴う労働契約の承継等に関する法律
- 高年法 ………… 高年齢者等の雇用の安定等に関する法律
- 個紛法 ………… 個別労働関係紛争の解決の促進に関する法律
- 雇均法 ………… 雇用の分野における男女の均等な機会及び待遇の確保等に関する法律
- 最賃法 ………… 最低賃金法
- 職安法 ………… 職業安定法
- パート労働法 … 短時間労働者の雇用管理の改善等に関する法律
- 労安法 ………… 労働安全衛生法
- 労調法 ………… 労働関係調整法
- 労災法 ………… 労働者災害補償保険法
- 派遣法 ………… 労働者派遣事業の適正な運営の確保及び派遣労働者の保護等に関する法律

[判例の表記]
- 最高裁判所大法廷判決 ……… 最大判
- 最高裁判所第○小法廷判決 … 最○小判
- 民　集 ……………………… 最高裁判所民事判例集
- 労民集 ……………………… 労働関係民事裁判例集
- 労　判 ……………………… 労働判例
- 労経速 ……………………… 労働判例経済速報

* 大内伸哉『最新重要判例200労働法（第2版）』（弘文堂）に掲載されている判例については、その事件番号をあげて、〔最重判○事件〕と記載します（○の部分が、事件番号）

* 参考文献における筆者の本については、次の略称を用います。
「キーワード」：『キーワードからみた労働法』（2009年、日本法令）
「雇用はなぜ壊れたのか」
　　：『雇用はなぜ壊れたのか―会社の論理vs労働者の論理』（2009年、筑摩書房）
「25の疑問」：『雇用社会の25の疑問―労働法再入門―（第2版）』（2010年、弘文堂）
「労働の正義」：『労働の正義を考えよう―労働法判例からみえるもの』（2012年、有斐閣）

第1編

基本的なことは、意外に難しい

第1章
労働者について

Theme 01

正社員って誰のこと？

　雇用社会には、正社員と非正社員と呼ばれる人がいて、その待遇はかなり違っています。そのことが社会的な問題にもなっているわけですが、そもそも法的にみて、正社員とはどういう人をさすのでしょうか。正社員と非正社員との間には、法的な保護の面で違いはあるのでしょうか。

1　労働法上は存在しない用語

　会社では、実に多様な立場の人が働いています。「社員さん」と呼ばれるのは、普通は、正社員です。契約社員は、社員という名称がついていても、正社員ではないでしょう。パートやアルバイトも正社員ではありません。人材派遣会社から派遣されている人は、そもそも他社で雇われているので、やはり正社員ではありません。
　普通は、正社員と非正社員との間では、待遇の格差があります。たとえば、正社員は月給制で、勤続年数に応じて給料が上がっていくのに対して、非正社員は時間給で、いつまで経っても給料が上がらないということがよくあります。
　では、正社員とは、どういう人なのでしょうか。どうして、パートタイム労働者は、正社員でないのでしょうか。
　まず確認しておくべきなのは、正社員や非正社員という用語は、労働法上は存在していないということです。ましてや、誰が正社員か非正社員かというよ

1. 正社員って誰のこと？

うなことは、法律では何も定めていません。法律にあるのは、「労働者」という言葉だけです。

たとえば、労基法9条には、同法上の「労働者」についての定義があり、そこでは、「職業の種類を問わず、事業又は事務所……に使用される者で、賃金を支払われる者」と定められています。この定義は、最賃法（2条1号）、労安法（2条2号）、賃金の支払の確保等に関する法律（2条2項）にもあてはまります。さらに、判例上は、労災保険法上の「労働者」も同じとされています[*1]。

また、労契法2条1項では、同法上の「労働者」は、「使用者に使用されて労働し、賃金を支払われる者」とされています。これは、労基法上の「労働者」に比べて、「事業又は事務所……に使用される」という要件がないだけ広いものとなりますが、その他の点は同じです[*2]。

さらに、労組法3条では、同法上の「労働者」は「職業の種類を問わず、賃金、給料その他これに準ずる収入によつて生活する者」とされています。

いずれの法律においても、その法律の定義する「労働者」に該当しさえすれば、それぞれの法律の適用を受け、保護されることになるのです。

(*1) 横浜南労基署長（旭紙業）事件・最1小判平成8年11月28日労判714号14頁〔最重判91事件〕
(*2) 労基法上の「事業」とは、行政解釈によると、「工場、鉱山、事務所、店舗等の如く一定の場所において相関連する組織のもとに業として継続的に行われる作業の一体をいう」とされています（昭和22年9月13日発基17号等）。こうした事業に使用されない者は、労基法上の労働者ではありませんが、労契法上の労働者に該当する可能性はあるわけです。

2 労働者はみな平等

ここでは、さしあたり労基法上の「労働者」のことだけを考えてみましょう。

通常、労基法上の「労働者」とは使用従属関係にある者とされています。労働契約にもとづき、使用者の指揮命令を受けて働き、それに対して賃金をもらっている人は、すべて労基法上の「労働者」に該当します。

したがって、正社員だけでなく、非正社員であっても、労働契約を締結して

第1編 ●第1章／労働者について

指揮命令を受けて働いて賃金をもらっている以上、みんな「労働者」に該当し、「労働者」としての保護を受けるのです（⇒ *Theme* 02 ）。

　たとえば、非正社員であっても、1日の労働時間が8時間を超えれば25パーセント以上の割増賃金をもらうことができます（32条2項、37条1項）。1日に6時間を超えて働くと45分以上の休憩を途中でもらえます（34条1項）。

　また、雇い入れられてから半年以上継続勤務し、その間に全労働日の8割以上を出勤すると、それから1年の間に10日の年次有給休暇（年休）を取得することができます（39条1項）。この年休の日数は、勤続期間が長くなると、徐々に増えていきます（同条2項。最高は20日）。

　ただし、1週間の所定労働時間が30時間を下回っていて、週の所定労働日数が4日以下の場合には、所定労働日数に応じて、年休の日数が減らされます（同条3項）。たとえば、あるパートタイム労働者が週の所定労働日数が1日の場合には、前記の10日の年休は1日となります。

　これは、正社員との間の格差であるようにもみえます。しかし、そもそも週の所定労働日数が少ない以上、年休の日数が少ないのは当然のことであって、これを格差と呼ぶのは適切でないでしょう。育児休業や介護休業を、引き続き雇用された期間が1年未満である者が取得できないとされている（育介法5条1項、11条1項）のも、やむを得ないことでしょう[*1]。

　このような特別の場合を除くと、正社員と非正社員との間には保護の格差はないのです。たとえば最賃法は、非正社員にも適用されますし、労災保険法も適用されます。学生から、アルバイトは仕事中にけがをしても労災保険の適用がないと雇い先から言われたという話をよく聞きますが、こうした取扱いは違法です。学生であっても、アルバイトをしているときは、労働契約を結んでおり、法的には「労働者」となるのです。

（*1）　雇用保険や健康保険等も、非正社員の多くは加入が認められていません。雇用保険の被保険者となるためには、31日以上引き続き雇用されることが見込まれていて、かつ1週間の所定労働時間が20時間以上であることが必要ですし、健康保険や厚生年金保険についても、2カ月を超える雇用期間であり、かつ1カ月の所定労働日数と1日または1週間の所定労働時間が正社員の概ね4分の3以上であることが必要とされているからです。

3 格差はどうして生じるのか

　このように、正社員であろうと、非正社員であろうと、法律の下では労働者はみな平等であるはずなのに、実際には、処遇の格差が生じてしまうのはなぜでしょうか。

　先ほども述べたように、正社員や非正社員というのは、法律上の用語ではありません。つまり、雇用社会のなかでは、法律に関係なく、正社員と非正社員との区分がなされているのです。普通は、正社員は期間の定めがなく、フルタイムで働く人をさし、非正社員は、期間の定めがあったり、パートタイムで働いたり、その両方であったりする人をさします。

　たしかに、正社員と非正社員との間には一種の「身分」的な格差があります。もちろん、前に述べたように、法律上の権利は非正社員にも認められなければなりません。そのかぎりにおいては、正社員と非正社員に格差が生じることはありえないのです。

　しかし、従業員の処遇のすべてが法律で規制されているわけではありません。従業員の処遇は、法律で規制されている部分を除くと、労働契約において自由に決めてよいのです。その自由に決められるところでは、格差が生まれる可能性があります。

　では、この格差は、法的に許されるものなのでしょうか。そもそも、誰をその会社の正社員として雇い、誰を非正社員として雇うかは、その会社が決めてよく、正社員を非正社員よりどの程度優遇するかも会社が決めてよいものです。従業員のほうも、その違いをわかったうえで、正社員として労働契約を締結したり、非正社員として労働契約を締結したりしているはずです。いったん労働契約を締結してしまった以上、騙されたり脅されて契約を締結したというような場合を除き、契約内容に後から文句をつけても、それは通らないはずです。

　このことは従業員の処遇で一番重要な給料にもあてはまります。会社が、非正社員に対して、正社員よりも低い給料しか支払っていなくても、それが最低賃金を上回っているかぎり、法的には問題がないのです。

　ただ、正社員と非正社員とが、同じ内容の仕事をしているような場合もあり、そのときに給料に格差があるのは妥当でない、という意見もあるところです。

第1編 ●第1章／労働者について

この点はどう考えるべきでしょうか^(*1)。

> (*1) なおこうした格差は、労基法3条の定める「社会的身分」による差別取扱いではないと解されています。同条の「社会的身分」は、本人の意思によって逃れられないものをさし、非正社員としての地位は、そのようなものではないと解されているのです。

4 パート労働法の改正

この問題は、長年、学説上も議論のあるテーマでしたが、パート労働法の2007年改正で、一定の解決が図られました。まず重要なのが、次の規定です。

第8条1項

「事業主は、業務の内容及び当該業務に伴う責任の程度（以下「職務の内容」という。）が当該事業所に雇用される通常の労働者と同一の短時間労働者（以下「職務内容同一短時間労働者」という。）であって、当該事業主と期間の定めのない労働契約を締結しているもののうち、当該事業所における慣行その他の事情からみて、当該事業主との雇用関係が終了するまでの全期間において、その職務の内容及び配置が当該通常の労働者の職務の内容及び配置の変更の範囲と同一の範囲で変更されると見込まれるもの（以下「通常の労働者と同視すべき短時間労働者」という。）については、短時間労働者であることを理由として、賃金の決定、教育訓練の実施、福利厚生施設の利用その他の待遇について、差別的取扱いをしてはならない。」

つまり、「通常の労働者」（正社員のこと）とこれと同視すべきパートタイム労働者（パート労働法上は、「短時間労働者」）との間では差別的取扱いをしてはならないのです。これを均等待遇原則といいます。労働法上の均等待遇原則としては、これまで、労基法3条の国籍、信条、社会的身分による差別的取扱いの禁止があるだけでした^(*1)。パート労働法は、新たに、均等待遇原則の適用される類型を追加したわけです。

さらに、パート労働法は、給料（賃金）について、次のような注目すべき規定を設けています。

第9条

　1項「事業主は、通常の労働者との均衡を考慮しつつ、その雇用する短時間労働者……の職務の内容、職務の成果、意欲、能力又は経験等を勘案し、その賃金……を決定するように努めるものとする。」

　2項「事業主は、前項の規定にかかわらず、職務内容同一短時間労働者……であって、当該事業所における慣行その他の事情からみて、当該事業主に雇用される期間のうちの少なくとも一定の期間において、その職務の内容及び配置が当該通常の労働者の職務の内容及び配置の変更の範囲と同一の範囲で変更されると見込まれるものについては、当該変更が行われる期間においては、通常の労働者と同一の方法により賃金を決定するように努めるものとする。」

　つまり、正社員と同視すべきパートタイム労働者以外のパートタイム労働者に対しても、会社は、正社員との均衡を考慮しつつ賃金を決定するよう努めなければなりませんし（9条1項）、正社員と「職務内容」が同一のパートタイム労働者については、人材活用の仕組みや運用が正社員と同じであれば、その期間は、正社員と同一の方法により賃金を決定するよう努めなければならないのです（9条2項）。

　9条で定めるのは、8条の均等待遇原則とは異なり、努力義務にすぎません。とはいえ、法律は、非正社員の賃金について、正社員との「均衡」を考慮せよという方向性を示しているのであり、具体的にどこまでの格差をつけたら「均衡」を失することになるのかははっきりしないものの、会社側が不用意に格差をつけることは難しくなりました[*2]。

　パート労働法は、パートタイム労働者の待遇の決定にあたって考慮した事項について、そのパートタイム労働者からの求めがあれば、会社は説明をしなければならないと定めています（13条）。これは、会社がパートタイム労働者の労働条件を、いい加減に決めてはならないということを意味しています。

[*1]　労働組合の組合員に対する差別は、労組法7条1号の不利益取扱いの不当労働行為となります。
[*2]　同じ2007年に制定された労契法の3条2項は、パートタイム労働者に限定せず、より一般的に、「労働契約は、労働者及び使用者が、就業の実態に応じて、均衡を考慮しつつ締結し、又は変更すべきものとする」と定めています。

5　非正社員の正社員化

　パート労働法は、非正社員全体をカバーするものではありませんが、非正社員の中心となるパートタイム労働者の雇用の改善につながるものとして、注目されています。

　また、近年、基幹的な業務をになうパートタイム労働者も増えています。たとえば、一定のパートタイム労働者を、勤務地限定社員や短時間勤務社員のような正社員と非正社員との中間的な枠組みで処遇することも増えてきているようです。

　こうした処遇をすることは、もともと正社員や非正社員が法律上の区分ではないことから、各会社で自由に決めていってよいのです。

　ただ、パート労働法を見ると、これにとどまらず、非正社員から正社員への転換を強く誘導している規定もあります。それが、次の規定です。

第12条1項

　「事業主は、通常の労働者への転換を推進するため、その雇用する短時間労働者について、次の各号のいずれかの措置を講じなければならない。
　一　通常の労働者の募集を行う場合において、当該募集に係る事業所に掲示すること等により、その者が従事すべき業務の内容、賃金、労働時間その他の当該募集に係る事項を当該事業所において雇用する短時間労働者に周知すること。
　二　通常の労働者の配置を新たに行う場合において、当該配置の希望を申し出る機会を当該配置に係る事業所において雇用する短時間労働者に対して与えること。
　三　一定の資格を有する短時間労働者を対象とした通常の労働者への転換のための試験制度を設けることその他の通常の労働者への転換を推進するための措置を講ずること。」

　これも2007年改正で導入された規定なのですが、法律がここまで定めるとなると、いささか疑問も出てきます。会社が自発的に正社員への転換を進めるというのとは次元が異なるからです。

1. 正社員って誰のこと？

　世間では、非正社員の処遇の悪さが「ワーキング・プア」を生むとして、その正社員化を支持する声も多いのですが、非正社員の処遇を引き上げていくと、会社としては非正社員を雇用するメリットがなくなってしまいます。そうなると、仕事があっても、非正社員を雇わずに、正社員の残業で対処しようとする可能性があります。

　これでは、正社員の仕事はきつくなるし、幼い子を抱えるシングルマザーなどパートでしか働けないような人にとっての働き口が減ってしまいます。こう考えると、非正社員の正社員化を進めるという政策の評価は、そう簡単なことではないことがわかります。

参考文献
「労働の正義」の第3話
「キーワード」の第2話
「雇用はなぜ壊れたのか」の第10章
「25の疑問」の第18話

キーワード
　正社員、非正社員、労働者、パートタイム、均等待遇、均衡待遇、ワーキング・プア

第1編 ●第1章／労働者について

Theme 02

個人事業主も、従業員扱いしなければならないことがあるの？

　会社のために働く人は、すべてが正社員や非正社員のように会社と労働契約を結んでいるとはかぎりません。自ら事業主となって、業務委託契約とか業務請負契約などの名称の契約を結んで、会社に労務を提供する人もいます。こうした人は、従業員ではない取扱いとなりますが、ほんとうにそれでよいのでしょうか。

1 どこまでがうちの従業員？

　会社のために働く人は、いろいろです。正社員、契約社員、パートタイム労働者、アルバイト、派遣社員などです。また、会社のパソコンが故障したときに、来てくれる修理業者の人もいますが、この人だって、広い意味では、会社のために働いている人です。ただ、修理業者の人を、誰も従業員とか社員とか呼んだりはしないでしょう。では、どこに違いがあるのでしょうか。

　それは結ばれている契約が違うのです。正社員であれ、契約社員であれ、アルバイトであれ、会社と結んでいる契約は雇用契約です。雇用契約については、民法623条に規定があり、そこでは、次のように定められています。

　「雇用は、当事者の一方が相手方に対して労働に従事することを約し、相手方がこれに対してその報酬を与えることを約することによって、その効力を生ずる。」

　つまり、雇用契約は、労働者が「労働に従事すること」を約束し、使用者が「これに対してその報酬を与えること」を約束することにより効力が発生する契約です。

　雇用契約は、労働法上は、労働契約と呼ばれることもあります。労働契約については、労契法で別途に規定があります。それが6条です。

　「労働契約は、労働者が使用者に使用されて労働し、使用者がこれに対して賃金を支払うことについて、労働者及び使用者が合意することによって成立する。」

2. 個人事業主も、従業員扱いしなければならないことがあるの？

　ここでは、労働者が「使用者に使用され」ることを約束し、「使用者がこれに対して賃金を支払うこと」を約束することにより成立するものとされています。

　労働者が労働に従事することや使用者に使用されることによって、賃金が支払われるというのが、雇用契約や労働契約の特徴であり、それが普通の従業員の働き方なのです。

　それでは修理業者の人はどうでしょうか。こうした人たちも、たしかに、使用されている面がないわけではありませんが、たんに労働に従事したからというだけで報酬がもらえるわけではありません。依頼された仕事をこなし、それに対して報酬をもらうのです。こういう契約は、民法上は、請負契約といいます。請負契約については、民法632条に規定があり、そこでは、次のように定められています。

　「請負は、当事者の一方がある仕事を完成することを約し、相手方がその仕事の結果に対してその報酬を支払うことを約することによって、その効力を生ずる。」

　つまり、請負は、雇用とは違い、仕事の完成を約束して、その結果に対して報酬を支払われるものなのです。請負の場合は、仕事をどのように完成するかは、働く側、すなわち請負人に任されています。どのように仕事を進めていくかについて、相手方から指揮命令を受けないのです。

　こうしたことから、請負は、独立的な働き方とされ、雇用されて働く従業員のように会社に従属的な状況にはないとされるのです。そのため、請負で働く人には、労働法の適用はされず、雇用されて働く者にのみ労働法の適用があることになり、それに応じて、会社での取扱いも両者では異なるわけです。

　たとえば、雇用されて働く者の場合には、1日8時間を超えて働かせた場合には、会社は割増賃金を支払うことが義務づけられます（労基法32条2項、37条1項）が、修理業者のような請負で働く者の場合には、仕事が長引いて1日8時間を超えて働いたとしても、法律上は割増賃金が発生しません。労基法は、雇用されて働く者にしか適用されないからです。

11

2 労基法上の「労働者」性

ここまで、請負で働く者と雇用されて働く者との違いを述べてきました。両者は、それぞれ請負契約と雇用契約というように、働く根拠となる契約が違うという面もありますが、労基法の適用があるかどうかという面でも違います。労基法の適用があるかどうかで重要なのは、労基法の定める「労働者」に該当するかどうかです。*Theme* **01** でみた、労基法上の「労働者」の定義を思い出してみましょう。

「この法律で『労働者』とは、職業の種類を問わず、事業又は事務所……に使用される者で、賃金を支払われる者をいう。」

ここでは、使用される者であって、賃金を支払われる者が、「労働者」とされています。請負で働く者は、「使用される者」ではないので、労基法上の「労働者」ではないと判断されるわけです。

たとえば、最高裁は、トラックを所有して物品の運搬をする傭車運転手について、「労働者」性を否定しています。これは、傭車運転手は、請負契約で働く個人事業主と判断されたということです[*1]。

ただ、以上は原則的な話です。というのは、契約形式が雇用ではないというだけで、労基法上の「労働者」でないわけではないからです。かりに契約書において、業務委託契約とされていても、就労の実態をみて、「使用される者」と評価できれば、「労働者」性が肯定され、労基法の適用があるのです。

(*1) 横浜南労基署長(旭紙業)事件・最１小判平成８年11月28日労判714号14頁〔最重判91事件〕

3 労基法上の「労働者」性の判断基準

最高裁において、「労働者」性の判断基準を明確に示したものはまだ出ていません。前記の最高裁判決も、「労働者」性の判断枠組みは示していませんでした。

「労働者」性の判断について、裁判所もしばしば参照するのが、1985年の労働基準法研究会の示した「労働基準法の『労働者』の判断基準について」です。

2. 個人事業主も、従業員扱いしなければならないことがあるの？

　これによると、まず、①「使用従属性」に関する判断基準と②「労働者性」の判断を補強する要素とが区分され、①については、さらに、(a)「指揮監督下の労働」に関する判断基準と (b) 報酬の労務対償性に関する判断基準とに分けて、前者（①(a)）については、仕事の依頼、業務従事の指示等に対する諾否の自由、業務遂行上の指揮監督の有無、拘束性の有無、代替性の有無が判断要素となるとします。

　②については、(a) 事業者性の有無、(b) 専属性の程度、(c) その他に分けられています。

　(a) については、機械・器具の負担関係、報酬の額が判断要素となり、(b) については、他社の業務への従事に対する制約や報酬における固定給部分の有無が判断要素となり、(c) では、採用や委託の際の選考過程、報酬から給与所得としての源泉徴収が行われているかどうか、労働保険の適用対象となっているかどうか、服務規律、退職金制度、福利厚生が適用されているかどうかが判断要素となるとしています。

　また、ある裁判例は、使用従属関係の有無の判断について、次のように考慮される要素を整理しています。

　「業務遂行上の指揮監督関係の存否・内容、支払われる報酬の性格・額、使用者とされる者と労働者とされる者との間における具体的な仕事の依頼、業務指示等に対する諾否の自由の有無、時間的及び場所的拘束性の有無・程度、労務提供の代替性の有無、業務用機材等機械・器具の負担関係、専属性の程度、使用者の服務規律の適用の有無、公租などの公的負担関係、その他諸般の事情を総合的に考慮して判断するのが相当である」と述べています[*1]。

　個人事業主の場合も、こうした判断基準にもとづき、「労働者」性が判断されることになります。もちろん、就労の実態が、その会社で雇用契約（労働契約）にもとづき就労する従業員と変わらず、契約形式だけたんに請負契約にしているにすぎないような仮装自営業者については、「労働者」性が肯定されるのは当然です。

　一方、仕事についての諾否の自由があったり、あるいは時間的拘束性や場所的拘束性が弱く、会社の指揮監督の程度が、通常の従業員よりもかなり低いということになると、「労働者」性は容易には認められないことになります。

13

第1編 ●第1章／労働者について

　大工については労働者を否定した最高裁判決があります^(*2)し、下級審判決では、フランチャイズ契約にもとづいて経営する店舗の店長の「労働者」性を否定したもの^(*3)、新聞社のフリーランスの記者について、労働契約性を否定したもの^(*4)などがあります。

　さらに、バイク便やバイシクルメッセンジャーといったライダーについては、通達により、「労働者」性が肯定されています（平成19年9月27日基発0927004号）が、最近の裁判例では労働者性を否定したものがあります^(*5)。

　個人事業主とはやや違った類型ですが、楽団のオペラ歌手についても、裁判例は、労働契約が成立していないと判断しています^(*6)。

（*1）　新宿労基署長事件・東京高判平成14年7月11日労判832号13頁
（*2）　藤沢労基署長事件・最1小判平成19年6月28日労判940号〔最重判92事件〕
（*3）　ブレックス・ブレッディ事件・大阪地判平成18年8月31日労判925号66頁
（*4）　朝日新聞社事件・東京高判平成19年11月29日労判951号31頁
（*5）　ソクハイ事件・東京地判平成22年4月28日労判1010号25頁
（*6）　新国立劇場運営財団事件・東京高判平成19年5月16日労判944号52頁

4　労組法上の「労働者」性

　この楽団のオペラ歌手については、労組法上の「労働者」性も争われています。この事件は、ある財団の楽団の契約メンバー（1年契約）の歌手であったAが、実技試験に不合格となり契約メンバーとしての契約更新を拒絶されたことなどについて、Aの加入していた労働組合が、財団側に団体交渉を申し入れたところ、財団は、Aは財団が雇用する労働者でないことを理由に団体交渉を拒否したというものです。

　労働組合は、この行為が労組法7条2号の団体交渉拒否の不当労働行為に該当するとして、労働委員会に救済を申し立てました。そこで、Aが「労働者」であるかどうかが問題となったのです。

　労組法における「労働者」の定義は、「職業の種類を問わず、賃金、給料その他これに準ずる収入によって生活する者をいう」（3条）となっており、労基法や労契法の労働者概念と比べて、「使用されて」という要素を含まず、ま

た賃金に関しても、「賃金、給料その他これに準ずる収入によって生活する者」というように、かなり緩やかな要件となっています。このため、労組法上の「労働者」概念のほうが、労基法や労契法上の「労働者」概念よりも広いと考えられています。

よく挙げられる例として、プロ野球選手があります。プロ野球選手には労働組合があり、労働委員会においても、労組法上の「労働者」として認められているのです[*1]が、労基法や労契法上の「労働者」ではないと解するのが通説です。

(*1) 日本プロ野球選手会（労働組合）は、1985年に、当時の東京都地方労働委員会（現在の東京都労働委員会）により、労働組合としての資格認定（労組法5条1項）を受けています。これを受けるためには、その団体が労組法上の労働組合の定義（同法2条）に合致しなければならず、その定義では、「労働者が主体とな」った団体であることが求められています。

5 個人事業主の労組法上の「労働者」性

労組法上の「労働者」性が広い概念であるといっても、純然たる事業主までが「労働者」であるわけではありません。ただ、外形上、事業主のようにみえるけれど、実態としては「労働者」に近いタイプの人は、たとえ労基法や労契法上の「労働者」とまではいえなくても、それより広い概念である労組法上の「労働者」性は認められる余地があるのです。

では、先ほどのオペラ歌手Aのケースはどうだったのでしょうか。実は労働委員会では、東京都労働委員会も中央労働委員会（中労委）もともに、Aの「労働者」性を肯定して、財団側の団体交渉拒否を不当労働行為であるとして救済命令を発しました。

ところが、この命令に対して裁判所に提起された取消訴訟では、東京地裁も東京高裁も、「労働者」性を否定しました。労働委員会と裁判所との間で判断が真っ二つに分かれてしまったのです。

そこで最高裁の判断が待たれたわけですが、平成23年4月12日に判決が下されました。最高裁は、「労働者」性を肯定しました[*1]。最高裁がその結論を出すうえで着目したのは、次の6つの事情です。

①契約メンバーは、各公演の実施に不可欠な歌唱労働力として財団の組織に組み入れられていたこと。

②各当事者の認識や契約の実際の運用においては、契約メンバーは、基本的に財団からの個別公演出演の申込みに応ずべき関係にあったものとみるのが相当であること。

③契約メンバーと財団との間で締結されていた出演基本契約の内容等について、契約メンバーの側に交渉の余地があったということはできないこと。

④契約メンバーは、財団の指揮監督の下において歌唱の労務を提供していたものというべきであること。

⑤契約メンバーは時間的にも場所的にも一定の拘束を受けていたこと。

⑥報酬は、歌唱の労務の提供それ自体の対価であるとみるのが相当であること、です。

地裁と高裁は、契約メンバーになって出演基本契約を結んでいても、個別の公演に出演義務はなかったという点を重視して「労働者」性を否定していましたが、最高裁は、②において「基本的に財団からの個別公演出演の申込みに応ずべき関係にあった」として、より実態に着目した判断をしていることが注目されます。

労組法上の「労働者」性についても、労基法上の「労働者」性と同様、契約内容を形式的にみるのではなく、実態に着目して判断していくという手法は、すでに管弦楽団の楽団員の事案で、最高裁判決が示していたものです[*2]。新しい最高裁判決も、これを踏襲したのです。

(＊1) 新国立劇場運営財団事件・最3小判平成23年4月12日労判1026号6頁。同日に、親会社の製品の修理等の業務に従事するカスタマーエンジニアの労組法上の「労働者」性についても、これを肯定する判決が出ています（INAXメンテナンス事件・最3小判平成23年4月12日労判1026号27頁）。

(＊2) CBC管弦楽団事件・最1小判昭和51年5月6日労判252号27頁〔最重判144事件〕

6 労組法上の「労働者」性の判断基準

新しい最高裁判決は、労組法上の労働者性について、一般的な判断基準を示したものではありません。したがって、個人事業主について、どのような要素

や事情があれば、労組法上の「労働者」に該当するかは、最高裁判決が出た後もなお明確でないという状況にあります。ただ、この最高裁判決に影響を及ぼしたとみられる中労委の最近の命令(平成22年7月7日別冊中央労働時報1395号11頁)なども参考にすると、次のようなことがいえそうです。

つまり、会社との間で業務委託(請負)の契約形式によって労務を供給する者の労組法上の「労働者」性については、団体交渉の保護を及ぼすべき必要性と適切性が認められるかどうかという視点から判断すべきであり、具体的には、①労務供給者が発注主の事業組織に組み込まれているか、②労務供給者の契約の内容が発注者により一方的・定型的・集団的に決定されているか、③報酬が労務供給に対する対価ないしはそれに類似するものか、という要素に着目すべきとしています。

会社は、業務請負契約など雇用契約以外の契約を締結している者だからといって、純然たる個人事業主として取り扱ってよいわけではなく、その就労の実態によっては、労基法や労契法上の「労働者」として、従業員と同様の取扱いをしなければなりませんし、さらにその者を組織している労働組合との団体交渉にも応じなければならないということです。

参考文献

「労働の正義」の第6話
「25の疑問」の第24話
「雇用はなぜ壊れたのか」の第11章
竹内(奥野)寿「労働組合法上の『労働者』―2つの最高裁判決の意義と課題」法学教室371号(2011年)

キーワード

労働者、雇用契約、労働契約、業務委託(請負)契約

第2章
使用者について

Theme 03　親会社は、子会社の従業員に対して、責任を負うことがあるの？

　親会社と子会社は、「親子」とはいえ、別の会社です。子会社の従業員が親会社の従業員となることはありません。しかし、親会社は、子会社の株式を多数取得しており、子会社に強い影響力をもっています。こうしたことから、親会社が子会社の従業員の雇用や労働条件について、何らかの責任を負うことはないのでしょうか。

1　親の責任

　民法上は、未成年者の子が、他人に損害を加えた場合、責任能力（自己の行為の責任を弁識するに足りる知能を備えていること）がなければ、監督責任を負っている親が、不法行為（損害賠償）責任を負うことになっています（712条、714条）。
　要するに、親は（未成年の）子の行為の責任を負わなければならないのです。では、これが会社における親子関係であればどうでしょうか。
　人間の親子であれば、親は（未成年の）子に対して、監護権・教育権（民法820条）、懲戒権（民法822条）等の親権を行使することが認められています。
　会社の場合にも、親会社は子会社の株式を多数保有しているわけですから（親会社、子会社の概念は、会社法2条3号および4号、会社法施行規則3条を参照）、株主としての権限を行使することができます。しかし、責任の面では、株主に

は有限責任の原則があり、株式を引き受けるときの出資以上の義務を負うものではありません（会社法104条）。

そもそも親会社と子会社は別の法人格をもつわけで、子会社の行為について、親会社が責任を負うということは原則としてないはずです。

2 組合嫌悪の会社解散のケース

ただ、親会社が子会社の株式を100パーセント保有し、親会社から社長や役員を派遣していて、子会社に対する実権を完全に握っているという場合であれば、どうでしょうか。

たとえば、その子会社には、その従業員の多数が加入している労働組合があったとします。子会社の経営陣は、親会社の意向を受けて、従業員の賃金の30パーセントのカットを決めたところ、労働組合がこれに反対して、ストライキなどの争議行為をして抵抗したため、親会社は、このような労働組合を嫌悪して、子会社を解散することにし、それにともない従業員を全員解雇したとします。

これは、親会社が、まさに労働組合を潰すために子会社を解散したということができるでしょう。労働組合を嫌悪して潰すという行為は、労働組合の団結権を侵害する行為であり、憲法（28条）上も、また労組法上も許容される行為ではありません。ただ、親会社が子会社の株主として、子会社の存続廃止を決定して解散させるということもまた、経済活動の自由として憲法（22条等）上、保障されていることなので（会社法471条3号も参照）、この解散を無効とすることも困難です。

それでは、解雇された子会社の従業員を救う手はないのでしょうか。子会社が解散してしまっている以上、子会社での雇用の継続は困難であるとしても、親会社が代わりに、その雇用責任を引き受けるよう義務づけることはできないのでしょうか。

3 偽装解散

会社が解散された後も、実質的に同一の事業が別会社において継続されてい

る場合、これは偽装解散と呼ばれます。その解散が、労働組合を嫌悪して壊滅させる目的でなされたものであれば、不利益取扱いないし支配介入の不当労働行為となります（労組法7条1号および3号）。その場合、行政救済を行う労働委員会の実務では、解散された会社から実質的に同一事業を引き継いだ別会社に対して、解雇された従業員をその別会社の従業員として取り扱うことを内容とする命令が発せられます。これを偽装解散の法理といいます。

裁判所における民事事件においても、偽装解散の事例では、元の会社の解散にともなう解雇そのものが無効とされ、解散された会社と実質的に同一事業を引き継いだ別会社での労働契約関係の存続が認められる可能性がないわけではありません。それは、法人格否認の法理が適用される場合です。

4 法人格否認の法理

法人格否認の法理を認めた最初の最高裁判決は、次のように述べています（ただし、これは労働事件ではなく、商法の事件でした）。

「およそ法人格の付与は社会的に存在する団体についてその価値を評価してなされる立法政策によるものであって、これを権利主体として表現せしめるに値すると認めるときに、法的技術に基づいて行なわれるものなのである。従って、法人格が全くの形骸にすぎない場合、またはそれが法律の適用を回避するために濫用されるが如き場合においては、法人格を認めることは、法人格なるものの本来の目的に照らして許すべからざるものというべきであり、法人格を否認すべきことが要請される場合を生じるのである」[*1]。

法人格否認の法理は、ある法人の背後にある者が、法人格が異なっていることを理由に、法的な責任を不当に回避することを防ぐために認められたものです。通常は、親子会社間において適用される法理です。ただ、この法理は、ある者が別の法人格をもつ者の責任を負うという点で、法の原則の例外をなすものですから、その適用範囲が広がりすぎないようにすべきと考えられています。

前記の最高裁判決によると、法人格否認の法理により、法人格が否認されるケースとしては、法人格形骸化のケースと法人格濫用のケースとがあります。

3. 親会社は、子会社の従業員に対して、責任を負うことがあるの？

（＊1） 山世志商会事件・最1小判昭和44年2月27日民集23巻2号511頁

5 法人格形骸化のケース

　法人格が完全に形骸化していれば、その法人格は否認できるとされています。では、具体的に、どのような事情があれば、法人格が形骸化していると判断されるのでしょうか。

　ある裁判例は、「株式会社において、法人格が全くの形骸にすぎないというためには、単に当該会社の業務に対し他の会社または株主らが、株主たる権利を行使し、利用することにより、当該株式会社に対し支配を及ぼしているというのみでは足りず……、当該会社の業務執行、財産管理、会計区分等の実態を総合考慮して、法人としての実体が形骸にすぎないかどうかを判断するべきである」と述べています[＊1]。

　この事件では、A社の発行済株式の98％は、系列のグループ会社の3会社で保有されていて、しかもこれら3会社の株式の大半を実質的に保有するのは、そのグループの総帥で社主と呼ばれていたBでした。

　また、A社は、C社の設計部門が分社独立したものでしたが、実質的には、C社を引き継いだグループの中核にあるD社の一営業部門ないし支社として位置づけられていました。

　さらに、D社の総務部と財務部は、グループ各社の人事と財務を一括管理しており、人事・給与等の実質決定権を掌握していたのはBであり、また人事・給与等の決定権以外についても、基本的には、A社は、BおよびD社所属の総務本部の指示に追随するものにすぎませんでした。さらに、Bは、A社の会計・財政についても、これをほしいままに操作していたという事情もありました。

　これらの事実から、裁判所は、「A社の株式会社としての実体は、もはや形骸化しており、これに法人格を認めることは、法人格の本来の目的に照らして許すべからざるものであって、A社の法人格は否認されるというべきである」と述べました。そして、結論として、D社とBが、A社を退社した元取締役の退職金支払い義務を負うと判断しました。

(＊1) 黒川建設事件・東京地判平成13年7月25日労判813号15頁〔最重判18事件〕

6 法人格濫用のケース

　法人格の濫用のケースとは、法人格の違いによるリスクの回避を、違法、不当な目的で行っているとみられる場合です。典型的な例は、先にあげたような、親会社が労働組合を壊滅させる目的や解雇規制を潜脱する目的によって子会社を解散し、子会社の従業員を解雇するという場合です。

　ある裁判例は、法人格の濫用が認められる場合について、次のように述べています(＊1)。

　「法人格の濫用による法人格否認の法理は、法人格を否認することによって、法人の背後にあってこれを道具として利用して支配している者について、法律効果を帰属させ、又は責任追及を可能にするものであるから、その適用に当たっては、法人を道具として意のままに支配しているという『支配』の要件が必要不可欠であり、また、法的安定性の要請から『違法又は不当な目的』という『目的の要件』も必要とされるのであり、法人格の濫用による法人格否認の法理の適用に当たっては、上記『支配の要件』と『目的の要件』の双方を満たすことが必要であると解される」。

　つまり、この判決は、法人格濫用の要件として、「支配の要件」と「目的の要件」をあげており、その両方が満たされていなければならないとしているわけです。

　この事件では、E社の解散により解雇された従業員が、E社は、別のF社の専属的下請であったことから、F社に対して労働契約が存続していることの確認を求めて訴えを提起しました。

　裁判所は、F社は、取引上優越的な立場を有していて、E社の経営面、労使問題等においても、事実上強い影響力を及ぼしているとはいえるが、その影響力を行使してE社の従業員の雇用やその基本的な労働条件等を具体的に決定することができる支配力までは有していなかったとして、「支配の要件」は満たしていないと判断しました。

　実は、どのような場合に「支配の要件」が満たされるのかについては、裁判例上、必ずしも明確ではありませんが、この事件のように、取引上の優越的な

3. 親会社は、子会社の従業員に対して、責任を負うことがあるの？

地位があるというだけでは不十分といえるでしょう。とくに親子会社関係にある場合のような資本関係がなく、たんに取引上の関係しかないのに、取引先の従業員の雇用や労働条件についての責任を負うということは、認めるべきではないでしょう。

（＊1）　大阪空港事業（関西航業）事件・大阪高判平成15年1月30日労判845号5頁〔最重判19事件〕

7　法人格否認の法理が適用された場合の効果

　労働事件で、法人格否認の法理の適用が問題となる場合の多くは、先に紹介した裁判例のように、解雇された従業員が労働契約の存続確認を求める場合、もしくは未払いの賃金や退職金の支払いを請求する場合です。
　もっとも、責任を負うべきとされる側にとっては、雇用責任を負うのか、未払い賃金等の金銭的な負担でとどまるのかでは、大きな違いがあります。
　つまり、退職金や賃金の未払い分を負担することであれば、それはその1回で終わるので、（額によるものの）それほど重いものではないといえることも多いでしょう。ところが、雇用責任となると、雇い入れることと同じになるので、その影響はずっと残ることになり、重い負担となります。
　そこで一般には、法人格否認の法理の適用においては、労働契約関係の存在という効果が認められるための要件のほうが、未払賃金の支払い義務のような効果が認められるための要件よりも、厳格に解すべきとされています。
　法人格濫用のケースでいうと、たとえば親会社側に違法な目的があり、かつその内容がきわめて悪質であり（「目的の要件」）、さらに法人格の形骸化に近いくらいに親会社が子会社を支配している（「支配の要件」）という事情までそろってはじめて、親会社と子会社の従業員との間に労働契約関係の存在を認めることができると解すべきでしょう。

8　第一交通産業（佐野第一交通）事件

　偽装解散の法理と法人格否認の法理とが錯綜する複雑なケースもあります。

23

それが、第一交通産業（佐野第一交通）事件です[*1]。

事件を、単純化していうと、次のようになります。

G社（タクシー会社）は、H社の子会社であったところ、H社は、G社の経営不振を打開するために、賃金減額を内容とする新しい賃金制度を導入しようとしました。ところが、G社の労働組合はこれを受け入れませんでした。そこで、H社は、G社の営業担当区域を、別の子会社であるI社に引き継がせることとし、G社の従業員の移籍を進めました。その後、H社は、G社を解散させ、I社に移籍しなかった組合員が解雇されました。組合員は、親会社であるH社との間の労働契約関係の存在確認を求めて訴えを提起しました。

ここでは、親子会社の問題と偽装解散が絡み合っています。裁判所の判断は分かれたのですが、大阪高裁は、次のように判断しています。

まず、一般論として、「親会社による子会社の実質的・現実的支配がなされている状況の下において、労働組合を壊滅させる等の違法・不当な目的で子会社の解散決議がなされ、かつ、子会社が真実解散されたものではなく偽装解散であると認められる場合、……子会社の従業員は、親会社による法人格の濫用の程度が顕著かつ明白であるとして、親会社に対して、子会社解散後も継続的、包括的な雇用契約上の責任を追及することができるというべきである」とします。

そして、本件では、このような場合に該当するとして、H社の雇用責任を認めました。

偽装解散の場合には、実質的に同一の事業を継続したI社のほうが、解散したG社の従業員の雇用責任を負うべきようにも思えますが、この点について、判決は、次のように述べています。

「一般的には、偽装解散した子会社とおおむね同一の事業を継続する別の子会社との間に高度の実質的同一性が認められるなど、別の子会社との関係でも支配と目的の要件を充足して法人格否認の法理の適用が認められる等の場合には、子会社の従業員は、事業を継続する別の子会社に対しても、子会社解散後も継続的、包括的な雇用契約上の責任を追及することができる場合があり得ないわけではない。しかしながら、本件においては、I会社との関係で法人格否認の法理を適用できないことは明らかである」。

解雇された従業員としては、管理部門が中心の親会社（H社）で雇用が継続

3. 親会社は、子会社の従業員に対して、責任を負うことがあるの？

されるよりも、これまで自分たちが働いていたG社の事業を承継している子会社（I社）で雇用が継続されるほうがよいとも思われます。

ただ、訴訟を提起した労働者たちはH社での雇用の継続を求めていたので、本訴の高裁判決の結果は、労働者側にとって満足のいくものであったのかもしれません。

ただ、理論的には、本件の事案で、親会社に雇用責任までを認めるのが適切であったかについては疑問の余地があります。とくに、判決は、「H社は、G社を実質的・現実的に支配していたと認めることができる」が、「未だG社がH社の一営業部門とみられるような状態に至っていたとまでは認められず、G社の法人格は完全には形骸化していない」と述べていますので、こうした事実関係からすると、親（H）会社に子（G）会社の従業員の雇用までを引き受けさせるのは適切でなかったという考え方もありえます。

企業の再編が行われる場合、従業員の雇用が不安定になることが少なくないのですが、それは、どの会社に雇用責任があるかがはっきりしないことが原因であることが多いのです。そのような場合の法的な対処として、法の形式にとらわれずに実質的に妥当な解決を模索する法人格否認の法理は、たいへん魅力的なものです。

とはいえ、この法理は、前述のように、例外的な救済法理にすぎませんし、法的安定性も考慮に入れると、その適用範囲をあまり拡張していくのは妥当でないでしょう。労働者に対する適切な保護と法理論としての妥当性の両立をいかに図るかは難しい課題なのです。

（*1）　大阪高判平成19年10月26日労判975号50頁〔最重判77事件〕

参考文献
「25の疑問」の第11話

キーワード
法人格否認の法理、偽装解散、親子会社

第1編 ●第2章／使用者について

Theme 04
事業譲渡があれば、他社への移籍が強制される？

　ある事業部門で働いていた従業員は、その事業部門が他社に譲渡されたとき、どうなるでしょうか。合併のときと同じように、事業部門の譲渡のときも、労働契約がそのまま承継されて移籍することになるのでしょうか。それとも本人の希望が尊重されて、いやなら移籍を拒否することができるのでしょうか。

1　就職は就社？

　誰しも自分が最初に就職して、数年でも継続して勤務した会社には、何らかの愛着が出てくるものでしょう。従業員たち、とくに正社員は「うちの会社」と言って、自分の働く会社を、あたかも家族であるかのように表現したりもします。会社のほうも、正社員である従業員には、長期的に働いてもらうように、さまざまな便益を与えてきました。こうして、会社というのは、一種の共同体のようなものになってきたのです。

　日本では、就職というのは、ある仕事をするために入社したというよりも、どの仕事をするかに関係なく、その会社の共同体のメンバーになるという意味が大きいように思えます。とくに正社員については、終身雇用という形で雇用が保障されています。

　また、賃金が、特定の職務に対して支払われる職務給ではなく、勤続年数に応じて決まっていく年功型賃金であることも、職務よりも、その会社の共同体のメンバーとしての期間が重要であるということを示しています（成果主義型賃金の普及により、年功型賃金は変容しつつありますが、その根幹はそれほど揺らいでいないように思えます）。

　このように、会社は従業員らを構成員とする共同体を形成しているので、その従業員がいったん「就社」した会社から排除されると、大きなダメージを受けることになります。そのダメージには、経済的な不利益ももちろん含まれますが、自分の帰属場所を奪われるというようなことからくる精神的な不利益も

小さくないのです。

　法的にも、労契法では、客観的に合理的な理由があり、社会通念上相当であって、はじめて解雇は有効となると定めています（16条）。実際上も、整理解雇の4要素を満たしている例外的な場合（⇒ Theme 30）や重大な非違行為をして懲戒解雇になるような場合（⇒ Theme 23）を除き、なかなか解雇は有効と認められません。

2 出向について

　ある会社に就職したからといって、その他の会社で働くことがまったくないというわけではありません。他の会社に、短期間、応援で働きに行かされることは、まれではありません。さらに、もう少し正式な形で、他社に送り込まれることもあります。それが出向です。

　出向には、在籍出向（以下、略して「出向」と呼びます）と転籍出向（以下、略して「転籍」と呼びます）とがあります。出向は、元の会社に在籍したまま、他の会社で就労することです。転籍は、元の会社での籍がなくなり、別の会社に完全に移籍することです。出向は、元の会社への復帰を予定している場合が普通ですが、転籍となると、元の会社への復帰を予定していない場合がほとんどです。

　会社から出向を一方的に命じられるということは、あまりありません。出向は、普通は従業員の同意を得たうえで行われます。また、民法625条は、「使用者は、労働者の承諾を得なければ、その権利を第三者に譲り渡すことができない」と定めています。通説は、この規定は、出向の場合にも適用されるとしています。したがって、法的にみても、会社が従業員を出向させる場合には、その承諾（同意）が必要なのです。

　もっとも、就業規則において合理的な出向条項があれば、その内容は（周知されていれば）労働契約の内容となるので（労契法7条）、その出向条項にもとづいて会社が出向命令を発することもできます（⇒ Theme 07）。ただ学説上は、出向は、労働者の労務提供先に変更をもたらす重大な労働条件の変更なので、就業規則の規定だけを根拠として、出向を命じることはできないと

いう見解も有力です。かりに就業規則上の出向条項にもとづき出向を命じることができるとしても、その合理性の判断は厳格に行われるべきでしょう。

なお、最高裁判決のなかには、従業員の同意なしに出向を命じることを認めたものもありますが、これは、ある会社の一部門を他の会社にアウトソーシングし、それにともない、その部門で働いていた従業員を出向させたというもので、しかも従業員の労働条件に不利益が生じないような十分な配慮が行われていたというケースでした[*1]。したがって、最高裁が、この判決により、出向命令一般において従業員の同意を不要とする立場をとったとは解すべきでありません。

出向については、会社側に命令権がある場合であっても、それが権利濫用となる場合には無効となります。この点について、労契法14条は、次のように定めています。

「使用者が労働者に出向を命ずることができる場合において、当該出向の命令が、その必要性、対象労働者の選定に係る事情その他の事情に照らして、その権利を濫用したものと認められる場合には、当該命令は、無効とする。」

(*1) 新日本鐵鉄事件・最2小判平成15年4月18日労判847号14頁〔最重判42事件〕

3 転籍について

転籍については、元の会社を退職することになるので、出向とは異なり、従業員の個別的同意が必要であると解されています[*1]。したがって、就業規則において、会社に転籍を命じる権利を付与する条項を設けていたとしても、合理性は認められず（労契法7条を参照）、労働契約の内容とはならないとするのが、一般的な解釈です。

転籍が従業員の同意にもとづき行われるとしても、その具体的な法律構成には、二つのタイプがあります。一つは、元の会社との労働契約を合意解約し、新しい会社と新たに労働契約を締結するというタイプです。もう一つは、グループ会社間の異動のようなケースで、会社間で、使用者としての地位を移転することによって行われるタイプです。後者は、まさに民法625条1項が適用される

典型事例といえるでしょう。

　いずれの法律構成でも、転籍には同意が必要となってきますが、実は、法律上、同意なしに転籍を行うことが認められる場合もあります。それが、会社分割にともなう労働契約の承継です。

（＊１）　たとえば、三和機材事件・東京地決平成4年1月31日判例時報1416号130頁〔最重判45事件〕

4　会社分割にともなう労働契約承継

　会社分割とは、事業に関する権利義務の全部または一部を、他の会社（吸収分割の場合）または新たに設立される会社（新設分割の場合）に承継させることをいいます（会社法2条29号、30号）。

　会社分割が行われた場合、権利義務の移転については、債権者の同意を必要としないとされています。会社分割は、合併や相続と同様に、当然に法律関係が承継されるものとなっているのです。これを（部分的）包括承継といいます。会社分割による企業組織の再編を迅速かつ効率的に行うことができるようにするためです。ただし、従業員の法律関係についてみると、これは一種の転籍であるともいえるので、民法625条1項からすると、従業員の同意が必要となりそうです。その一方、包括承継だとすると、従業員の同意がなくても、労働契約の承継がなされてしまいそうです。

　こうした解釈上の疑義が出てきたために、これを解決するために制定されたのが承継法です。同法によると、分割されて承継される事業に従事していた労働者の労働契約が、分割先に移転するかどうかは、その労働者が承継事業に主として従事していたかどうかによって決まってくるのです。

　まず、承継事業に主として従事していた労働者については、会社分割の分割計画（新設分割の場合）または分割契約（吸収分割の場合）で、その労働契約が承継対象とされた場合、当然に承継されることになります（承継法3条）。ここでは、労働者本人の同意がなくても、強制的に転籍が行われるわけです。逆に、承継事業に主として従事していた労働者の労働契約が承継対象とされなかった場合には、労働者が一定の期間内に異議を申し出れば、労働契約は承継

されます（同法4条）。

　承継事業に主として従事していない労働者は、その労働契約が承継対象とされた場合には、一定の期間内に異議を申し出れば、その労働契約は承継されないことになります。つまり、この場合には転籍が強制されることはないということです（同法5条）。

　承継法3条による転籍の強制は、民法625条1項の例外を定めたものといえますが、この規定を導入したことに対しては、学説上、批判もあります。3条の規定は、承継事業に主として従事していたのだから、会社分割によって承継先に労働契約が移転したとしてもとくに不都合はないはずであるという考え方にもとづいています。合併があった場合に、合併後の会社に当然に労働契約が承継されるのと同じということでしょう。

　もっとも、ほんとうに承継先に転籍しても、労働者に不都合がないといえるかは議論の余地があります。というのは、冒頭に述べたように、日本の労働者の多くは、ある特定の会社に就職しているのであり、たまたまある事業部門で働いて、その事業部門が会社分割により移転されたために、その分割先の会社に強制的に移籍させられるというのでは、労働者が「話が違う」と言いたくなるでしょう。

　実際に、会社分割にともなう労働契約の強制的な承継について不満をもった従業員が訴訟を提起したこともあります。それが、日本アイ・ビー・エム事件です。会社分割の際に、分割会社は、前述のように、分割される事業に主として従事する従業員については、その同意を得なくても、計画書等に記載さえすれば、その労働契約の承継をさせることができるのですが、若干の手続的な義務は課されています。

　まず商法等の一部を改正する法律附則5条1項では、労働契約の承継に関して労働者との協議をすべきものと定められています（これを、5条協議と呼びます）。さらに、承継法7条および同法施行規則4条によると、分割会社は、当該分割にあたり、過半数代表（⇒ *Theme* 07 ）との協議その他これに準ずる方法によって、その雇用する労働者の理解と協力を得るよう努めるものとする、とされています（これを、7条措置と呼びます）。

　そして、日本アイ・ビー・エム事件の最高裁判決は、次のように述べました

（＊1）。

　承継法3条に基づき労働契約が承継対象となった特定の労働者との関係において5条協議がまったく行われなかったときには、当該労働者は承継法3条の定める労働契約承継の効力を争うことができるし、また、5条協議が行われた場合であっても、その際の分割会社からの説明や協議の内容が著しく不十分であった場合にも5条協議義務の違反があったと評価してよく、当該労働者は同法3条の定める労働契約承継の効力を争うことができる、と。

　一方、7条措置については、文言上も努力義務を課したものなので、最高裁は、これに違反しても、労働契約承継の効力を左右するものではない、とします。ただ、7条措置において十分な情報提供等がされなかったがために5条協議がその実質を欠くことになったといった特段の事情がある場合に、5条協議義務違反の有無を判断する一事情として7条措置のいかんが問題になる、とします。

　承継法3条にもとづく転籍強制に批判的な学説は、かりに転籍強制を認めるとしても、せめてこうした手続的な義務の履行は厳格に求めるべきだと主張してきたのであり、最高裁も、こうした学説の批判を取り入れたものといえるでしょう。

（＊1）　日本アイ・ビー・エム事件・最2小判平成22年7月12日労判1010号5頁〔最重判78事件〕

5　事業譲渡

　会社分割という会社法上の枠組みで行われない、一般の事業譲渡（事業譲渡は、以前は、営業譲渡と呼ばれていました）の場合、承継事業に従事していた従業員の労働契約の帰趨はどうなるでしょうか。

　事業譲渡と労働契約の承継との関係については、会社分割における承継法のような法律上の定めはありません。したがって、譲渡される事業に主として従事していたからといって、当然に労働契約が譲渡先会社に承継されるわけではありません。つまり、労働契約関係を含む権利義務関係の帰趨は、すべて関係当事者間の合意によって決められるのです（これを、包括承継と対比して、特

定承継といいます)。

　そのため、事業譲渡において、譲渡元会社と譲渡先会社との間で、譲渡元会社の従業員の一部のみを転籍させたり、一部のみを転籍させなかったりすることも認められるのです。もちろん、事業譲渡の場合においては、承継法3条のような強制承継の規定はなく、民法625条1項が適用されるので、譲渡元会社と譲渡先会社との間で労働契約の承継対象とされても、その労働者は、承継を拒否することができます。実際、譲渡先会社の経営状況が悪いような場合には、労働者は、こうした転籍を承諾しないでしょう。

　問題は、譲渡元会社と譲渡先会社との間で、特定の従業員の承継を排除する場合です。とくに事業の全部譲渡が行われた場合には、その譲渡後、譲渡元会社は解散し、残された従業員は解雇されてしまう可能性が高いので、こうなると、承継排除は、実際上は、雇用の喪失とリンクします。そこで、こうした承継排除を、譲渡当事者である会社間で勝手に合意をしてもよいのか、ということが問題となるのです。

　裁判例をみると、事業譲渡における労働契約の承継は、譲渡当事者間の合意にゆだねられるべきという観点から、全部譲渡の場合であっても、一部の従業員を承継対象から排除する取扱いを有効と認めたものもあります(*1)。

　たしかに、譲渡先会社にとっては、いくら事業を引き継いだからといって、従業員までをすべて引き継ぐつもりはないということもあるでしょう。譲渡先会社の意に反して、労働契約を承継させようとすると、その経済活動の自由や契約の自由を侵害するということにもなりかねません。

　ただ、事案によっては、このような承継排除の合意の効力を否定し、譲渡先会社に、労働契約の承継を受け入れさせることができる場合があると解されています。たとえば、労働条件の変更に応じない従業員を排除するだけの目的で、承継対象から排除する場合です(*2)。譲渡当事者間に承継に対する包括的な合意があったと認めたうえで、一部の従業員を排除する合意部分を無効とするアプローチです。譲渡元会社の法人格を否認できるような場合も、譲渡先会社との間の労働契約の存在が認められることがあるでしょう(⇒ **Theme 03**)。

　また、労働組合の組合員であることを嫌悪して、その組合員のみを承継対象から排除する合意も無効と判断される可能性があります。こうした組合員差別は、

不当労働行為に該当すると判断され（労組法7条1号を参照）、労働委員会によって、譲渡先会社に対して、その組合員を従業員として扱うべきとする命令が出されることもあるでしょう[*3]。

　事業譲渡については、こうした承継排除の不利益を考慮して、承継強制を原則とすべきという立法論もあります。ただ、承継強制は、労働者にかえって不利益となることもあります。譲渡された事業が不採算部門である場合や譲渡先の会社の経営状況が良好でない場合です。

　そこで、承継強制を原則としたうえで、労働者にとって望まない承継が強制される危険性を回避するために、労働者からの異議申立権を認めるべきだという立法論もあります（EUでは、そのような立法例があります）。

　こうした立法は、労働者保護という観点からは望ましいかもしれませんが、譲渡先会社に対して、その望まない労働者の引受けを強制させるという点で、前述したような企業の経済活動の自由や契約の自由と抵触するという問題が生じます。さらに、こうした労働者保護のためのルールを強化すると、会社間で事業譲渡があまり行われなくなり、経済社会において必要とされる企業組織の再編に対する大きな制約となってしまうおそれもあります。

　事業譲渡の労働契約関係に及ぼすインパクトについては、きちんとした法的ルールを整備すべきという意見も強いのですが、ここまでみてきたように、事業譲渡をめぐる当事者間の利害関係を、いかにして適切に調整するかはたいへんな難問であり、容易には解答が見つけられないように思えます。

（*1）　東京日新学園事件・東京高判平成17年7月13日労判899号19頁〔最重判75事件〕
（*2）　勝英自動車学校（大船自動車興業）事件・東京高判平成17年5月31日労判898号16頁〔最重判76事件〕
（*3）　青山会事件・東京高判平成14年2月27日労判824号17頁〔最重判197事件〕

参考文献
「労働の正義」の第15話
濱口桂一郎『新しい労働社会―雇用システムの再構築へ』（2009年、岩波書店）

キーワード
出向、転籍、会社分割、労働契約の承継、事業譲渡

Theme 05 派遣労働者は、どの会社に雇われているの？

　労働者派遣においては、労働者は、人材派遣会社（派遣元）に採用されますが、実際に就労するのは別の会社（派遣先）です。このように雇用と就労が分離している法律関係である派遣において、労働法の適用上、使用者としての責任を負うのは、派遣元なのでしょうか、それとも派遣先なのでしょうか。

1　労働者派遣とは何か

　1985年に派遣法が制定されるまでは、労働者派遣にあたるものは、職安法上の労働者供給に該当するものとして禁止されていました。

　労働者供給とは、「供給契約に基づいて労働者を他人の指揮命令を受けて労働に従事させること」を指し（4条6項）、労働者供給事業は、労働組合等が、厚生労働大臣の許可を受けて、無料の労働者供給事業を行う場合を除き、全面的に禁止されていました（職安法44条、45条）。

　労働者供給が禁止された主たる理由は、労働者が労働ボスの身分的支配下に置かれて、建設現場等にいわば商品のように供給されるというような人権侵害の温床となっていたことにあります。

　もっとも、労働者供給は、その利用方法次第では、労働の需給のマッチングに役立つものでもあります。とくに専門的な仕事については、会社が求める人材と仕事を求める労働者との間をつなぐ仲介サービスの重要性が、産業界においても強く意識されるようになりました。

　ただ、労働者供給を合法化するとしても、そもそも法がこれを禁止した趣旨である供給業者による労働者の人権侵害の可能性をいかにして除去するか、また、何かトラブルが生じたときに、供給元と供給先のどちらが使用者としての法的責任を負うのかはっきりしないという問題があります。これらの問題を解決しないかぎり、労働者供給を合法化することはできません。

　そこで、派遣法は、労働者供給の一部を労働者派遣として合法化するうえに

おいて、まず労働者派遣を、「自己の雇用する労働者を、当該雇用関係の下に、かつ、他人の指揮命令を受けて、当該他人のために労働に従事させること」と定義しました（2条1号）。これは、労働者派遣においては、派遣元との間では雇用関係があり、派遣先が指揮命令関係をもつというように整理して、使用者としての法的責任は原則として派遣元が負うということを明確にしたのです。そして、こうして定義された労働者派遣は、職安法上の労働者供給の定義から除外されることになりました（4条6項）。

なお、派遣法は、「当該他人に対し当該労働者を当該他人に雇用させることを約してするもの」は、労働者派遣に含まれないと定めています（2条1号）。これは、出向（⇒ **Theme 04**）を労働者派遣の定義から除外する趣旨と解されています。派遣法の規定は、出向が、出向先との間で雇用関係（つまり二重の雇用関係）があることを前提としていますが、実際の出向には、そのような場合にあたらないこともあります。そのときでも、派遣法が規制しているのは、これを「業として行う」場合だけなので、そうした場合にあたらない普通の出向は派遣法の規制を外れると解されています。

2 労働者派遣事業の法的規制

それでは、派遣法は、派遣元による派遣労働者の人権侵害という点については、どのように対処したのでしょうか。派遣法には、以下にみるように、派遣労働者の保護のためのいろいろな規定があります（もとより、派遣労働者も、一般の労働者と同様、労基法等の労働保護法規の適用を受けます）。

まず、派遣法は、労働者派遣事業を「労働者派遣を業として行うこと」と定義し（2条3号）、そうした労働者派遣事業のうち、派遣労働者が常時雇用される労働者のみであるものを特定労働者派遣事業と呼び、この事業をする派遣元事業主は、厚生労働大臣に届出をする必要があるとしています（派遣法16条）。また、その他の労働者派遣事業は一般労働者派遣事業と呼び、この事業をする派遣元事業主は、厚生労働大臣の許可を得る必要があるとしています（同法5条）。

いわゆる常用型派遣であれば、厚生労働大臣への届出だけでよいのですが、

いわゆる登録型派遣（実際に労働者を派遣する場合にのみ、その派遣期間、派遣元と派遣労働者が労働契約を締結するというタイプのもの）については、厚生労働大臣の許可が必要なのです。

　派遣法は、このように労働者派遣事業への参入について規制をすることにより、行政によって、人材派遣会社が派遣事業を行う適格性があるかどうかをチェックするようにしているのです。こうして、派遣元による派遣労働者の人権侵害を防止しようとしているのです。

　また、労働者派遣の人権侵害の危険性は、単純労働で労働者派遣が利用された場合に、いっそう高まります。さらに、労働者派遣が利用されると、派遣先の正社員の雇用（常用雇用）が減るという弊害が生じる危険があるともいわれています。こういうさまざまな危険を考慮して、労働者派遣を利用できる業務は、終身雇用慣行になじまない専門的業務や特別の雇用管理を要する業務に限定されてきました。こうした派遣可能業務を限定して列挙する規制をポジティブリスト方式といいますが、この規制は、1999年の法改正により、港湾、警備、建設等の一定の業務を除き、あらゆる業務で労働者派遣を利用することができるようになりました（派遣が禁止される業種を列挙するので、ネガティブリスト方式といいます）。

　ポジティブ方式からネガティブ方式へという流れは、規制の緩和を意味します。こうしたことが派遣労働者を増大させ、格差問題を生んだという批判もあるところです。とりわけ2004年に解禁された製造業派遣については、派遣労働者が劣悪な労働条件で就労しているという点が社会問題となり、製造業派遣を再び禁止すべきという意見が強まってきました。

　ただ、派遣の利用を限定すると、正社員が増えるのではなく、むしろ、これまで派遣を利用していた会社が国内での製造を止めて、国外に生産拠点を移転してしまう（産業空洞化）という懸念もあります。そうしたこともあり、2012年の法改正では、製造業派遣の禁止は見送られました。

3　派遣から直接雇用へ

　労働者派遣は、派遣元に雇用されて、派遣先で労務を提供するものです。派

遣先からすると、自らが雇用していない労働者の労働力を間接的に利用するという意味で、これは間接雇用と呼ばれます。一方、多くの労働者は、その労務を提供する相手方である会社に、直接、雇用されています。これは直接雇用あるいは直用と呼ばれています。

　間接雇用に対しては、会社が、雇用責任を負わないまま、労働力を利用しているという点で、あまり適切でない雇用形態であるという評価がなされることもあります。派遣元が雇用責任を負うから問題はないのではないか、という反論も十分に考えられるのですが、派遣法自身も、労働者派遣という間接雇用から、派遣先による直接雇用へと誘導する法規定を置いています。この規定を少し詳しくみておきましょう。

　まず、1999年の改正以降に新たに労働者派遣が認められるようになった業務を「自由化業務」といいますが、この自由化業務については、派遣可能期間は制限されます（原則として1年、最大3年［派遣法40条の2第2項から4項］）。この制限は、派遣先における業務を基準に算定されるので、派遣元への情報提供として、派遣先は、どの日から派遣可能期間を超えることになるかを通知しなければなりません（26条5項）。もし、通知がない場合には、派遣元は、派遣先との間で労働者派遣契約を締結してはならないとされています（同条6項）。

　そして、そのことを前提に、派遣元は、派遣可能期間を超えて労働者派遣をしてはならないとされ、派遣可能期間を超えることとなる前に（1カ月前から前日までの間に）派遣先および派遣労働者に対して、派遣可能期間を超えて派遣を行わないことの通知（派遣停止の通知）をしなければならない、とされています（35条の2）。

　この通知を受けたにもかかわらず、派遣先が、派遣可能期間を超えて継続して派遣労働者を使用しようとする場合には、その派遣労働者が前日までに希望するかぎり、労働契約の申込みをしなければなりません（40条の4）。

　結局、自由化業務では、派遣先は、派遣可能期間を超えて派遣労働を利用するときには、派遣労働者を直接雇用しなければならないということです。もっとも、このことは、派遣先と派遣労働者との間で労働契約が成立するとみなされることを意味するものではありません。派遣先には採用の自由、労働契約締

37

結の自由があるので、たとえ直接雇用義務に違反したとしても、法が採用を強制することはできないのです。ただし、行政による指導はありますし（48条1項）、それに従わなかった場合には、公表の制裁もあります（49条の2）。

　次に、自由化業務において、1年以上派遣業務に継続して従事した派遣労働者が、派遣期間満了日から7日以内に派遣元との雇用関係が終了している場合で、派遣先は、その派遣労働者が行っていたのと同一の業務について新規の採用をする場合には、その派遣労働者（派遣期間満了までに派遣先に雇用の希望を申し出ていた場合にかぎります）を雇い入れるように努めなければなりません（40条の3）。これは、派遣労働者に任せていた業務について、直接雇用を募集するのであれば、その業務に従事していた派遣労働者を、本人が希望するかぎり優先的に採用すべきであるということです。ただし、これは努力義務です。

　一方、1999年改正以前から労働者派遣が可能であった26業務（その範囲については、派遣法40条の2第1項1号、派遣法施行令4条を参照）等については、派遣可能期間に制限がありません。これらの業務においても、直接雇用への誘導規定があります。それは、同一の派遣労働者を3年を超えて利用している状況で、新たにその派遣労働者の従事する業務について労働者の雇入れをしようとする場合には、その派遣労働者に労働契約の申込みをしなければならない、というものです（40条の5）。この義務の違反があった場合も、採用を強制することはできず、行政による指導や公表の制裁があるにとどまります。

4　労働保護法規上の使用者性

　前述のように、派遣労働者の労働契約上の使用者は、派遣元ですが、派遣法は、一定の事項については、派遣先にも労働保護法規の適用上、使用者としての責任を課しています。

　たとえば、労基法でみると、均等待遇（3条）、強制労働の禁止（5条）は、派遣元と派遣先の双方が使用者となります。公民権の行使（7条）、労働時間・休憩・休日（32条から32条の4、33条から36条、40条、41条）、女性の危険有害業務、坑内労働、育児時間、生理日の休暇に関する規定（64条の2、64条の

3、66条から68条）は、派遣労働者を実際に使用する派遣先が使用者としての責任を負います。

　一方、労働時間の枠組みを設定するのは派遣元の使用者となりますので、フレックスタイム制（32条の3）、変形労働時間制（32条の2、32条の4）、時間外労働・休日労働（36条）、専門業務型裁量労働制（38条の2）等における労使協定の締結・届出等や割増賃金の支払いは、派遣元が義務づけられています（以上、派遣法44条）。

　労安法上も、原則的な責任主体は派遣元ですが、派遣先も、職場における労働者の安全衛生を確保するための事業者としての一般的責務や派遣先職場における衛生管理の責任等は負うことになります（派遣法45条）。

　雇均法上も、妊娠・出産・産前産後休業の取得などを理由とする不利益取扱いの禁止規定（9条3項）、セクシュアルハラスメントに関する雇用管理上の配慮義務（11条）、妊娠中・出産後の健康管理に関する措置義務（12条、13条）は、派遣先に対しても課されています（派遣法47条の2）。

5　派遣先と派遣労働者の労働契約関係

　派遣法上、派遣労働者と労働契約関係（雇用契約関係）にあるのは派遣元であるとしても、理論的には、派遣労働者と派遣先との間で、およそ労働契約関係が成立しえないというわけではありません。

　労契法では、「労働契約は、労働者が使用者に使用されて労働し、使用者がこれに対して賃金を支払うことについて、労働者及び使用者が合意することによって成立する」と定められており（6条）、この規定に合致するような合意（黙示の合意も含まれます）が認められれば、派遣先と派遣労働者との間で労働契約が成立することもありうるわけです。

　合法的な労働者派遣の場合には、こうしたことはほとんど想定できませんが、偽装請負（違法派遣）の場合で、発注先（派遣先）が請負会社（派遣元）を実質的に支配していて、請負会社（派遣元）が独立した会社とは認められないような場合には、発注先（派遣先）と派遣労働者との間で労働契約が成立する可能性もあります。

派遣法制定前の事件ですが、次のように述べる裁判例もあります[*1]。

「事業場内下請労働者（派遣労働者）の如く、外形上親企業（派遣先企業）の正規の従業員と殆ど差異のない形で労務を提供し、したがって、派遣先企業との間に事実上の使用従属関係が存在し、しかも、派遣元企業がそもそも企業としての独自性を有しないとか、企業としての独立性を欠いていて派遣先企業の労務担当の代行機関と同一視しうるものである等その存在が形式的名目的なものに過ぎず、かつ、派遣先企業が派遣労働者の賃金額その他の労働条件を決定していると認めるべき事情のあるときには、派遣労働者と派遣先企業との間に黙示の労働契約が締結されたものと認めうべき余地がある」。

これはかなり厳格な基準であり、黙示の労働契約の締結が認められる場合とは、請負会社（派遣元）に法人格否認の法理が適用されるような事例に、実際上はかぎられるかもしれません（⇒ **Theme 03**）。最高裁も、偽装請負の事案でしたが、黙示の労働契約の成立を否定しています[*2]。

(*1) サガテレビ事件・福岡高判昭和58年6月7日労判410号29頁〔最重判16事件〕
(*2) パナソニックプラズマディスプレイ（パスコ）事件・最2小判平成21年12月18日労判993号5頁〔最重判17事件〕

6 労組法上の使用者

派遣労働者が労働組合に加入した場合、その労働組合と団体交渉に応じなければならない使用者は、派遣元か派遣先かという問題もあります。派遣法上は、派遣先が、派遣労働者からの苦情の申し出に応じた対応をする義務は定めています（40条1項）が、団体交渉に応じる義務があるかどうかについては何も定めていません。

派遣労働者の労働契約上の使用者は派遣元である以上、団体交渉に応じなければならない使用者も派遣元となりそうです。労組法7条2号は、「使用者が雇用する労働者の代表者と団体交渉をすることを正当な理由がなくて拒むこと」を不当労働行為と定めており、そこでいう「使用者が雇用する労働者」の「使用者」は派遣労働者との関係では派遣元となるわけです。

もっとも、最高裁の判例は、一定の場合には、派遣先が使用者責任を負う可

能性も認めています。派遣法の制定前の事件ですが、ある会社が、他社の労働者を受け入れて働かせていたというケースで、次のように述べています[*1]。

「雇用主以外の事業主であっても、雇用主から労働者の派遣を受けて自己の業務に従事させ、その労働者の基本的な労働条件について、雇用主と部分的とはいえ同視できる程度に現実的かつ具体的に支配、決定することができる地位にある場合には、その限りにおいて、右事業主は同条の『使用者』に当たるものと解するのが相当である」。

この判例に照らして考えると、派遣先も、派遣労働者の基本的な労働条件について、派遣元と部分的とはいえ同視できる程度に現実的かつ具体的に支配、決定することができる地位にある場合には、そのかぎりにおいて労組法上の使用者に該当し、団体交渉にも応じなければならないことになります。

派遣先の労組法上の使用者性については、もう一つ、前述の直接雇用義務（派遣法40条の4、40条の5）との関係で、派遣労働者を組織する労働組合が、派遣労働者の直接雇用をめぐって団体交渉を申し込んだときに、派遣先はこれに応じなければならないのか、という問題があります。この段階では派遣先と派遣労働者との間には労働契約が存在していませんが、直接雇用をするのは派遣先なので、派遣先に団体交渉を申し込まなければ意味がありません。まだ議論が熟していない論点ですが、ある裁判例は、直接雇用がすでに決まっている場合には、直接雇用後の労働条件について、採用前でも派遣先は使用者として団体交渉に応じなければならないと述べています[*2]。

（*1）　朝日放送事件・最3小判平成7年2月28日労判668号11頁〔最重判194事件〕
（*2）　国・中労委（クボタ）事件・東京地判平成23年3月17日労判1034号87頁

参考文献
「25の疑問」の第26話
本庄淳志「労組法上の使用者―派遣先の団交応諾義務を中心に」季刊労働法229号（2010年）

キーワード
労働者派遣、間接雇用、派遣先の使用者性、直用義務、偽装請負、
黙示の労働契約

第3章
労働契約について

Theme 06

約束しても守らなくていいの？

　労働法には、会社と労働者との間で自由に契約することを制限するという目的があります。というのは、会社と労働者とでは力関係に差があり、普通の契約とは違う面があるからです。それでは、労働者が納得して会社との間で約束をしていたときでも、労働法に反しているという理由で、約束を反故にできるのでしょうか。

1 約束の効力

　「契約は守られなければならない」という言葉があります。法律の世界では、このことを、ラテン語を使って、「pacta sunt servanda（パクタ・スント・セルヴァンダ）」と言うこともあります。
　日本の法律には、この原則を明確に定めたものはありません。契約に関する基本法である民法においても、規定はありません。あまりにも当然のことなので、わざわざ民法に定めるまでもないとされたのです。
　このように、規定はないものの、契約を締結した以上、契約当事者はその内容を遵守（じゅんしゅ）しなければならないのは当然なのですが、例外もあります。それは、当事者の意思表示に瑕疵（かし）がある場合です。
　たとえば、従業員が会社の経営状況が悪いと勘違いして、賃金の引下げに同意したが、実は、会社の経営状況はきわめて良好であったという場合を考えて

みましょう。こうした場合、賃金の引下げに同意した従業員は、会社の経営状況が悪いと考えたからこそ同意した、ということが明確になっていれば、錯誤（いわゆる動機の錯誤）による意思表示であることを理由に、賃金引下げの同意を無効と主張できる可能性があるのです（民法95条。従業員のほうに重過失があれば別です）。

　あるいは、会社から、自分の仕事上の不始末を指摘されて、このままでは懲戒解雇となると言われたために、懲戒解雇されるくらいなら、円満退職したほうが、退職金をもらえるだけましと考えて、労働契約を合意で解約してしまったところ、実は、自分の不始末は懲戒解雇に該当するようなものではなかったという場合もあります。こうした場合、会社が、従業員に退職の同意をさせようとして欺したといえるときには、従業員の退職の同意は、詐欺によるものとして、取り消すことが認められます（民法96条。このほか、強迫されて意思表示をした場合にも、取り消すことができます）。

　さらに、合意内容が、公序良俗（公の秩序、善良の風俗）に反する場合にも、その契約は無効となります（民法90条）。たとえば、かつての裁判例には、入社時に、会社との間でかわした、結婚をすれば退職するという合意について、公序良俗違反で無効となるとしたものがあります（現在では、雇均法9条1項違反です）。

　このように、いったん約束をしていても、その効力が否定されて守らなくてもよいことがあるのですが、これはあくまで例外的なことです。原則は、約束は守られなければならない、なのです。この原則からすると、たとえば、ある従業員が会社との間で時給700円という合意をしたときには、たとえ労働者が後からその賃金が低すぎると思っても、その額で満足しなければならないはずです。でも、ほんとうにそうでしょうか。

2 強行規定

　ところで、法律の規定には、強行規定と任意規定というものがあります。強行規定とは、契約当事者が、合意によって異なる約定をすることができない規定のことです。

第1編 ●第3章／労働契約について

　労基法上の規定が強行規定であることは、条文上、明らかになっています。それが13条です。
　「この法律で定める基準に達しない労働条件を定める労働契約は、その部分については無効とする。この場合において、無効となった部分は、この法律で定める基準による。」
　つまり、労基法には、労基法の定める基準に達しない労働契約の部分を無効とする効力と、無効となった部分を、労基法の定める基準で置き換える効力とがあるのです。前者を強行的効力、後者を、直律的効力といいます。
　前者の効力があるので、労働者と使用者との間で、労基法を下回る労働契約を結んだとしても、その労働契約は無効となります。これが、労基法が強行規定であることの意味です。
　さらに、労基法には、直律的効力もあるので、労基法違反で無効となった労働契約の部分は、最終的には労基法の定める基準に置き換えられます。その意味で、労基法は、労働条件の最低基準を定める効力があるといわれるのです。
　強行規定の反対概念は任意規定です。任意規定であれば、契約当事者が、合意により法律の規定と異なる約定をすることができます。民法における「法律行為の当事者が法令中の公の秩序に関しない規定と異なる意思を表示したときは、その意思に従う」という規定が根拠となります（91条。「公の秩序に関しない規定」が任意規定のことです）。
　法律上のそれぞれの規定のどれが任意規定で、どれが強行規定であるかは、法律で定められているわけではなく、解釈によって決められます。一般的には、民法の契約に関する部分の規定の多くは任意規定と解されています。それは、契約の内容は、できるだけ当事者によって自由に定めるほうがよく、法律の介入は控えるべきという考え方（私的自治）があるからです。
　これに対して、労働法の分野の規定は、原則として、強行規定であると解されています。労基法のように、法律の明文で、強行的効力が認められているものもあります。労働法の分野に強行規定が多いのは、労働契約の当事者である労使間には力関係に大きな差があるので、任意規定とすると、会社に一方的に有利な労働契約が結ばれてしまう危険があるからです。
　したがって、労基法の定める基準よりも低い労働条件であれば、従業員がい

かに納得して同意をしていても、その同意は無効となるのです。つまり、この場合には、従業員はいったん約束をしていても、それを守らなくてもいいのです。

なお、労基法上の規定が強行規定であるといっても、それは労基法の定める基準を下回る労働契約が無効となるだけであって、労基法の定める基準を上回る労働契約は有効となります。その意味で、労基法の強行規定性は片面的なものということができます。

3 個別的同意による引下げの可能性

このように労基法は、労働条件の最低基準を、強行的効力をもって強制しているのですが、判例の中には、その例外を認めたものもあります。それは、退職金と住宅ローン債務との相殺にかかわるケースでした。

労基法24条1項は、賃金は全額支払わなければならないと定めています。これを賃金全額払いの原則といいます（⇒ **Theme 13** ）。退職金も、就業規則においてその支給条件があらかじめ明確に規定され、会社がその支払義務を負うものとされている場合には、労基法11条の「労働の対償」としての賃金に該当し、したがって、賃金全額払いの原則が適用されます[*1]。

つまり、退職金は全額支払われなければならないのです。では、もし、従業員側に会社に対する借金があったらどうでしょうか。会社は、借金分を差し引いた残りの退職金を支払うことができてよさそうです。会社としては、いったん退職金を全額支払って、それから借金の回収をするというのでは手間がかかります。

ところが、判例は、従業員が会社に対して債務を負っているときでも、会社が賃金や退職金について一方的に相殺をするのは、賃金全額払いの原則に違反するとしてきました[*2]。つまり、会社から相殺をすることは、労基法24条に反するのです。では、従業員が相殺に同意をしていた場合（合意相殺の場合）も、同じなのでしょうか。労基法が強行規定であることからすると、従業員が同意をしていようといまいと、結論に変わりはないはずです。

ところが、最高裁は、従業員がその自由な意思に基づき相殺に同意した場合、その同意が従業員の自由な意思にもとづいてされたものであると認めるに足り

る合理的な理由が客観的に存在するときは、その同意を得てした相殺は全額払いの原則に違反するものとはいえない、と述べました(＊3)。

　労基法の規定よりも従業員に不利な同意であっても、客観的に合理的な理由により支えられた自由意思によるものであると認められれば、その同意は守らなければならない、ということです。

　最高裁は、合意相殺の場合には、従業員の債務も減るので、それほど従業員に不利益ではないと考えたのかもしれません。いずれにせよ、ここでは労基法24条に違反するような従業員の同意の効力が、厳しい要件を付されているとはいえ、認められているのであり、これは最高裁が労基法が強行規定であることの例外を許容したということを意味します。

　（＊1）　シンガー・ソーイング・メシーン事件・最2小判昭和48年1月19日民集27巻1号27頁〔最重判99事件〕
　（＊2）　関西精機事件・最2小判昭和31年11月2日民集10巻11号1413頁〔最重判98事件〕等
　（＊3）　日新製鋼事件・最2小判平成2年11月26日民集44巻8号1085頁〔最重判100事件〕

4　就業規則と労働協約の強行性

　就業規則についても、労基法と同様の効力があります。この効力を定める規定は、かつては、労基法93条にありましたが、いまは労契法12条にあります。それは、次のような内容です。

　「就業規則で定める基準に達しない労働条件を定める労働契約は、その部分については、無効とする。この場合において、無効となった部分は、就業規則で定める基準による。」

　つまり、就業規則にも、労基法と同じように、強行的効力と直律的効力とがあるのです。就業規則も、それを下回る労働契約の効力を認めないという点で、労働条件の最低基準を設定する効力をもつことになります（就業規則の最低基準効）。したがって、ここでも、就業規則の定める基準より低い労働条件であれば、従業員がいかに納得して同意をしていても、その同意は無効となります。つまり、この場合にも、従業員はいったん約束をしていても、それを守らなくていいわけです。

一方、労働協約については、労組法16条に次のような規定があります。

「労働協約に定める労働条件その他の労働者の待遇に関する基準に違反する労働契約の部分は、無効とする。この場合において無効となつた部分は、基準の定めるところによる。労働契約に定がない部分についても、同様とする。」

労働協約が労働契約に対してもつ、このような効力は、規範的効力と呼ばれます。その内容は、労基法や就業規則のもつ強行的効力と直律的効力とほぼ同じです。したがって、ある組合員が、労働協約の基準を下回る内容の合意（労働契約）を会社との間で交わしても、その合意には従わなくてよいのです。

ところが、労働協約の強行的効力については、条文上、労働協約に「違反」する労働契約を無効とすると定められているので、労働協約の基準を下回る労働契約だけでなく、上回る労働契約も無効とするという解釈もあります。

これが学説上「有利原則」の問題といわれているものです。有利原則を肯定すると、労働協約よりも有利な労働契約は有効となりますが、これを否定すると、労働協約よりも有利な労働契約であっても無効となります。つまり、組合員はせっかく会社との間で、労働協約の基準を上回る合意（労働契約）を交わしても、それは法的には無効とされてしまうわけです。

有利原則を否定する見解は、労働者に著しく不利なようにも思えます。それでも、こうした見解が主張されているのは、労働者は労働組合に加入している以上、その労働組合が締結した労働協約と異なる労働契約を会社との間で締結するのは、労働組合の統制を乱すことになるという理由によるものです。学説上は、有利原則否定説が有力です。

5　幻の労働契約

前述の賃金の話に戻りましょう。賃金に関する最低基準を定める最賃法は、もともと労基法の中に規定があったもので（28条以下）、その後、独立した法律となっています。最賃法にも、労基法13条と同様の、強行的効力と直律的効力を定める規定があります（4条2項）。

「最低賃金の適用を受ける労働者と使用者との間の労働契約で、最低賃金額に達しない賃金を定めるものは、その部分については無効とする。この場合に

おいて、無効となった部分は、最低賃金と同様の定をしたものとみなす。」

最低賃金には、地域別最低賃金と特定最低賃金とがあります。地域別最低賃金は、都道府県ごとに決められるものです。特定最低賃金は、2007年に法改正がなされる前は、産業別最低賃金と呼ばれていたものです。

地域別最低賃金は、生活保護よりも低い場合があるという批判があったことから、この2007年の改正によって、生活保護に係る施策との整合性に配慮する、という文言が盛り込まれました（最賃法9条3項）。これにより最低賃金は大幅に上昇することになりました。私の住んでいる兵庫県の地域別最低賃金もそうで、平成23年には時間あたり739円となっています。

最賃法に労基法と同様の強行的効力があるということの具体的意味は、たとえば、兵庫県で働く労働者が、前述のように時給700円の労働契約を締結しても、その時給は無効となり、自動的に739円に引き上げられるということです。最低賃金を引き下げる契約は無効となるのです。ここでも、労働者が700円でよいと同意をしていても、その約束は守らなくてよいということです。

もっとも、会社の中には、人手が必要なときに、時給739円以上で雇うくらいならば、現在の正社員の残業で対処するが、時給700円くらいで雇ってもよいのならばパートを増やすと考えることがあるでしょう。働き手側も、たとえば夫に十分な収入があって、ただ時間に余裕があり社会とのつながりを維持したいからとか、ちょっとした小遣い稼ぎをしたいからというような理由で、パートに出ようと考えている主婦であれば、時給700円で十分ということもあるでしょう。最賃法がなければ、こうした会社とこの主婦との間で時給700円の労働契約が締結されていたはずなのです。しかし、最賃法がある以上、こうした時給の定めは許されないので、この労働契約は幻に終わることになります。

6　労働者間の競争は危険か

しっかりした収入のある男性の妻であれば、確かに、時給700円であってもよいのかもしれません。しかし、生活のためにどうしても働かなければならないという人もたくさんいます。時給700円でもよいという人がいると、その人を押しのけて採用されたいと思うならば、さらに低い時給に応じなければなら

ないでしょう。こうなると、労働者間で賃金の引下げ競争が生じてしまいます。

パートやアルバイトなどの非正社員の賃金相場は、その地域において、どれだけ求人があって、ライバルの求職者がどれだけいるかによって変わってきます。求人がたくさんあって、求職者が少なければ、賃金は下がらないでしょう。人手不足が深刻になれば、賃金は、むしろ上がっていきます。

逆に、求人が少なくて、求職者が多ければ、賃金はどんどん下がっていきます。誰でもやれるような単純な仕事に関しては、どうしても、求人数よりも、求職者の数のほうが多くなる傾向が生じ、賃金はなかなか上昇しなくなります。

問題は、賃金の決定を、そういう市場における需給関係に全面的にゆだねてしまってよいのかです。やはり労働者の生存を保障するためには、賃金の最低基準を設定しておく必要があるでしょう。こうしたことから、どんなに労働者が同意をしても、それ以上、引き下げてはならない最低ラインとしての最低賃金というものが必要となるわけです。

最近では、ワーキング・プアが社会問題となっているので、賃金をはじめとする労働条件が低くなりすぎないようにすることへの意識は、ますます高まっています。ただ、注意しておく必要があるのは、最低賃金の引上げ論のように、労働条件の最低基準が引き上げられていくべきとすると、当然のことながら、人を採用するときに会社が負担すべき費用（労働コスト）が高くなり、そうなると、会社のほうは採用する人員を絞り込むようになり、今度は失業者が増えるおそれがあるのです。これは、ワーキング・プアよりも深刻な問題といえるでしょう。

参考文献

「労働の正義」の第13話
「25の疑問」の第22話
「キーワード」の第1話
大内伸哉・川口大司『法と経済で読みとく雇用の世界――働くことの不安と楽しみ』(2012年、有斐閣)の第2章

キーワード

強行規定、任意規定、最低基準効、最低賃金

第1編 ●第3章／労働契約について

Theme 07

就業規則は会社の憲法なの？

　従業員にとって就業規則は会社の憲法のようなものかもしれません。ところが、よく考えると、就業規則は、会社が一方的に作成し、労働基準監督署に届け出るもので、従業員側は、過半数代表が意見を聴取されるだけです。そのような就業規則の定める労働条件に、どうして従業員は拘束されるのでしょうか。

1　就業規則になぜ従わなければならないのか。

　どこの会社にも、就業規則はあるはずです。従業員は、自分たちにどのような権利があるのか、またどのような義務があるのかは、普通は就業規則をみればわかるようになっています。

　就業規則は、会社が一方的に制定するものです。しかし、多くの従業員は、その就業規則に従わなければならないと思っています。どうして、会社が一方的に作ったものに、従業員は従わなければならないのでしょうか。労働関係は、権力的な関係なのでしょうか。

　これが、就業規則の法的性質をめぐる論争と呼ばれるものです。就業規則が、どのような法的性質をもつものかは、たとえば、従業員が就業規則に従わなかったときに、会社はその従業員に懲戒処分をすることができるか、あるいは、会社が就業規則を変更して、これまで定めていた労働条件を不利益に変更することが認められるか、というような点について問題となってきました。

　この問題を解決していくためには、まず就業規則が、法律上、どのようなものとして位置づけられているのかを確認しておく必要があるでしょう。現在の法律上、就業規則は、労基法と労契法によって規制の対象になっています。

2　労基法上の就業規則

　就業規則は、労基法により、常時10人以上の労働者を使用する使用者に作成

が義務づけられており、使用者は、作成した就業規則を行政官庁（労働基準監督署長）に届け出なければなりません。就業規則に記載すべき事項は、労基法で列挙されています（以上、89条）。

絶対的必要記載事項
（常に記載しなければならない事項）

①始業および終業の時刻、休憩時間、休日、休暇に関する事項、交替制労働の場合の就業時間転換に関する事項（1号）
②賃金の決定、計算および支払の方法、賃金の締切りおよび支払いの時期ならびに昇給に関する事項（2号）
③退職に関する事項（解雇に関する事項を含む）（3号）

相対的必要記載事項
（当該制度の存在しているときのみ記載しなければならない事項）

④退職手当の適用される労働者の範囲、退職手当の決定、計算および支払の方法ならびに退職手当の支払の時期に関する事項（3の2号）
⑤臨時の賃金等および最低賃金額の定めに関する事項（4号）
⑥労働者に負担させる食費、作業用品その他に関する事項（5号）
⑦安全および衛生に関する事項（6号）
⑧職業訓練に関する事項（7号）
⑨災害補償および業務外の傷病扶助に関する事項（8号）
⑩表彰および制裁の種類および程度に関する事項（9号）
⑪前各号に掲げるもののほか、当該事業場の労働者のすべてに適用される定めをする場合においては、これに関する事項（10号）

就業規則の作成の際には、使用者は、当該事業場に、労働者の過半数で組織する労働組合がある場合においてはその労働組合、労働者の過半数で組織する労働組合がない場合においては労働者の過半数を代表する者（以上を、まとめて過半数代表と呼びます）の意見を聴かなければなりません（90条1項）し、労働基準監督署長に就業規則を届け出るときには、過半数代表から聴取した意見を記した書面を添付しなければなりません（同条2項）。

さらに、使用者は、就業規則を、労基法およびこれに基づく命令の要旨、労

使協定、労使委員会の決議とともに、常時各作業場の見やすい場所へ掲示し、または備え付けること、書面を交付することその他の厚生労働省令で定める方法によって、労働者に周知させなければなりません（106条1項）。そこでいう厚生労働省令で定める方法とは、労基則52条2項によると、「磁気テープ、磁気ディスクその他これらに準ずる物に記録し、かつ、各作業場に労働者が当該記録の内容を常時確認できる機器を設置すること」とされています。

労基法上のこれらの一連の義務に従わなかった使用者には、罰則が科されることもあります（120条1号。30万円以下の罰金）。

3 就業規則の法的性質論

次に、労契法上の就業規則に対する規制をみてみましょう。労契法では、就業規則が、労働契約の内容にどのような影響をもつかということについてのルールが定められています。この点について、労契法が制定される前は、判例でルールが定められていました。

まず、労働者は採用されるときに、会社との間で労働契約を締結することになります。労働契約の内容の大部分は、実際上は、就業規則によって定められています。採用の時に、就業規則の内容に従って労働契約を締結するということがはっきり合意されていれば、労働者が就業規則の適用を受けることは当然です。

しかし、多くの場合には、そのような合意を明示的にすることはないと思います。そこで、会社がすでに制定している就業規則が、新たに採用された労働者に適用される根拠はどこにあるのか、ということが問題となり、昔から議論がなされてきました。

一つの考え方は、就業規則は、従業員がそれを労働契約の内容とすることに、黙示的であれ同意をしていなければ適用されないというものです（契約説）。通常は、そのような黙示的な同意があると認定してよいと思いますが、たとえば、社長が机の引出しの中に入れっぱなしの就業規則であると、従業員はその内容について知りえないので、黙示的であっても、同意があったと認定することは困難です。したがって、そうした場合は、就業規則は適用されないことに

なります。

　契約説には、この他にも、いくつかのバリエーションがありますが、どの説にも共通するのは、就業規則そのものは、契約の草案（ひな形）にすぎないということです。就業規則そのものは何の効力もなく、就業規則が適用される根拠は、あくまで従業員の同意に求められるということです。

　これに対して、就業規則は、労契法12条（労基法93条）により、労基法に認められているのと同様の効力（最低基準効）が認められていることから（⇒ **Theme 06** ）、就業規則は労基法により法規範としての効力を付与されているという考え方（法規範説）もあります。法規範説にも、他にさまざまなバリエーションがありますが、いずれも、従業員の同意がなくても、就業規則が適用されるという点では共通しています。法規範説によると、就業規則は、まさに会社の「憲法」のようなものになってくるでしょう。

　ところで、この点について、判例は、次のように述べていました[*1]。

　「多数の労働者を使用する近代企業においては、労働条件は、経営上の要請に基づき、統一的かつ画一的に決定され、労働者は、経営主体が定める契約内容の定型に従って、附従的に契約を締結せざるを得ない立場に立たされるのが実情であり、この労働条件を定型的に定めた就業規則は、一種の社会的規範としての性質を有するだけでなく、それが合理的な労働条件を定めているものであるかぎり、経営主体と労働者との間の労働条件は、その就業規則によるという事実たる慣習が成立しているものとして、その法的規範性が認められるに至っている（民法92条参照）ものということができる」。

　この判示の内容が、契約説によるものなのか、法規範説によるものなのかは、はっきりしません。ただ、この判決は、上記の判示部分に続いて、「就業規則は、当該事業場内での社会的規範たるにとどまらず、法的規範としての性質を認められるに至っているものと解すべきであるから、当該事業場の労働者は、就業規則の存在および内容を現実に知っていると否とにかかわらず、また、これに対して個別的に同意を与えたかどうかを問わず、当然に、その適用を受けるものというべきである」と述べていました。

　実務的には、「個別的に同意を与えたかどうかを問わず、当然に、その適用を受ける」という部分が重要でした。これにより、就業規則は、実際上は、従

業員が明確に同意していなくても、当然に適用されることになったのです。

　労契法7条は、この判例を取り入れて、「労働者及び使用者が労働契約を締結する場合において、使用者が合理的な労働条件が定められている就業規則を労働者に周知させていた場合には、労働契約の内容は、その就業規則で定める労働条件によるものとする」と定めました。

　これにより、就業規則の法的性質に関係なく、従業員に周知させていて、合理的な労働条件が定められていれば、労働契約の内容は、法律上当然に、就業規則の定める労働条件によるということになりました（就業規則の内容規律効）。

　したがって、就業規則の定める従業員の義務に従わなかった場合には、労働契約上の義務違反となり、懲戒処分も認められうることになります。ある最高裁判決は、労契法制定前の事件ですが、「職員は、心身の故障により、療養、勤務軽減等の措置を受けたときは、衛生管理者の指示に従うほか、所属長、医師及び健康管理に従事する者の指示に従い、健康の回復につとめなければならない」という就業規則の規定にもとづき、頸肩腕症候群と診断されていた職員に対して発せられた頸肩腕症候群総合精密検診の受診命令について、これに従わなかった職員に対する懲戒戒告処分を有効と判断しました[*2]。この就業規則の規定は合理性があり、労働契約の内容となっていると判断されたからです。

　（*1）　秋北バス事件・最大判昭和43年12月25日民集22巻13号3459頁〔最重判79事件〕
　（*2）　電電公社帯広電報電話局事件・最1小判昭和61年3月13日労判470号6頁〔最重判80事件〕

4　就業規則の変更による労働条件の不利益変更

　就業規則をめぐるもう一つ重要な問題は、就業規則の変更により労働条件が不利益に変更された場合の拘束力です。さきほどの契約説では、従業員の同意のない就業規則の変更に拘束力が認められないのは当然なのですが、法規範説も、従業員に不利益な就業規則の変更については、従業員の同意なしに拘束力は認められないと主張していました。

　しかし、労働条件の変更が、従業員の同意がないかぎり、いっさい認められ

ないというのは、理論的にはすっきりしていても、実務上は、あまりにも大きな会社経営への制約となります。たとえば、経済状況がどんなに苦しくても、労働条件の不利益変更ができないとすれば、会社の経営が傾いてしまうでしょう。そうなると、従業員の雇用のほうが危険にさらされることになり、これでは、従業員にとって、元も子もありません。

そこで、判例は、次のような法理を構築しました（秋北バス事件・前掲）

「新たな就業規則の作成又は変更によって、既得の権利を奪い、労働者に不利益な労働条件を一方的に課することは、原則として、許されないと解すべきであるが、労働条件の集合的処理、特にその統一的かつ画一的な決定を建前とする就業規則の性質からいって、当該規則条項が合理的なものであるかぎり、個々の労働者において、これに同意しないことを理由として、その適用を拒否することは許されないと解すべき」である。

つまり、変更内容が合理的であれば、会社は、従業員の同意がなくても、一方的に労働条件の変更ができるということです。

労契法は、この判例法理（合理的変更法理）を成文化しました。

まず9条は、次のように述べています。

「使用者は、労働者と合意することなく、就業規則を変更することにより、労働者の不利益に労働契約の内容である労働条件を変更することはできない。ただし、次条の場合は、この限りでない。」

これは、最高裁判決の述べた前半部分を成文化したものです。ただ最後に、「次条の場合は、この限りでない」としており、この次条、すなわち10条が、合理的変更法理について定めた部分となります。

「使用者が就業規則の変更により労働条件を変更する場合において、変更後の就業規則を労働者に周知させ、かつ、就業規則の変更が、労働者の受ける不利益の程度、労働条件の変更の必要性、変更後の就業規則の内容の相当性、労働組合等との交渉の状況その他の就業規則の変更に係る事情に照らして合理的なものであるときは、労働契約の内容である労働条件は、当該変更後の就業規則に定めるところによるものとする。」

このように、労契法では、就業規則を周知させていることを前提として、合理性があれば、従業員は、変更された就業規則に従わなければならないという

ことになったのです。合理性の判断要素は、10条では、①労働者の受ける不利益の程度、②労働条件の変更の必要性、③変更後の就業規則の内容の相当性、④労働組合等との交渉の状況、⑤その他の就業規則の変更に係る事情となっています。これは従来の判例(*1)で述べられていたものを整理し直したものです。

(*1) 第四銀行事件・最2小判平成9年2月28日民集51巻2号705頁〔最重判84事件〕

5 合意にもとづく就業規則の不利益変更

ところで、労契法9条は、使用者は、労働者と合意することなく、就業規則の変更により、労働条件の不利益変更ができないと定めているので、逆にいうと、使用者と労働者とが合意をすれば、労契法10条で定める合理性の要件を満たしていなくても、変更ができることになります（9条の反対解釈）。

労契法制定以前においても、就業規則の変更による労働条件の不利益変更について、従業員の同意があった場合に、合理的変更法理は適用されず、当然に変更が有効になるかについては議論があるところでしたが、労契法は、これを認めることにしたわけです。

もっとも、労働法は、伝統的に、労働契約において弱い立場にある従業員が、自己に不利益な同意をした場合に、その効力を簡単に認めてはならないと考えてきました（⇒ **Theme 06**）。労働条件の不利益変更という重要な効果をもたらす同意も、あまり簡単に認めてはならないということになりそうです。

労契法は、従業員の同意がどのような場合に有効となるのかについて、具体的な定めを置いていません。ただ、解釈としては、日新製鋼事件・最高裁判決が述べた「その同意が労働者の自由な意思に基づいてされたものであると認めるに足りる合理的な理由が客観的に存在するとき」というような厳格な要件が必要といえるでしょう（⇒ **Theme 06**）。

6 労働者への周知

労基法上、会社には就業規則の周知義務があるのは、すでに見たとおりです

が、就業規則の内容規律効との関係でも、判例上、その周知が要件となると解されてきました[*1]。労契法は、この判例を取り入れて、7条と10条で、周知が要件として定められました。

労基法上の周知は、現在、雇用されている従業員への周知ですが、採用段階の就業規則の内容規律効を定める労契法7条は、「労働者及び使用者が労働契約を締結する場合において、……就業規則を労働者に周知させていた場合」と定められているので、新たに採用される者への周知も必要と解されています。

一般的には、労契法上の周知は、必ずしも労基法106条で罰則付きで義務づけられている方法（前記）をとる必要はなく、従業員に実質的に知らされていればよいと解されています。

裁判例には、退職金規定の変更が行われたケースで、会社が全体朝礼で概略的な説明をしただけで、説明文書の配布や回覧、また説明会の開催といったような、具体的に説明する努力をなんら払っていない場合には、従業員に対して実質的な周知がされたものとはいえないと判断しています[*2]。この事件は、労契法制定前の事件ですが、労契法10条の周知の解釈にも参考になるものといえるでしょう。

（*1） フジ興産事件・最2小判平成15年10月10日労判861号5頁〔最重判82事件〕
（*2） 中部カラー事件・東京高判平成19年10月30日労判964号72頁〔最重判増補2事件〕

> 参考文献

「労働の正義」の第7話
「25の疑問」の第1章
荒木尚志・菅野和夫・山川隆一『詳説労働契約法』（2008年、弘文堂）

> キーワード

就業規則、最低基準効、内容規律効、合理的変更法理、周知

第1編 ●第3章／労働契約について

Theme 08　会社の慣行には、どこまで拘束力があるの？

　会社には、就業規則や労働協約等に文書化された明文の労働条件や社内ルールがありますが、その他にも、暗黙の労働条件や社内ルールのようなものもあります。こうしたものは、インフォーマルなものなので、法的には何も意味がないのでしょうか。

1　不文のルール

　各会社における従業員の労働条件は、基本的にはすべて就業規則に記載されています。就業規則で所定の労働条件を記載し、それを労働基準監督署長に届け出るのは、各事業場で常時10人以上の労働者を使用している会社にとっては、労基法上の義務でもあります（89条）（⇒ Theme 07 ）。

　ところが、実際には、各会社で実際に適用されている労働条件には、就業規則の必要記載事項ではないなどの理由で、就業規則に書かれていないものもあります。こうした、いわば不文の労働条件は、きちんと明文で書かれたものではないので、法的には意味がないもの、あるいは法的な効力の劣るもののように思っている人も少なくないでしょう。しかし、はたして、そうなのでしょうか。

　たとえば、こういう例はどうでしょうか。ある会社において、就業規則では定めがなかったものの、半年間、欠勤をせずに勤務した従業員には、社長が皆勤手当として3万円を支払うということが、10年来行われていたとします。社長がこの手当を支払い始めたのは、意欲ある従業員に対する報償という目的であり、しかも常に支払うということでなく、そのときの経営状況に応じて支払うかどうかを決めるというものでした。しかし、実際上は、半年間、無欠勤の従業員には、例外なく、皆勤手当は支払われてきました。

　ところが、あるとき、社長が、半年間、皆勤した従業員に対して、日頃の素行が良くないなどの理由で、皆勤手当を支払わなかったとします。この従業員は、この会社に対して、3万円の皆勤手当の支払を求める「権利」があるでしょ

うか。それとも、皆勤手当は、法的な権利というものではないので、社長が支払わなかったとしても、この従業員は会社に何も請求することができないのでしょうか。

2　労使慣行

　この設例でみた皆勤手当の支払いは、10年来続いていたものであるので、一つの慣行となっているとみてよいでしょう。こういう雇用関係における慣行を、「労使慣行」と呼びます（なお、これは法令上の用語ではありません）。労使慣行は、それが労働契約の内容に取り込まれていれば、従業員は、労働契約上の権利であるとして、その内容を実現するように会社に対して主張することができます。

　では、労使慣行は、どのような場合に、労働契約の内容に取り込まれるのでしょうか。ここで一つ重要な条文があります。それが民法92条です。同条によると、「法令中の公の秩序に関しない規定と異なる慣習がある場合において、法律行為の当事者がその慣習による意思を有しているものと認められるときは、その慣習に従う。」と規定されています。ここでいう「公の秩序に関しない規定」とは、任意規定のことで、当事者がその規定と異なる法的効果を合意により生じさせることができるものです（⇒ **Theme 06**）。

　同条でいう慣習は、法律と同一の効力をもつ慣習（法の適用に関する通則法3条を参照）、すなわち慣習法とは区別して、「事実たる慣習」と呼ばれます。民法92条は、この事実たる慣習について、「当事者がその慣習による意思」をもっていれば、その慣習に従うということを定めているのですが、この規定は、事実たる慣習があれば、当事者がとくに反対の意思を表示しないかぎりは契約内容になる趣旨と解されています。

3　「事実たる慣習」とは？

　それでは、事実たる慣習とは、具体的にはどのような場合に成立するのでしょうか。これについては、ある代表的な裁判例があります[*1]。それは、次のよ

うに述べています。

「民法92条により法的効力のある労使慣行が成立していると認められるためには、同種の行為又は事実が一定の範囲において長期間反復継続して行なわれていたこと、労使双方が明示的にこれによることを排除・排斥していないことのほか、当該慣行が労使双方の規範意識によって支えられていることを要し、使用者側においては、当該労働条件についてその内容を決定しうる権限を有している者か、又はその取扱いについて一定の裁量権を有する者が規範意識を有していたことを要するものと解される」。

つまり、事実たる慣習が成立するためには、①同種の行為または事実の長期間の反復継続（慣行的事実）、②労使双方が明示的にこれを排斥していないこと、③当該労働条件について決定権限を有する者が規範意識を有していたこと、という要件を充足しなければならないということです。

この裁判例は、引き続いて、次のように述べています。

「そして、その労使慣行が右の要件を充たし、事実たる慣習として法的効力が認められるか否かは、その慣行が形成されてきた経緯と見直しの経緯を踏まえ、当該労使慣行の性質・内容、合理性、労働協約や就業規則等との関係（当該慣行がこれらの規定に反するものか、それらを補充するものか）、当該慣行の反復継続性の程度（継続期間、時間的間隔、範囲、人数、回数・頻度）、定着の度合い、労使双方の労働協約や就業規則との関係についての意識、その間の対応等諸般の事情を総合的に考慮して決定すべきものであり、この理は、右の慣行が労使のどちらに有利であるか不利であるかを問わないものと解する」。

先ほどの皆勤手当の例でも、前記の①から③の要件を充足していれば、事実たる慣習として、労働契約の内容に取り込まれ、従業員はその手当を請求できることになります。

ところで、③の規範意識の要件については、これを不要とすべきではないかという見解もあるのですが、裁判例のなかには、この規範意識の要件を充足しないことを理由に、従業員に有利な労使慣行の拘束力を否定したものも少なくありません。それは、次のようなケースでした。

かつての国鉄において、ある電車区は、電車の車両の検査や修繕を行う業務に従事していた従業員に対して、就業規則では終業時刻が17時と定められてい

たにもかかわらず、現場の長である電車区長は、20年以上前から従業員が16時30分に作業を終了して洗身入浴を行うことを認めていました。ところが、その後、国鉄は、このような勤務時間内の洗身入浴を禁止することとし、16時30分から洗身入浴を行った従業員に対してその賃金をカットすることにしました。そこで、16時30分からの洗身入浴という労使慣行が、法的な効力をもつかどうかが問題となりました。

　裁判所は、このような慣行を認めてきた電車区長は、就業規則を制定改廃する権限をもっていなかったとして、結論として、この労使慣行には法的な拘束力がないと判断しました[*2]。

　このほか、郵便局で働く職員について、就業規則の制定権者が（旧）郵政大臣（あるいは、これに準じる立場の者）であるため、たとえ郵便局長が労使慣行について規範意識を有していたとしても不十分であるとして、事実たる慣習の成立が否定された例もあります[*3]。

　このように、規模の大きいところや業種によっては、規範意識の要件を課すと、およそ事実たる慣習の成立は、実際上、不可能になるでしょう。このようなこともあり、この要件の不要論があるのです。

　なお、かりにある労使慣行が事実たる慣習に該当しない場合であっても、当事者が、積極的に合意によってそれを労働契約の内容に取り込んでいる場合には、公序良俗（民法90条）や強行規定に反していないかぎり、やはり法的な拘束力が認められます。

(*1)　商大八戸ノ里ドライビングスクール事件・大阪高判平成5年6月25日労判679号32頁〔最重判15事件〕。同判決は、最高裁でも維持されています。
(*2)　国鉄池袋電車区・蒲田電車区事件・東京地判昭和63年2月24日労判512号22頁
(*3)　東京中央郵便局事件・東京地判平成3年8月7日労判594号41頁

4　労使慣行と就業規則

　労働条件の決定手段としては、法律、労働協約、就業規則、労働契約がありますが、労使慣行は、慣習法となっていないかぎり、それ自体は法的拘束性が認められるものではありません。労使慣行は、あくまで個別の労働契約に取り

第1編 ●第3章／労働契約について

込まれて、はじめて労働契約としての効力として拘束力をもつのです。

　このことは、実は、重要な法的意味をもっています。それは、就業規則の規定に反するような労使慣行が事実たる慣習となっている場合、就業規則と労使慣行のどちらが優先するのか、という問題と関係してきます。

　その労使慣行が就業規則よりも従業員に不利なものである場合には、その労使慣行は法的拘束力をもたないのです。労契法12条を見てみましょう。

　「就業規則で定める基準に達しない労働条件を定める労働契約は、その部分については、無効とする。この場合において、無効となった部分は、就業規則で定める基準による。」

　就業規則の最低基準効です（⇒ **Theme 06, 07**）。ここでは、就業規則よりも不利な労働契約は無効となり、就業規則が適用されるということが定められているだけで、労使慣行という言葉は出てこないのですが、先ほど述べたように、労使慣行は、結局、労働契約としての効力をもつのであり、それゆえ、就業規則よりも不利な労使慣行（すなわち、労働契約）は無効となるのです。

　もっとも、裁判例のなかには、これと違う判断を示したようにみえるものもあります[*1]。

　ある会社の就業規則には、「定期昇給は、5月、11月の年2回とし、5月は基本給の5パーセント、11月は基本給の10パーセント昇給させる」という規定と、「賞与として年2回、7月に基本給の0.5か月分、12月に基本給の1か月分の臨時給与を支給する」という規定がありました。しかし、経営が悪化してからは、規定どおりの昇給の実施や賞与の支給が行われてきませんでした。この会社の従業員全員は、会社の規定どおりの昇給の実施および賞与の支給を要求したことがありませんでした。みんな会社の経営状況がわかっていたからです。

　その後、この会社を退職した従業員Aは、会社が規定どおりの昇給額や賞与額を支払っていないとして、未払い額の支払いを求めて、訴えを提起しました。

　裁判所は、このケースでは、Aを含めた従業員全員が、会社が規定どおりの昇給の実施をしないこと、および賞与の支給をしないことを暗黙のうちに承認していた、すなわち、黙示の承諾をしていたとみることができるので、Aの請求は認められないと判断しました。

　このケースでは、昇給の実施をしないことや賞与を支給しないことは、労使

慣行となっていたとみることもできました。ただ、裁判所は、事実たる慣習の拘束力としてではなく、従業員のほうで、この従業員に不利な労使慣行を受け入れることについて黙示の承諾があったと判断したのです。

　この判断は、一見、何も問題がなさそうですが、この黙示の承諾は、就業規則を引き下げる内容のものです。労契法12条によると、こうした黙示の承諾によって成立した労働契約は無効となるはずなのです（この事件は、労契法制定前のものでしたが、すでにあった労基法93条は、労契法12条と同じ内容の規定でした）。そのため、この判決は法的に間違っているという批判もあります。

　ただ、私は、労契法12条は、就業規則の規定について、ある従業員が個人的に労働条件を引き下げる承諾をしても無効となるということを定めた規定であって、全従業員が同意をしていたような場合には、就業規則そのものの変更があったとみる解釈もあるのではないかと思っています。この解釈をとれば、労使慣行の内容に合理性があれば、労使慣行の効力を認めてよいことになります（労契法10条）。

　なお、就業規則の明文の規定よりも、従業員に有利な労使慣行があり、それが事実たる慣習となっている場合には、その労使慣行は労契法12条に抵触しないので、もちろん有効となります。

（＊１）　野本商店事件・東京地判平成９年３月25日労判718号44頁〔最重判81事件〕

5　就業規則と一体化した労使慣行

　就業規則の規定については、その文言が必ずしも明確ではないために、その具体的内容は、労使慣行により決まってくる場合もあります。たとえば、就業規則において、「従業員が、年次有給休暇を取得する場合には、事前に申請をしなければならない」という規定があったとします（この申請は、労基法39条5項本文による時季指定権の行使に該当します）。そして、その会社では、年次有給休暇の申請は１週間前までにするという取扱いが、長年にわたって行われてきたとします。

　こうした労使慣行は、就業規則の「事前に」という抽象的な文言を具体化す

る機能をはたしています。こういう労使慣行は、就業規則と一体化しているので、就業規則と同等の効力があると解されます。

したがって、会社が突然、年次有給休暇の申請を1カ月前にするとして、従来の運用を変更したとしても、その拘束力が当然に認められるわけではないのです。つまり、就業規則上は、従業員が1週間前の申請により年次有給休暇を取得することができると解すべきなのです。会社が1カ月前の申請へと運用を変えたいのであれば、就業規則を変更して、そのことを明記する必要があります。ただし、それは就業規則の不利益変更となるので、周知と合理性が要件となります（労契法10条）。

労働協約の抽象的な条項を具体化する労使慣行についても、同様に、労働協約と同一の効力をもちます。

以上は、従業員の権利行使の場面ですが、会社からの権利行使に関係する場合にも、労使慣行が意味をもつことがあります。たとえば、就業規則において、無断欠勤が懲戒事由として定められていた場合において、1カ月に2回までの無断欠勤は不問に付すという運用が長年継続されてきたのに、突然、就業規則の規定を厳格に適用して、1回でも無断欠勤を行えば懲戒処分を課すという運用に改めたとしましょう。

この場合、無断欠勤は就業規則上の懲戒事由に該当するので、会社が就業規則を適用し、懲戒処分を課しても規定上は問題がないように思えます。しかし、従来の労使慣行は、就業規則の解釈、適用に影響するのです。この場合、就業規則の懲戒事由が、無断欠勤は1カ月2回まで許容するという内容に特定されたと解釈することが可能な場合もあるでしょう。そういう解釈が難しい場合でも、従来の労使慣行に反するような懲戒処分を課すことは、権利濫用となる（労契法15条）と解すことによって、結論として、労使慣行に反する懲戒処分を無効と判断することができるのです。

また、雇用の終了の場面でも、労使慣行が使用者の権限を制約することがあります。裁判例には、私立大学の専任教授における70歳までの定年延長という労使慣行に反して、その教授の定年延長を認めない理事会の決議は権利の濫用となり無効となるとしたものがあります[*1]。

（＊1）　日本大学事件・東京地決平成13年7月25日労判818号46頁

6　集団的労使関係における労使慣行

　労使慣行は、労働組合と会社との間の集団的労使関係において成立することもあります。

　たとえば、会社が、労働組合に対して、組合事務所や組合掲示板の貸与といった便宜供与を長年にわたって行ってきたところ、この便宜供与を突然破棄するという行為に出たとしましょう。会社のほうには、貸与し続ける法的な義務はなかったとしても、突然の破棄は労使慣行に反する行為であるので、会社は、労働組合との間できちんと交渉をしたうえで破棄をするなど、適切な手順をふんでいなければ、権利濫用と判断されたり（民法1条3項）、あるいは労働組合を弱体化する意図による支配介入の不当労働行為（労組法7条3号）に該当すると判断される可能性があります。

参考文献
　なし

キーワード
　労使慣行、事実たる慣習

第2編

採用から退職までのルールを学ぼう

第1章
採用過程

Theme 09 採用内定の取消って自由にできるの？

　新規学卒者にとっては、採用内定をとることは大きな目標です。しかし、内定はしょせん内定です。取り消されることもあるのではないか心配です。まだ働いていない以上、取り消されても仕方がないのでしょうか。それとも、これについて、法的な制約はあるのでしょうか。

1 人生の試練であるシューカツ

　学生にとって就職活動（シューカツ）は、人生にとっての最初の大きな試練ではないかと思います。受験勉強であれば、自分の実力、努力による部分が大きいといえるのに対して、就職は、相手があっての話で、自分の実力や努力だけではどうしようもない面があるからです。そこで人生の厳しさや理不尽さを知ると同時に、自分が他人にどのように評価されているのかを知ることにもなるのです。

　私は、神戸大学において、もう何年間も、3年生と4年生を対象とするゼミをやっていますが、3年生になった当初は甘い感じがある学生が、シューカツを経て4年生になると、ぐっとたくましくなっていくのをよく見てきました。

　シューカツが終了するのは、会社が、学生に内定を出したときです。内定によって、学生の圧倒的多数は、翌年4月からの入社が確定したと思います。ところが、最近、学生のこのような思いを裏切るようなことが起きました。リー

マンショックです。世界的な金融不況の影響を受けて、内定を取り消す会社が次々と出たのです。

こうして、そもそも採用内定には、どのような意味があったのかということが問われるようになってきました。

2 採用内定と婚約

内定とは、「内々で決まること」であり、そこには、正式な決定ではないというニュアンスがあります。翌年の4月1日に入社して、そこから正式な雇用関係が始まるのであり、採用内定が出されても、入社までの間は、何も法的な関係はないのでは、と考える人がいても不思議ではありません。

採用内定を取り消すのは、たしかに学生ら求職者に迷惑をかけることになるかもしれませんが、だからといって採用内定をいっさい取り消してはダメということも難しそうです。

よく労働関係は婚姻関係と似ているといわれます。ある程度、長期に継続する関係であり、かつ相互の信頼が重要であるという点で共通性があります。そして、採用内定と婚約は、将来の契約を事前に約束するという点で似ている面があります。

婚約破棄は、たいへんな騒動を引き起こし、破棄した側は、破棄された側に与えた損害について、慰謝料も含めて支払う必要があります。しかし、婚約破棄が許されず、必ず結婚しなければならないということにはなりません。当事者の一方がその気がなくなったのに、無理に結婚をさせても意味がないからです。

それと同じように考えると、内定取消を許さないとして、必ず入社させなければならないとするのも、妥当でないといえそうです。せいぜい会社には、取り消された側に対する損害賠償責任があるにとどまるべきということになりそうです。では、法的にもそうなっているのでしょうか。

3 大日本印刷事件

労基法や労契法には、採用内定や内定取消について定めた規定はありません。

ただ、だいぶん前に、採用内定取消の有効性が最高裁まで争われたことがありました。それが大日本印刷事件です[*1]。事実関係は、次のようなものでした。

この会社は、昭和43年6月頃、S大学に対し、昭和44年3月卒業予定者の求人を募集したところ、経済学部に在籍するAが、大学の推薦を得て、この求人募集に応募しました。Aは、昭和43年7月13日に会社から文書で採用内定の通知を受けました。

Aは、採用内定通知書に同封されていた誓約書用紙に所要事項を記入し、会社に返送しました。誓約書の内容は、次のようなものでした。

「この度御選考の結果、採用内定の御通知を受けましたことについては左記事項を確認の上誓約いたします

記

一、本年3月学校卒業の上は間違いなく入社致し自己の都合による取消しはいたしません
二、左の場合は採用内定を取消されても何等異存ありません
①履歴書身上書等提出書類の記載事項に事実と相違した点があったとき
②過去に於て共産主義運動及び之に類する運動をし、又は関係した事実が判明したとき
③本年3月学校を卒業出来なかったとき
④入社迄に健康状態が選考日より低下し勤務に堪えないと貴社において認められたとき
⑤その他の事由によって入社後の勤務に不適当と認められたとき」

Aは、採用内定通知を受けたので、すでに応募していた別の会社に対して応募を辞退すると通知しました。ところが、昭和44年2月12日に突然、内定取消の通知を受けたのです。そのため、Aは、その年はどこにも就職できないまま、同年3月にS大学を卒業することになりました。

会社は、内定取消の理由を、Aに「グルーミー（陰気）」な印象があるからだと述べました。こうした理由は、内定取消の正当な理由になるのでしょうか。

（*1） 最2小判昭和54年7月20日民集33巻5号582頁〔最重判24事件〕

4 採用内定で労働契約が成立

　Aは内定取消は無効であるとして、訴訟を提起しました。最高裁は、次のように述べています。

　「本件採用内定通知のほかには労働契約締結のための特段の意思表示をすることが予定されていなかったことを考慮するとき、会社からの募集（申込みの誘引）に対し、Aが応募したのは、労働契約の申込みであり、これに対する会社からの採用内定通知は、右申込みに対する承諾であって、Aの本件誓約書の提出とあいまって、これにより、Aと会社との間に、Aの就労の始期を昭和44年大学卒業直後とし、それまでの間、本件誓約書記載の5項目の採用内定取消事由に基づく解約権を留保した労働契約が成立したと解する」ことができる。

　つまり、最高裁は、この事案では、採用内定通知により労働契約が成立するということを認めたのです。会社からの募集が「申込みの誘引」、それに対するAの応募が「申込み」、会社の採用内定通知が「承諾」だと判断したわけです。「申込み」と「承諾」が合致すれば、契約は成立するというのが、契約の原則です。

　いつでも、採用内定通知により労働契約が成立するわけではありませんが、最高裁のこの判断により、大学新卒の学生の場合には、少なくとも採用内定通知が正式に出されたところで、労働契約は成立すると考えてよいということになりました。実際上は、内定式のときに労働契約が成立するということです。

　そうだとすると、学生が「内定」をもらったと喜んでいるのは、内定式の前の段階なので、これはむしろ「内々定」とでも呼ぶべきものなのです。つまり、まだ労働契約の成立が認められない可能性が高いのです。もちろん、内定式の前の段階でも、労働契約関係（契約としての拘束関係）に入ることについて、当事者間に確定的な意思が認められる場合であれば、そこで労働契約の成立が認められる可能性はないわけではありませんが、そのような場合はそれほど多くないでしょう。

　最近の裁判例においても、内々定段階においては、たとえ誓約書を出していたとしても、大日本印刷事件の場合とは異なり、労働契約の成立要件とされる、内定者がその会社に入社することが確実であることを会社が知っていたという

事情は認められないので、労働契約は成立していないとしたものがあります。ただ、この事件では、労働契約の成立への期待は、法的保護に十分に値する程度に高まっており、それなのに十分な説明なしに内々定の取消を行って精神的打撃を与えたとして、慰謝料50万円の支払いを会社に命じています[*1]。

なお、労働契約が成立するといっても、採用内定の段階では、労働者が実際に就労をするわけではありません。そのため、ここでいう労働契約の成立とは、入社日を就労の始期とするという始期付きのもの、あるいは、入社日を労働契約の効力発生日とするものと考えられています。そのいずれであるかは、労働契約の解釈の問題となりますが、大日本印刷事件では、前者とされ、別の最高裁判決である電電公社近畿電気通信局事件[*2]では、後者とされています。後者であれば、入社日まで、労働契約は効力を生じていないので、就業規則の適用もないことになるでしょう。

(*1) コーセーアールイー（第2）事件・福岡高判平成23年3月10日労判1020号82頁。これは、就職先がまだ見つかっていなかったケースですが、同種事案で、別の就職先が見つかった事件の裁判では、慰謝料は25万円とされています（コーセーアールイー（第1）事件・福岡高判平成23年2月16日労判1023号82頁）。
(*2) 最2小判昭和55年5月30日民集34巻3号464頁

5　内定取消は解雇である

採用内定の段階で労働契約が成立するとなると、内定取消の法的性質は解雇ということになります。解雇については、今日では労契法16条により、客観的に合理的な理由があって、社会通念上相当と是認できる場合でなければ、権利濫用として無効とされます。このような解雇権の制限が、内定取消にも及んでくるのです。そして、内定取消が無効と判断されれば、労働契約を継続しなければならないことになるのです。この意味で、採用内定と婚約とは異なることになります。

もっとも、学生側は、採用内定の段階で、内定取消が認められる事由が記載された誓約書を提出しています。したがって、誓約書記載の事由が生じれば、会社がただちに内定取消（解雇）をすることもできそうです。

しかし、最高裁は、この点について、次のように述べています。

「採用内定の取消事由は、採用内定当時知ることができず、また知ることが期待できないような事実であって、これを理由として採用内定を取消すことが解約権留保の趣旨、目的に照らして客観的に合理的と認められ社会通念上相当として是認することができるものに限られると解するのが相当である」。

Aが「グルーミー」であるということは面接当初からわかっていたことであるから、これを理由とする内定取消は認められないという結論になりました。

以上は、会社側のやや軽率な内定取消の例といえますが、昨今のように経営が悪化し、それを理由として内定取消が行われた場合は、どうなるでしょうか。通常の従業員でも、会社の経営上の理由により解雇されることはあります。こういう解雇を整理解雇といいます（⇒ **Theme 30**）。

整理解雇については、判例上４つの要素を考慮して、有効性を判断することになっています（整理解雇の４要素）。その要素とは、①人員削減の必要性、②解雇回避努力、③被解雇者選定の相当性、④労働者側との手続の相当性、です。

採用内定の段階でも、内定取消が経営上の理由によるものであれば整理解雇に準じたものとして、この４つの要素に照らして有効性の判断がなされることになります。

一般的には、整理解雇は、そう簡単には有効と認められませんが、採用内定段階の者に対しては、実際に就労を開始している正社員に対するよりは緩やかに整理解雇が有効と認められるでしょう。

6 誓約書に記載されていない理由による場合はどうか

前述の電電公社近畿電気通信局事件では、採用内定通知に、「入社前に再度健康診断を行い、異常があれば採用を取り消すことがあること」とあり、さらに、その当時の公社内の通達において「各書類を所定期日までに提出しなかった者については、その採用を取り消し得る旨」の記載がありました。

最高裁は、こうした事案で、この労働契約においては、公社による解約権の留保は、上記の事由に限られるものではなく、公社において採用内定当時知ることができず、また知ることが期待できないような事実であって、これを理由として採用内定を取り消すことが解約権留保の趣旨、目的に照らして客観的に

合理的と認められ社会通念上相当として是認することができる場合をも含むと解するのが相当である、と述べています。

つまり、誓約書等に記載されている事由であるかどうかに関係なく、「採用内定を取り消すことが解約権留保の趣旨、目的に照らして客観的に合理的と認められ社会通念上相当として是認することができる場合」であれば、採用内定を取り消すことができるとしているわけです。

「解約権留保の趣旨、目的に照らして客観的に合理的と認められ社会通念上相当として是認することができる場合」という基準を、大日本印刷事件は、内定取消の範囲を限定する方向に使っているのに対して、電電公社近畿電気通信局事件では、内定取消の範囲を広げる方向にも使っているのです。

7 金銭的な解決

実は、解雇の有効性について訴訟で争われ、解雇が無効と判断された場合でも、実際に原職に復帰する労働者はあまりいないといわれています。いったん、解雇がなされてしまうと、そこでその従業員と会社との間の信頼関係は喪失しているのであり、後からそれを修復するのは容易ではないのです。

そのため、多くの場合、従業員は会社から解決金を受け取って辞めていくといわれています。ただ、それならば、最初から、解雇が不当な場合には、解雇を有効としたうえで、会社に賠償金を支払う義務を課すという法的ルールを導入したほうがよいのではないか、という意見もあります。これを「解雇の金銭解決」といいます。

もちろん、このような意見に対しては、不当な解雇をしておきながら、会社が金だけ払って従業員を追い出すのは許されないという批判もあります。

普通の解雇であればそのような批判も理解できないわけではありませんが、内定取消の場合を考えると、そもそも内定取消をやるような会社には入社しないほうがよいでしょうから、内定取消の有効性を法的に争うことができたとしても、あまり意味がないようにも思えます。労働契約の成立を実質的に強制していくことが、ほんとうに労働者にとって望ましい解決とは言い切れないのです。

リーマンショック後の内定取消の際には、会社が賠償金を支払ったという例もあったようです。会社も学生も金銭解決を望んでいる場合が多いのでしょう。もっとも、どの程度の賠償額が適切かについては不明確な部分があります。

こうした状況を考慮に入れると、内定取消を含めた解雇全般に対する金銭解決について法的ルールを整備することも必要ではないかと思います。2006年に導入された労働審判制度では、「労働審判においては、当事者間の権利関係を確認し、金銭の支払、物の引渡しその他の財産上の給付を命じ、その他個別労働関係民事紛争の解決をするために相当と認める事項を定めることができる」と定められています（労働審判法20条2項）。

この規定にもとづき、解雇紛争においても、解雇の不当性を認めたうえで、金銭解決をするということが、実際に行われています。今後は、こうした労働審判を通じて、金銭解決の相場が形成されていくかもしれず、そうなると、法律による金銭解決制度の導入がやりやすくなるかもしれません。

いずれにせよ、内定取消に金銭解決制度が導入されると、採用内定と婚約は、うまくいかなくなったときの後始末の面でも似てくることになるでしょう。

参考文献
「労働の正義」の第4話
「キーワード」の第15話

キーワード
採用内定、内定取消、内々定、解雇、解雇の金銭解決

第2編 ●第1章／採用過程

Theme 10 会社は、試用期間中の労働者であれば、自由にクビにできるの？

　労働者が採用されると、普通は、最初の数カ月は試用期間で、その後に本採用となります。その期間に、本人の能力や適性が試されるのでしょうが、そうだとすると、もし能力や適性がないと判断されれば、せっかく就職したとしても解雇されてしまうのでしょうか。

1 試用期間とは何か？

　労働者は、入社したときからすぐに正式な採用となるのではなく、当初の数カ月間は試用期間とされるのが一般的です。こうした試用期間は、ほとんどの会社の就業規則において定められています。

　試用期間の長さについては、3カ月や6カ月というのが、一般的です。とくに法律上の規制はありませんが、あまりに長すぎる試用期間を設けると、公序良俗に反して無効と判断される可能性はあるでしょう（民法90条）[*1]。

　試用期間というのは、採用した従業員を実際に働かせてみて、その適格性を判断する期間です。問題は、その判断の結果、適格性がないという結論になったときに、どうなるのかです。試用期間の本来の意味からすると、その従業員は、雇用の次のステージである本採用に進めないということになりそうです。

　しかし、そんなことになると、せっかく苦難の「シューカツ」を乗り越えて内定を勝ち取り、採用にまで至ったのに、「シューカツ」が一からやり直しとなってしまいます（⇒ Theme 09）。しかも6月くらいに会社から放り出されても、主要な会社の採用活動は終わっているので、その翌年度にも間に合わないことになり、結局、2年を棒に振ることになりかねません。

　試用期間を法的にみると、従業員を本採用しないという行為が、たんなる採用拒否となるのか、それともいったん採用した従業員を解雇するのと同じことになるのか、という点をめぐっては学説上、争いがありました。

　たんなる採用拒否となると、会社側に広い裁量が認められるのですが、解雇

となると、そうはいかなくなります。この点について、さまざまな法律構成が主張されてきましたが、判例は、入社した段階で、解約権留保付きの労働契約が成立していると判断して、この問題に一応の決着をつけました[*2]。

つまり、入社した時点から、正式な労働契約が成立しているのですが、試用期間中は特別な解約権が会社に留保されているということです。解約ということは、要するに、解雇のことなのです[*3]が、本採用後の解雇と区別するために、あえて留保解約権という表現が使われています。

（*1） ブラザー工業事件・名古屋地判昭和59年3月23日労判439号64頁
（*2） 三菱樹脂事件・最大判昭和48年12月12日民集27巻11号1536頁〔最重判22事件、25事件〕
（*3） そのため、解雇予告に関する規定（労基法20条）も適用されますが、試用期間中で14日までの解雇の場合は、適用除外となります（21条4号）。

2 解約権留保の趣旨

最高裁は、会社が、このような留保解約権が付いている試用期間を置くことが許される理由について、次のように述べています。

「大学卒業者の新規採用にあたり、採否決定の当初においては、その者の資質、性格、能力その他……いわゆる管理職要員としての適格性の有無に関連する事項について必要な調査を行ない、適切な判定資料を十分に蒐集することができないため、後日における調査や観察に基づく最終的決定を留保する趣旨でされるものと解されるのであって、今日における雇傭の実情にかんがみるときは、一定の合理的期間の限定の下にこのような留保約款を設けることも、合理性をもつものとしてその効力を肯定することができるというべきである」。

つまり、終身雇用の下で、将来において会社の中枢において活躍することが期待されている管理職要員の正社員については、その適格性を慎重に検討する必要があることから、会社が試用期間を設けて、特別な解約権を留保することにも合理性があるとしているのです（なお、試用期間中において、正社員と同様の解雇事由が生じたときには、試用期間における留保解約権ではなく、就業規則にもとづき、通常の解雇が行われることになるでしょう）。

このことは、終身雇用を前提としていない非正社員に対しては、試用期間を

設ける必要性も正当性も小さいことを含意しています。

3 留保解約権の行使の有効性

　最高裁は、前記の判示部分に引き続いて、「留保解約権に基づく解雇は、これを通常の解雇と全く同一に論ずることはできず、前者については、後者の場合よりも広い範囲における解雇の自由が認められてしかるべきものといわなければならない」と述べています。ここだけをみると、やはり試用期間は本採用になっていない段階なので、解雇（留保解約権の行使）の有効性は緩やかに認められてよいということになりそうです（後述のように、中途採用の者については、この判示部分がまさに重視されます）。

　たしかに、試用期間は、従業員としての適格性の審査をするものである以上、適格性がないという判定になれば解雇を簡単にできるということにしなければ、試用期間の意味をなさないようにも思えます。

　ただ現実には、新卒で入社した労働者は、入社後の試用期間において適格性がないから解雇されるかもしれないとは考えていないでしょう。適格性がないようなら、内定段階で振り落としておいてほしいと言いたいところでしょう。

　三菱樹脂事件の最高裁判決も、本採用を拒否するための留保解約権の行使について、簡単に有効性が認められるとはしていません。最高裁は、次のように述べています。

　「法が企業者の雇傭の自由について雇入れの段階と雇入れ後の段階とで区別を設けている趣旨［筆者注：労基法3条の均等待遇原則は雇入れ後にのみ適用され、雇入れの段階では適用されないということ］にかんがみ、また、雇傭契約の締結に際しては企業者が一般的には個々の労働者に対して社会的に優越した地位にあることを考え、かつまた、本採用後の雇傭関係におけるよりも弱い地位であるにせよ、いったん特定企業との間に一定の試用期間を付した雇傭関係に入った者は、本採用、すなわち当該企業との雇傭関係の継続についての期待の下に、他企業への就職の機会と可能性を放棄したものであることに思いを致すときは、前記留保解約権の行使は、上述した解約権留保の趣旨、目的に照らして、客観的に合理的な理由が存し社会通念上相当として是認されうる場合

にのみ許されるものと解するのが相当である」。

このように、最高裁は、終身雇用慣行が試用期間の段階でもすでに始まっていることなどを考慮して、解約権留保の趣旨と目的に照らして、客観的な合理性があり、社会的相当性があると是認される場合にのみ、留保解約権の行使が有効となると述べているのです。この判決の表現は、その後の解雇権濫用法理(*1)や現在の労契法16条にもつながっていきます。

さらに、最高裁は、留保解約権の行使の有効性についての具体的な判断基準を次のように述べています。

「企業者が、採用決定後における調査の結果により、または試用中の勤務状態等により、当初知ることができず、また知ることが期待できないような事実を知るに至った場合において、そのような事実に照らしその者を引き続き当該企業に雇傭しておくのが適当でないと判断することが、上記解約権留保の趣旨、目的に徴して、客観的に相当であると認められる場合には、さきに留保した解約権を行使することができるが、その程度に至らない場合には、これを行使することはできないと解すべきである」。

つまり、最高裁は、採用決定後の調査や勤務状態等から、「当初知ることができず、また知ることが期待できないような事実を知るに至った」場合で、さらに本採用することが適当でないという場合にのみ、留保解約権の行使は有効になると述べているのです。これはかなり厳格な判断基準といえるでしょう。しかも、学説からは、従業員の身上調査等は、採用前に済ませておくべきであり、その調査結果を理由とする留保解約権の行使は認めるべきではないという見解も有力に主張されています。

(*1) 日本食塩製造事件・最2小判昭和50年4月25日民集29巻4号456頁〔最重判51事件〕

4 試用期間と同様の機能をもつ制度

留保解約権の行使について、判例のように制限を加えることは、新卒の学生を想定すると妥当であるようにも思えますが、他方で、会社が、試用期間において、従業員としての適格性の審査をすることが簡単でないということも意味

します。これでは、会社は、労働者の選択にいっそう慎重になり、なかなか採用に踏み切れない可能性もあります。

とくに、こうしたことは、就職が困難とされるいわゆる就職弱者に対して不利となる可能性があります。政府は、こうした事情を考慮して、労働者を実際に雇って試すことができる「トライアル雇用」の制度を設けています。これは、就職が困難な求職者（45歳以上の中高年齢者で雇用保険受給資格のある者等、45歳未満の若年者等、母子家庭の母等、季節労働者、中国残留邦人等、永住帰国者、障害者、日雇労働者・住居喪失不安定就労者・ホームレス）を試行的に雇用した会社に、奨励金として、月額40,000円を支給する制度です（期間は3カ月）。

このほか、紹介予定派遣（派遣法2条6号）のように、まずは派遣で受け入れておいて、そこで労働者の働きぶりを見てから、直接雇用に切り替えるかどうかを派遣先が判断するというのも、派遣期間が一種の試用期間としての意味をもっているといえます。

さらに、直接雇用であっても、とりあえず有期で雇ってみて働きぶりを評価して、それから正社員に切り替えるかどうかを判断するという方法も考えられます。もっとも、こうした方法をとることは、判例上、必ずしも簡単なことではありません。

ある高校の教諭が1年の有期雇用で採用され、期間の満了時に雇止めにされたため、その有効性を争った事件で、最高裁は、次のように述べています[*1]。

「使用者が労働者を新規に採用するに当たり、その雇用契約に期間を設けた場合において、その設けた趣旨・目的が労働者の適性を評価・判断するためのものであるときは、右期間の満了により右雇用契約が当然に終了する旨の明確な合意が当事者間に成立しているなどの特段の事情が認められる場合を除き、右期間は契約の存続期間ではなく、試用期間であると解するのが相当である」。

そして、「試用期間中の労働者が試用期間の付いていない労働者と同じ職場で同じ職務に従事し、使用者の取扱いにも格段変わったところはなく、また、試用期間満了時に再雇用（すなわち本採用）に関する契約書作成の手続が採られていないような場合には、他に特段の事情が認められない限り、これを解約権留保付雇用契約であると解するのが相当である」と述べました。

このように、試用期間の機能をはたすための有期労働契約というのは、「期間の満了により右雇用契約が当然に終了する旨の明確な合意が当事者間に成立しているなどの特段の事情が認められる場合」でなければ、試用期間と判断される可能性があるということです。試用期間となると、先にみた三菱樹脂事件の最高裁判決が述べるような、留保解約権の行使の問題となるので、期間の満了によって当然に雇用が終了するとはいえなくなります。

（＊１）　神戸弘陵学園事件・最３小判平成２年６月５日労判564号７頁〔最重判26事件〕

5　中途採用の場合はどうか

　三菱樹脂事件が想定していた試用期間は、新卒で正社員に採用された従業員に対するものでした。たとえば、即戦力として期待されて中途採用された従業員に設けられる試用期間となると、少し話が違ってくるかもしれません。

　たとえば、最近のある裁判例は、中途採用された労働者に対する留保解約権の行使の有効性について、次のように述べています（アクサ生命保険ほか事件・東京地判平成21年８月31日労判995号80頁）。

　「試用期間中の（普通）解雇は、採用決定の当初にはその者の資質、性格、能力などの適格性の有無に関連する事項につき資料を十分に得ることができないため、後日における調査や観察に基づく最終決定を留保する趣旨でされた留保解約権の行使であるから、通常の（試用期間中でない）解雇よりも緩やかな基準でその効力を判断すべきであるが、試用期間の趣旨、目的に照らし、客観的に合理的理由があり、社会通念上相当として是認されるものであることを要する」。

　これは、三菱樹脂事件の最高裁判決をほぼ引用したものなのですが、そのうちの試用期間中は解雇が広く認められると述べていた部分にフォーカスをあてたものといえます。最高裁は、留保解約権の行使についての制限的な判示もしていたのです（前述）が、そこはまさに新規学卒者を想定した部分なので、中途採用の者にはあえて強調しなかったのでしょう。とくに一定の専門性に着目して中途採用された労働者については、その能力や適格性を厳格に判断して、

会社のニーズにあっていない場合にはすみやかに解雇するということは、広く認められてもよいように思われます。

　もちろん、その場合でも、この判決が述べるように、客観的な合理性と社会的相当性という基準は常に適用されるので、そう簡単に解雇が有効となるわけではありません。

6　試用期間はどうあるべきか

　会社としては、新たに採用する労働者について、実際に働かせてみて、その適格性や能力を試したいと考えるのは当然のことでしょう。正社員の雇用関係は長く続くものなので、会社としては適切でない人材を長期的に雇い続けなければならないということになると、負担が重すぎることになります。

　従業員のほうも、実際に働いてみて、この会社は思っていたところと違っていたということがあります。これはこれで不幸なことですが、従業員には辞職の自由がある（民法627条1項）ので、最終的には退職していくことができます。しかし、会社のほうは、解雇が制限されているので（労契法16条）、従業員を簡単に辞めさせることはできないのです。だから、せめて最初の数カ月くらいは解雇規制を緩めてほしいと考えるのです。

　たとえばドイツでは、解雇制限法という法律によって、解雇に対する規制が加えられていますが、それは労働契約が6カ月を超えて存続している場合にかぎられています。すなわち、入社して最初の6カ月間は、解雇制限規定が適用されないのです。解雇制限が付着している労働契約も、その初期段階では解雇を自由化する、という発想がここにはみられるのです。

　一方、従業員の側からすると、とくに新卒の場合には、採用までに十分なセレクションをされているはずであり、その後にまた適格性や能力の判定を受けて、その結果いかんで解雇される可能性があるというのでは、あまりに不利益が大きいといえます。あるいは必要な要員よりも大目に労働者を採用して、試用期間中に、どんどん解雇していくというような、試用期間を濫用する会社が出てくるおそれもあります。日本の判例は、従業員の雇用が不安定になる不利益を、会社の負担よりも大きく評価して、これを避けようとしているのでしょう。

10. 会社は、試用期間中の労働者であれば、自由にクビにできるの？

　もっとも、会社の負担が重いために、会社による従業員のセレクションがいっそう厳しくなり、それが「シューカツ」の長期化をもたらしている可能性があります。また、いったん採用すると、なかなか解雇できないとなると、学歴や職歴といった外形的な情報において、会社にアピールできる部分が少ない労働者は、なかなか採用されにくくなる可能性があります。

　チャンスを与えられさえすれば、活躍できるという自信がある労働者であっても、会社のほうが、失敗したときのリスク（解雇できずに抱え込まなければならないリスク）を怖れて、積極的な採用をしなくなる可能性があるのです。雇用促進策という点からは、試用期間において解雇を緩やかに認めることにはメリットがあるのです。

　いずれにせよ、もし終身雇用が崩れていき、同時に解雇の規制も緩やかになっていくと、試用期間の意味合いも大きく変わると思います。通常の解雇が簡単に認められるのであれば、留保解約権の行使を緩やかにせよという会社側からの要求も減少することが予想されるからです。そうなると、現在の試用期間に関する判例も変わっていく可能性があるでしょう。

参考文献

「労働の正義」の第5話
「25の疑問」の第9話
「雇用はなぜ壊れたのか」の第5章

キーワード

試用期間、解雇、留保解約権、有期労働契約

第2章
賃　金

Theme 11　管理職になるとなぜ残業代はなくなるの？

　管理職となると残業代が払われないことが多いのですが、その理由がよくわかりません。管理職は、それなりの地位に就いたからということかもしれませんが、管理職も、広い意味では一般の従業員と同じだと思います。それに、実際に残業もしているのです。法的には、残業代を支払わないということが許されるのでしょうか。

1　出世が裏目に？

　正社員で入社した人であれば、その多くは、できれば出世したいと思っているでしょう。出世をすると、給料が高くなるし、社会的な評価が高くなるし、家族からも尊敬されるでしょう。
　会社での出世というのは、普通は昇進のことをさします。昇進とは、一般用語ですが、雇均法にも、この言葉は出てきます（6条1号）。そこでは、役職が高くなっていくことを意味し、性別を理由とする差別が禁止されています。
　平社員から主任や係長などへ昇進することも出世といえますが、何といっても、課長への昇進が当面の大きな目標でしょう。これによりほんとうの管理職になったといえることが多いからです。
　ただ、管理職になるのは、よいことばかりではありません。最近では、管理職になりたがらない人も増えてきているようなのです。その理由はさまざまで

す。管理職になると、責任が重くなるので、それに尻込みする人もいます。しかし何よりも、管理職になると、残業代がつかなくなるので、それをいやがる人も少なくないのです。

　せっかく管理職になって、課長としての役職手当をもらえるようになっても、残業代がなくなってしまえば、あまり意味がありません。役職手当の額いかんでは、あるいは、これまでもらっていた残業代の額いかんでは、管理職になると給料の総額が減ってしまうこともあるのです。仕事の責任が重くなったにもかかわらず、あるいは、従来よりも労働時間が長くなったにもかかわらず、そうなることもあるのです。

　しかも管理職となると、労働組合から脱退することが多いので、労働組合によって賃金を引き上げてもらうこともできません（⇒ **Theme　32**）。

　管理職になると、残業代が支払われないというのには、法的な根拠があるのでしょうか。そもそも、こうしたことは適法なのでしょうか。

2　割増賃金

　残業代というのは、法律上の言葉ではありません。労基法にあるのは割増賃金という言葉だけです。割増賃金とは、時間外労働、休日労働、深夜労働がなされたときに、通常の賃金に一定の割増率を乗じて支払われるものです（労基法37条）。

　まず、時間外労働とは、法定労働時間を超えて働く労働をいいます。1週40時間、1日8時間を超える労働をした場合に、時間外労働となります（労基法32条を参照）。そこでいう「労働」とは実労働を意味します。就業規則上の勤務時間（これを、所定労働時間と言います）が7時間となっていても、実際に労働した時間が8時間を超えれば、時間外労働が発生することになります。時間外労働をさせる場合には、会社は、過半数代表との間で労使協定（三六協定）を締結して、労働基準監督署長に届出なければなりません（同36条1項。休日労働も同じです）。

　時間外労働に対する割増率は25パーセント以上です（「労働基準法第三十七条第一項の時間外及び休日の割増賃金に係る率の最低限度を定める政令」〔割

85

増賃金令」も参照）。さらに、1カ月の時間外労働数が60時間を超えた場合には、50パーセント以上の割増率となります（ただし、25パーセントを超える部分については、過半数代表との労使協定の締結があれば、有給の休日付与で代替することも可能です［労基法37条3項］）。

　また、三六協定で定めることができる時間外労働の時間数については、「労働基準法第36条第2項の規定に基づき労働基準法第36条第1項の協定で定める労働時間の延長の限度等に関する基準」で限度時間が設定されていますが、特別条項付三六協定の場合には、限度時間を超えた労働時間も認められます。そのときには割増率を引き上げることが努力義務として定められています（同基準の3条3項）。たとえば、1カ月の時間外労働の時間数が限度時間の45時間を超える場合には、会社には、割増率を25パーセントから引き上げる努力義務があるわけです（60時間を超えれば、前述のように、50パーセント以上の割増率が労基法上の義務となります）。

　次に、休日労働とは、法定休日に働くことで、この場合には、割増率は35パーセント以上となります（割増賃金令）。法定休日は、労基法上、付与が義務づけられている休日であり、原則として、週に1日となっています（35条。ただし、変形休日制を導入していれば、4週4日でよいとされています）。週休2日の場合は、そのうちの1日が法定休日であり、残りの法定外休日には、このような規制は及びません。

　最後に、深夜労働とは、22時から5時までの時間帯に働くことで、この場合の割増率は25パーセント以上です（労基法37条4項）。時間外労働と深夜労働が重なった場合、休日労働と深夜労働が重なった場合には、割増率はそれぞれ加算されて50パーセント以上、60パーセント以上となります（労基則20条）。

　割増賃金を支払わない使用者には罰則が科される可能性がありますし（労基法119条1号）、従業員が請求すれば、未払いの割増賃金額と同額の付加金の支払いを、裁判官によって命じられることもあります（同114条）。

3　残業代と割増賃金との関係

　以上が、法律で定める割増賃金の仕組みですが、これと残業代とはどのよう

な関係にあるのでしょうか。

　多くの会社では、就業規則に定められている勤務時間を超えて働かせる場合には、一定の残業代を支払うと定めています。残業代の名称は、残業手当、超過勤務手当などさまざまです。名称はどうであれ、こうした手当は、労基法上の割増賃金と同じであると思われるかもしれませんが、必ずしもそうとはかぎりません。

　たとえば、ある会社で、就業規則において、9時から17時までを勤務時間とし（12時から13時までは休憩時間）、17時を超えて働く場合には残業となり、超過勤務手当を支払うと定められていたとします。この会社の所定労働時間は7時間なので、17時を超えて働かせても、労基法上は時間外労働は発生していません。18時を超えて働かせて、はじめて時間外労働が発生するのです。

　したがって、この会社では、17時から18時までの残業については、「労基法上は」、本来の給料に加えて超過勤務手当等の残業手当を支払う義務はないのです。労基法上の割増賃金の支払い義務が生じるのは、この会社では18時以降の労働だけなのです（早出をさせていたときは別です）。つまり、この会社では、労基法上の割増賃金と就業規則上の超過勤務手当にズレがあることになります。

　就業規則に定めた以上、17時から超過勤務手当の支払い義務は生じますが、17時から18時までの間は、就業規則において超過勤務手当の支払いなどを定めていなくても、あるいは、25％未満の割増率であっても、法律上は問題がないのです。

　これに対して、18時以降の残業については、労基法上の割増賃金を支払う必要があります。就業規則で独自に超過勤務手当の支払いが定められていたとしても、それが、労基法の定める算定方法による割増賃金の額を下回ってはなりません（算定方法については、労基法37条5項、労基則19条を参照）。算定方法は、就業規則で自由に決めてよいのですが、その額については、労基法の定める方法によって算定された額以上でなければならないのです。

4 管理監督者に対する適用除外

　管理職になると残業代が支払われないというのは、労基法上の割増賃金支払

義務に違反することになりそうです。こういうことが許されるのでしょうか。

　実は、労基法には、労働時間、休憩、休日に関する規定の適用除外を定める規定があります（41条）。そのなかに、「事業の種類にかかわらず監督若しくは管理の地位にある者」が適用除外の対象となると定められているのです（2号）。

　こういう人を略称して、管理監督者といいます。管理監督者になると、労働時間に関する規定の適用がなくなり、時間外労働という概念も成立しなくなるので、割増賃金の支払義務も発生しないのです。深夜労働に対する割増賃金支払義務は適用除外となっていませんが、通達において、「労働協約、就業規則その他によって、深夜業の割増賃金を含めて所定賃金が定められていることが明らかな場合には別に深夜業の割増賃金を支払う必要はない」とされています（昭和63年3月14日基発150号、平成11年3月31日基発168号）。判例も同様の立場です[*1]。

　　（＊1）　ことぶき事件・最2小判平成21年12月18日労判1000号5頁〔最重判増補1〕

5　誰が管理職か

　多くの会社において、課長等の一定の管理職になると、残業代が支払われなくなるのは、この労基法41条2号を根拠としたものなのです。ただ、ここで疑問が出てきます。その会社が、ある従業員を課長に昇進させたというだけで、当然に、その会社は、法律上負担すべき割増賃金の支払義務を免れることができるのでしょうか。労基法41条2号でいう管理監督者の範囲は客観的に決まるものであり、課長や部長といった役職に付いたからといって、その人が当然に管理監督者に該当するとはかぎらないのではないでしょうか。

　この点が問題となったのが、少し前にマスコミでも話題になった日本マクドナルド事件です[*1]。この事件は、次のようなものでした。

　Aは、ハンバーガー等の販売等を目的とするB社に昭和62年2月に採用され、その直営店の店長に平成11年10月に昇格しました。B社では、店長以上の職位の従業員は労基法41条2号の管理監督者として扱われ、法定労働時間（労基法32条）を超える時間外労働について割増賃金が支払われていませんでした。A

は、店長職は管理監督者には該当しないとして、未払いの割増賃金の支払いなどを求めて訴えを提起しました。

東京地裁は、次のように述べました。

Ⅰ　管理監督者については、労基法の労働時間等に関する規定は適用されないが、これは、管理監督者は、企業経営上の必要から、経営者との一体的な立場において、同法所定の労働時間等の枠を超えて事業活動することを要請されてもやむをえないものといえるような重要な職務と権限を付与され、また、賃金等の待遇やその勤務態様において、他の一般労働者に比べて優遇措置が取られているので、労働時間等に関する規定の適用を除外されても、上記の基本原則に反するような事態が避けられ、当該労働者の保護に欠けるところがないという趣旨によるものと解される。

Ⅱ　したがって、Aが管理監督者にあたるといえるためには、店長の名称だけでなく、実質的に以上の法の趣旨を充足するような立場にあると認められるものでなければならず、具体的には、①職務内容、権限および責任に照らし、労務管理を含め、企業全体の事業経営に関する重要事項にどのように関与しているか、②その勤務態様が労働時間等に対する規制になじまないものであるか否か、③給与（基本給、役付手当等）および一時金において、管理監督者にふさわしい待遇がされているか否かなどの諸点から判断すべきであるといえる。

Ⅲ　本件のAは、①から③のいずれの点も満たさないので、Aは管理監督者には該当しない。

行政解釈においても、この判決と類似の判断基準が示されています（昭和22年9月13日発基17号、昭和63年3月14日基発150号。さらに、平成20年4月1日基監発0401001号も参照）。

そのポイントは、まず、労働条件の決定その他労務管理について経営者と一体的な立場である者であって、労働時間、休憩、休日等に関する規制の枠を超えて活動することが要請されざるをえない重要な職務と責任を有し、現実の勤務態様も労働時間等の規制になじまないような立場にあること、具体的な判断方法については、資格や職位の名称にとらわれることなく、職務内容、責任と

権限、勤務態様に着目する必要があり、さらに、賃金等の待遇面について、その地位にふさわしい待遇がなされているかなどを考慮すること、です。

　裁判例や行政解釈の基準はかなり厳格なものです。とくに行政解釈における「労働条件の決定その他労務管理について経営者と一体的な立場である者」という判断基準は、かなり厳格なもので、普通の中間管理職であれば、この基準を満たすことはまずないでしょう。

　裁判例上も、管理監督者に該当すると認められた例はきわめて少数です。たとえば、信用金庫の支店長でも、管理監督者とは認められませんでした[*2]。日本マクドナルド事件におけるハンバーガー店の店長のように、その店舗の責任者であっても、管理監督者には該当しないと判断されているのです。

　会社としては、従業員を適当な役職につけて、残業代を支払わないという取扱いをするのは違法と判断される可能性が高いと考えておいたほうがよいでしょう。役職手当が残業代の代わりになっているという反論もありうるのですが、割増賃金は実際の時間外労働の量に応じて支払われるべきもので、そのような算定・支給方法になっていない役職手当は、割増賃金の一部に充当されることはあっても、それを支払っているから、割増賃金（残業代）を支払わなくてよいということにはならないのです（⇒ **Theme 12**）。

(＊1)　東京地判平成20年1月28日労判953号10頁〔最重判116事件〕
(＊2)　播州信用金庫事件・神戸地姫路支判平成20年2月8日労判958号12頁。一方、証券会社の支店長を管理監督者と認めた裁判例もあります（日本ファースト証券事件・大阪地判平成20年2月8日労判959号168頁）。

6　名ばかり管理職

　会社が、意図的に、管理職としての実態のない人を管理職にするような取扱いをしていれば、「名ばかり管理職」扱いをしているとして、社会的にも強く非難されることになります。

　ただ、管理監督者に該当しない従業員を管理監督者と扱っていた会社に、すべての非があるとするのには疑問もあります。法令、裁判例、行政解釈のいずれをみても、具体的にどういう役職についている人を管理監督者と扱ってよい

のかは、はっきりしていていないからです。

　管理監督者と同じように、労働時間関連規定の適用除外が認められる「監視又は断続的労働」に従事する者（労基法41条3号）については、事前に労働基準監督署長の許可が必要となっています。また、裁量労働制のように、実際上、割増賃金を支払わなくてよいことになる制度においても、事前に労使協定を結んだり、労使委員会（賃金、労働時間その他の当該事業場における労働条件に関する事項を調査審議し、事業主に対し当該事項について意見を述べることを目的とする労使二者構成の委員会）の決議をしたりして、それを労働基準監督署長に届け出るという手続をふむことが求められています（労基法38条の3、38条の4）（⇒ *Theme* **12**）。

　これらの規定は、労基法の労働時間関連規定の適用除外や例外規定を設ける場合に、一定の事前手続をとることを会社に義務づけているわけです。

　このような制度も参考にすると、無用な法的トラブルを避けるようにするためには、管理監督者の一般的な基準を法令で明記し（行政の内部文書である通達では不十分です）、各事業場において、労使協定や労働委員会の決議により、あらかじめ、具体的にどういう人が労働時間関連規定の適用除外となる管理監督者に該当するかを定め、その協定や決議を行政機関に届けさせて、チェックできるようにするという制度を設けることが必要ではないかと思います。

参考文献

「キーワード」の第10話

キーワード

　法定労働時間、時間外労働、割増賃金、管理監督者、裁量労働制

第2編 ●第2章／賃　金

Theme 12

残業代込みの年俸制は適法なの？

　残業をすれば残業代がもらえることは当然です。法的には、法定労働時間を超える時間外労働に対して、会社が所定の割増賃金を支払わなければならないことも学びました（⇒ Theme 11 ）。ただ、年俸制で働いている従業員には、割増賃金込みとして、年俸額が初めから決まっているところもあります。この年俸額が適正かどうかは、残業時間にもよると思いますが、残業の時間数によっては、実質的には、サービス残業にもなりそうです。そもそも、こうした残業代込みという年俸制は、労基法上、問題はないのでしょうか。

1 年俸制とは？

　最近では、管理職を中心に年俸制を導入している会社も多いようです。年俸制には、いろいろなタイプのものがありますが、よくあるのは、毎年度、当初に業績目標を設定して、年度末にその目標への到達度を評価したうえで、翌年の年俸額を決定するというタイプのものです。「労働者」かどうかは議論がありますが（⇒ Theme 02 ）、プロ野球選手の給料は、年俸制の典型例です。

　年俸制をめぐる労働法上の問題としては、たとえば翌年の年俸額が決まらなかったらどうなるのか、というものがあります。翌年度の年俸額が、労使間の個別交渉で決まることになっている場合、交渉が妥結しないままに翌年度に突入してしまうこともあるでしょう。

　そのような場合には、会社に決定権を認めるというのが、一つの解決方法です。一方、最近の裁判例では、「年俸額決定のための成果・業績評価基準、年俸額決定手続、減額の限界の有無、不服申立手続等が制度化されて就業規則等に明示され、かつ、その内容が公正な場合に限り、使用者に評価決定権があるというべきである」が、このような場合に該当しないかぎり、「当該年度中に年俸額について合意が成立しなかった場合には、前年度の年俸額をもって、次年度の年俸額とすることが確定するものと解すべきである」とされています[*1]。

また、年俸制をめぐってときどき問題となるのは、残業代の取扱いです。たとえば、ある従業員に対して、年俸額を600万円とし、それを15に割って、毎月40万円支払い、ボーナスは3カ月分の120万円を支払うとし、その年度に会社が支払う給料はこれだけで、後は通勤手当以外は何も支払わないとしていたとします。そこで出てくる疑問は、この従業員が、もし残業をしたらどうなるのかです。

　Theme **11** では、管理職になったからといって、残業代が支払われないのは当然ではないということについて説明しました。では、管理職になって年俸制が適用されることになり、「残業代は年俸制の中に含まれているのですよ」と会社が説明してきたら、それに従わなければならないのでしょうか。

　（＊1）　日本システム開発研究所事件・東京高判平成20年4月9日労判959号6頁〔最重判96事件〕

2 残業の成立が認められない従業員もいる

　残業の成立が認められない従業員、正確には、時間外労働が生じない（したがって、会社に割増賃金の支払義務のない）従業員が存在していることも事実です。ある従業員が、法的に真の意味で管理監督者に該当していれば、労働時間の規制を受けないので、時間外労働は成立しません（労基法41条2号）（⇒ *Theme* **11** ）。

　監視断続的労働に従事する従業員も、労働基準監督署長の許可を得れば、同様です（労基法41条3号）。また、農業、畜産・水産業のように、天候や季節といった自然の影響を受けやすい業種で働く従業員は、やはり労働時間規制の適用除外となります（同条1号）。

　さらに、裁量労働制の適用を受けている場合にも、普通は、時間外労働は成立しません。裁量労働制の場合は、労働時間の「みなし制」が適用され、8時間とみなすという場合が普通だからです。ただ、もし8時間を超える時間を「みなし労働時間」として定めることがあった場合には、裁量労働制の場合でも、時間外労働が成立し、会社は割増賃金を支払う義務を負います（なお、このほかに、事業場外での労働のため、労働時間が算定しがたい場合について、所定

労働時間、働いたものとみなすという「みなし制」もあります［同38条の2］)。

裁量労働制には、専門業務型裁量労働制と企画業務型裁量労働制とがあります（労基法38条の3、38条の4）。

まず、専門業務型裁量労働制とは、「業務の性質上その遂行の方法を大幅に当該業務に従事する労働者の裁量にゆだねる必要があるため当該業務の遂行の手段及び時間配分の決定等に関し具体的な指示をすることが困難なものとして厚生労働省令で定める業務」について認められるものです。

具体的には、①新商品・新技術の研究開発の業務、人文科学・自然科学の研究の業務、②情報処理システムの分析・設計の業務、③新聞・出版の事業における記事の取材・編集の業務、放送番組の制作のための取材・編集の業務、④衣服・室内装飾・工業製品・広告等の新たなデザインの考案の業務、⑤放送番組・映画等の制作の事業におけるプロデューサー・ディレクターの業務、⑥その他、厚生労働大臣の指定する業務です（労基則24条の2の2第2項）。

⑥に該当するのは、コピーライターの業務、システムコンサルタントの業務、インテリアコーディネーターの業務、ゲーム用ソフトウェアの創作の業務、証券アナリストの業務、金融工学等の知識を用いて行う金融商品の開発の業務、大学における教育研究の業務、公認会計士の業務、弁護士の業務、建築士の業務、不動産鑑定士の業務、弁理士の業務、税理士の業務、中小企業診断士の業務です（平成9年2月14日労働省告示7号、平成15年10月22日厚生労働省告示354号）。

専門業務型裁量労働制を導入するためには、過半数代表と使用者との間で労使協定が締結される必要があります。その労使協定で「みなし労働時間」が定められることになります。労使協定の労働基準監督署への届出は法律上の義務ですが、裁量労働制の導入要件ではありません。

次に、企画業務型裁量労働制は、「事業の運営に関する事項についての企画、立案、調査及び分析の業務であって、当該業務の性質上これを適切に遂行するにはその遂行の方法を大幅に労働者の裁量にゆだねる必要があるため、当該業務の遂行の手段及び時間配分の決定等に関し使用者が具体的な指示をしないこととする業務」（対象業務）を、「適切に遂行するための知識、経験等を有する労働者」が対象となります。

企画業務型裁量労働制を導入するためには、労使委員会の5分の4以上の多数による決議と、その労働基準監督署長への届出が要件となります。この決議において、「みなし労働時間」が定められることになります。専門業務型裁量労働制との大きな違いは、労働基準監督署長への届出が、制度の導入要件となっていること、および、「みなし労働時間」制の適用について、対象従業員の同意を得なければならないことと、同意をしなかった従業員に対して解雇その他不利益な取扱いをしてはならないことを、決議事項に含めておかなければならないことです。

　なお、一部のホワイトカラー労働者に対する労働時間規制の適用除外を定めるという「ホワイトカラー・エグゼンプション（white-collar exemption）」の日本版（自己管理型労働制）の導入が、少し前に大変な話題になったことがありました（結局は、導入は見送られましたが）。ホワイトカラーのなかには、労働時間の長さを気にしないで働くのに適した人もいます。そういう人は残業代ではなく、むしろ基本給の面で、成果に応じた処遇をするのにふさわしいでしょう。

　企画業務型裁量労働制は、本来、こういう従業員に適用することを予定していたのですが、その導入要件は、前述のようにかなり厳格なため、実際にはほとんど使われていません（厚生労働省の発表した「平成23年就労条件総合調査」では、企画業務型裁量労働制を導入している企業の割合は0.7パーセント、この制度の適用を受けている労働者の割合は0.4パーセントにとどまります）。そこで、より導入が容易な新たな制度として、アメリカにある「ホワイトカラー・エグゼンプション」が注目されるようになったのです。経済界では、このような制度の導入を求める声は、いまなお小さくないと思われます。

3　定額払いの適法性

　残業が合法的に成立しないものとされる従業員についてはともかく、そうではない多くの従業員に対しては、時間外労働があれば、会社はきちんと割増賃金を支払わなければなりません。

　では、会社が、一定の残業があることを見越して、就業規則で、一定額の残

業手当（超過勤務手当等、名称は関係ありません）を支払うということを定めていればどうでしょうか。残業代の定額払いという問題です。

前述のように（⇒ *Theme 11*）、割増賃金の支払方法は、必ずしも法令に定めるとおりでなくてもかまいません。割増賃金は、労基法37条や労基則19条に則して、「通常の労働時間の賃金」に所定の割増率を乗じた額以上の残業代が払われていれば、それで労基法上も支払われたことになるわけです。つまり、重要なのは、支払われた額なのです。

定額の残業手当を支払っていても、それが実際に従業員が行った時間外労働の時間数に対して法令所定の方法で算出された割増賃金額を上回っているかぎり、法的には何も問題はありません。しかし、逆に、割増賃金額を下回っているとなると、割増賃金の未払いとなります。この場合には、会社は差額分を支払うことを義務づけられます。

結局、残業手当を定額化するという取り決めをしても、法的には通用しないということです。それは、後でも見るように、従業員がそのことに同意をしていても、変わりはありません。

4 割増賃金の支払いは客観的に示されていなければならない

定額払いの場合には、額の不足が生じることがあるとしても、そのことが客観的に確認できるものでした。しかし、前述の年俸制の例のように、残業代を基本給と区別せずに「込み」として支払うということにすると、どうでしょうか。この場合には、支払われている額のどの部分までが「通常の労働時間の賃金」かわからないため、支払うべき割増賃金も確定できません。つまり、こうした支払方法では、客観的に見て、少なくとも法令所定の割増賃金額が支払われているかどうかが、よくわからないのです。こうした取扱いは適法でしょうか。

この問題について、判例は、次のように判断しています[*1]。

「仮に、月15時間の時間外労働に対する割増賃金を基本給に含める旨の合意がされたとしても、その基本給のうち割増賃金に当たる部分が明確に区分されて合意がされ、かつ労基法所定の計算方法による額がその額を上回るときはその差額を当該賃金の支払期に支払うことが合意されている場合にのみ、その予

定割増賃金分を当該月の割増賃金の一部又は全部とすることができるものと解すべき」である。

また、その後の最高裁判決には、歩合給のタクシー運転手について、時間外労働や深夜労働が行われても増額がされていないという場合について、「通常の労働時間の賃金に当たる部分と時間外及び深夜の割増賃金に当たる部分とを判別することもできないものであったことからして、この歩合給の支給によって、上告人ら［筆者注：労働者］に対して法37条の規定する時間外及び深夜の割増賃金が支払われたとすることは困難なものというべき」である、と述べたものもあります[*2]。

このように、基本給に割増賃金を含めて支払うことが認められるためには、基本給のうち、割増賃金に当たる部分が明確に区分されて合意されていることが必要となるのです。

年俸制にも、このことがあてはまります。実際の裁判例でも、年俸制で割増賃金込みとだけ合意されていたケースで、こうした賃金支払い方法を違法としたものがあります[*3]。

なお、割増賃金の算定基礎からは、家族手当、通勤手当、別居手当、子女教育手当、住宅手当、臨時に支払われた賃金、1箇月を超える期間ごとに支払われる賃金を除外することができます（労基法37条5項、労基則21条）。最後にあげられた「1箇月を超える期間ごとに支払われる賃金」の典型は賞与です。したがって、会社としては、賃金を月給で支払うよりも、賞与で支払うほうが、割増賃金額を圧縮できることになります。

ただし、賞与が除外賃金とされているのは、賞与の額には変動性があって、割増賃金の算定基礎に含めることに計算技術上の困難さがあるからです。そのため、社内では賞与と呼ばれていても、その額に変動性がなければ、算定基礎から除外することはできません。

さらに、行政解釈は、年俸制が採用されている労働者に対して、年俸額の17分の5を賞与として夏と冬に二分して支給する場合には、額が確定しているので、「臨時に支払われた賃金」にも「1箇月を超える期間ごとに支払われる賃金」にも該当しないとしています（平成12年3月8日基収78号。この場合、毎月の賃金額は年俸額の17分の1であったとしても、割増賃金の算定基礎額は、年俸

額の12分の1に月の所定労働時間数を除した額となります)。

(＊1) 小里機材事件・東京地判昭和62年1月30日労判523号10頁。この判断は、最終的に、最1小判昭和63年7月14日労判523号6頁によっても支持されています。
(＊2) 高知県観光事件・最2小判平成6年6月13日労判653号12頁〔最重判114事件〕
(＊3) 創栄コンサルタント事件・大阪高判平成14年11月26日労判849号157頁

5 高給取りも同じか

 とはいえ、従業員が高額の月給をもらっているような場合においては、会社との間で、基本給は割増賃金込みとする旨の合意を（たとえ黙示的であっても）していれば、その合意を有効と認めてもよいように思えます。
 実際に裁判になったのは、外国為替業務に従事するエグゼクティブ・ディレクターで基本給だけでも毎月180万円以上の支払いを受けていた従業員Aが、1日70分間の超過勤務手当（割増賃金）の支払いを受けていなかったとして、その支払いを求めた事件です[＊1]。
 この判決は、Aの場合には、割増賃金を基本給に含める旨の黙示の合意があったと認めました。そして、Aが月の基本給だけでも180万円を超える高額の報酬を受けていることからすると、割増賃金を基本給の中に含めたとしても労働者の保護に欠けないとして、結論として、Aからの割増賃金の支払請求を認めなかったのです。
 この判断は、常識的には理解できるところですが、従来の判例からすると異例のものといえます。というのは、繰り返し述べるように、従来の判例によると、割増賃金を基本給に含めるという合意は、割増賃金の部分が明確に区別されていなければならず、そうでなければ、割増賃金は支払われたことにならず、労基法37条に違反することになるはずだからです。
 ところが、裁判所は、こうした労基法違反の合意であっても、高給をもらっている労働者にとっては保護に欠けることにならないとして、有効と判断してしまったのです。この判決は、過去の判例に抵触するので、その意味では問題があるといわざるをえません。
 労基法上の規定は、強行規定と考えられてきました（⇒ *Theme* 06 ）。労

働法において強行規定であるというのは、労働契約の当事者間の合意によって、その法律よりも労働者に不利な取り決めをしてはならないということです。労基法37条の定める割増賃金についても、法令（その法令の解釈を示す判例も含みます）上のルールよりも労働者に不利な取扱いをしてはならないのです。

　ただ、モルガン・スタンレー・ジャパン事件のように、労基法の強行規定性を貫徹するのが適切でないようにみえるケースがあることも事実です。この事件は、労基法の強行規定性をどこまで貫徹するのが妥当なのかという問題を提起している事件でもあったと思います。

（＊１）　モルガン・スタンレー・ジャパン事件・東京地判平成17年10月19日労判905号５頁

参考文献
「キーワード」の第11話

キーワード
　年俸制、割増賃金、裁量労働制、労基法の強行規定性

Theme 13 給料からの天引きは、どういう場合に認められるの？

給与明細表をみると、基本給、時間外手当、深夜勤務手当、通勤手当、住居手当、扶養手当などのプラスの項目がありますが、そのほかに、実にいろいろなマイナスの項目があって、控除されています。マイナスの項目では、所得税や住民税等の税金や社会保険・労働保険の保険料があり、これはわかるのですが、親睦会の会費等も控除されています。会社は従業員本人の承諾なしに、給料から勝手に控除することは許されるのでしょうか。

1　従業員の金銭債務

　従業員に支払われる賃金から控除がなされるのは、普通、その従業員が、何らかの金銭の支払義務を負っているからでしょう。たとえば、所得税については、賃金から天引きされること（すなわち、源泉徴収）は法律で定められています（所得税法183条）。国民には納税の義務があり（憲法30条）、一定額以上の雑所得等の他の所得がないかぎりは、源泉徴収だけで済むので、自分で支払う必要がないのです。これなら、まだ納得できます。

　厚生年金、健康保険、雇用保険の保険料についても、同様に給料からの控除が認められています（厚生年金保険法84条、健康保険法167条、労働保険の保険料の徴収等に関する法律32条）。これも、国民の義務ですので、賃金から控除されることに納得がいくところです。

　それでは、親睦会の会費はどうでしょうか。親睦会に自ら入った場合には、そこの会費を支払う義務があるといえそうです。しかし、それを賃金から天引きされるのは、当然のことではありません。従業員が会費を直接支払うことにしたい、と考えてもおかしくはありません。ましてや、入社して当然に親睦会の会員にされているような場合には、賃金からの天引きには、いっそう納得できないかもしれません。

　この点について、法律の規定はどうなっているのでしょうか。

13. 給料からの天引きは、どういう場合に認められるの？

2 賃金全額払いの原則

　労基法11条によると、「賃金」とは、「賃金、給料、手当、賞与その他名称の如何を問わず、労働の対償として使用者が労働者に支払うすべてのもの」とされています。「労働の対償」で、「使用者が労働者に支払うもの」が、広く賃金とされるのです。基本給が、これに該当することは明らかです。退職金のように毎月支払われないものについても、通達によると、労働協約、就業規則、労働契約等によって、あらかじめ支給条件が明確である場合は「賃金」に該当するとされ、判例も同旨です[*1]。

　労基法24条1項は、労基法上の「賃金」に該当するものについて、その支払い方に関する原則を定めています。通貨払いの原則、直接払いの原則、そして全額払いの原則です（同条2項では、さらに、毎月一回以上一定期日払いの原則が定められています）。

　このうち、給料の天引きに関係してくるのは、全額払いの原則です。労基法で明文で定められたこの原則に違反した場合については、30万円以下の罰金も定められています（120条）。

　全額払いの原則の趣旨は、従業員に賃金が確実に支払われないことによって、その生活が不安定となるのを防ぐこと、未払い賃金が残ることにより、従業員に対する不当な足止め（労働継続の強制）となるのを防止することにあります。

　ただし、全額払いの原則には例外があります。その例外とは、第1に、「法令に別段の定めがある場合」です。所得税や社会保険あるいは雇用保険の保険料を控除することについては、前述のように、法律に根拠規定があります（このほかに、財形貯蓄金の控除についても、法律上の根拠規定があります［勤労者財産形成促進法6条1号ハ］）。

　第2は、過半数代表との間で書面による労使協定がある場合です。法令に根拠がない場合には、原則として、この労使協定がなければ、会社は賃金の控除をできないことになります。親睦会の会費についても、少なくとも本人からの支払委任があって、かつ労使協定がなければ、控除は適法となりません。労使協定があるだけで控除ができるわけではないのです。労使協定には、労基法違反の状況を免責させる効力（免罰的効力）があるにすぎないので、賃金の控除

101

をするためには、さらに従業員の同意や会社への支払委任が必要となるのです。

なお、労働組合があるところでは、組合費が控除されていることもありますが、これも全額払いの原則に反することになるかどうかについては、議論があるところです。チェック・オフは、労働組合が組合費を徴収する方法として、会社と労働協約を結んで、それにもとづき、給料から天引きされた組合費を会社から受け取るというものなので、会社が一方的に行うものとはいえず、労基法の適用がないと考えることもできそうだからです。

しかし、最高裁は、チェック・オフにも労基法24条の規制が及ぶとし、チェック・オフは全額払いの原則に違反することになるので、過半数代表との労使協定の締結がなければ違法となると述べています[*2]。さらに、たとえ労働協約においてチェック・オフに関する規定があっても、その規定には規範的効力（労組法16条）は認められず組合員を拘束しないので、会社は、あくまで組合員からの委任にもとづき組合費を賃金から控除するものとしています[*3]。労働組合と会社との間でだけで、チェック・オフを決めることはできないのです。そのため、組合員のほうから委任の解除（チェック・オフの中止の申入れ）をしてくれば、会社はもはやチェック・オフができないことになります。

(*1) シンガー・ソーイング・メシーン事件・最２小判昭和48年１月19日民集27巻１号27頁〔最重判99事件〕
(*2) 済生会中央病院事件・最２小判平成元年12月11日労判552号10頁〔最重判188事件〕
(*3) エッソ石油事件・最１小判平成５年３月25日労判650号６頁〔最重判154事件〕

3 合法的な控除

全額払いの原則について法律で明文で定められている例外は、すでに説明した二つの場合だけなのですが、実務上は、そのほかにも控除ができる場合があります。

一つは、欠勤した場合の賃金控除です。欠勤すると、賃金が控除されますが、これは全額払いの原則とは抵触しません。というのは、全額払いの原則とは、従業員に権利としてすでに発生している賃金を全額支払うべしとするものだからです。欠勤した場合には、その日数分や時間分は賃金が発生せず（それは就

業規則等の定めによりますが)、その部分についての賃金は従業員には請求する権利がないので、会社がそれを支払わなくても、全額払いの原則には違反しないわけです。

同じような問題は、懲戒解雇の場合の退職金の不支給の場合にも生じます。退職金も、前述のように、労基法11条の「賃金」に該当するので、全額払いの原則が適用されます。そこで、多くの就業規則で規定されている、懲戒解雇がなされたとき（あるいは、懲戒解雇相当事由があるとき）には退職金を支給しないという条項（退職金不支給条項）が、この原則に反しないかが問題となるのです。

この点については、前述の欠勤控除と同様の議論があてはまります。就業規則の規定において退職金不支給条項がある場合には、懲戒解雇がないこと（あるいは、懲戒解雇相当事由がないこと）を条件として退職金の請求権が従業員に生じるのです。したがって、この条件を満たさないかぎり、従業員には退職金の請求権は発生しないのです。

退職金の支給基準をみると、自分がいま退職すれば、会社にいくら請求できるのかということはわかるのですが、それはあくまで見込み（期待的利益）にすぎず、法的な権利ではないのです。退職金を請求する権利は、退職時にはじめて発生するものなのです。そのため、懲戒解雇された従業員が、退職金不支給条項を適用され、退職金が支給されないということになっても、それは全額払いの原則には反しないのです。

4 相殺は許されるか

会社が従業員に対して金銭債権をもっている場合に、賃金支払債務と相殺して、控除して支払うという場合も、全額払いの原則に反するのでしょうか。民法505条1項では、相殺について、「二人が互いに同種の目的を有する債務を負担する場合において、双方の債務が弁済期にあるときは、各債務者は、その対当額について相殺によってその債務を免れることができる」と定めています。

会社としては、いったん賃金を全額支払ってしまうと、あらためてその従業員への債権を回収しなければならないので、それならば最初からその分を賃金

から控除しておいてもよいはずだ、と言いたいところでしょう。

　労基法を見ると、相殺については、まず17条において、「使用者は、前借金その他労働することを条件とする前貸の債権と賃金を相殺してはならない」と定められています。従業員の身分的拘束を防止するための規定です。それ以外の相殺は、とくに法律上は禁止されていません。

　しかし、最高裁は、会社が従業員の債務不履行を理由とする損害賠償請求権をもっている場合でも相殺できないとし[*1]、さらに、会社が従業員の不法行為による損害賠償請求権をもっている場合でも相殺できないとしました[*2]。全額払いの原則に反することが、その理由です。

　それでは、従業員が相殺に応じている場合、すなわち合意相殺の場合も、同じ議論があてはまるのでしょうか。

　まず、この問題を考える前に、従業員が賃金債権を放棄したために、会社が賃金を支払わなかった場合、それが全額払いの原則に反するのか、という問題について考えてみましょう。

　最高裁は、退職金債権について従業員が放棄したケースで、それが、その従業員の自由な意思にもとづくものであることが明確であれば、全額払いの原則に違反するものではないと判断しています[*3]。このケースでは、退職した従業員が、退職後競業会社に就職することが決まっていたことや在職中に本人や部下の旅費等の経費の使用に関して疑惑が生じていて、それに関する損害の一部を補填する趣旨で、退職金等の請求権を放棄する念書に署名したという事情があり、それを前提として、放棄の意思表示は有効と判断されました。

　この判旨の内容は、その後の最高裁判決で、合意相殺の場合にも及ぼされています。従業員が金融機関からの住宅ローン債務について、会社に対して、退職金から支払いをするよう委任したというケースで、「労働者がその自由な意思に基づいてされたものであると認めるに足りる合理的な理由が客観的に存在するとき」は、合意による相殺は賃金全額払いの原則に反しないとされたのです[*4]。

　合意相殺となると、会社からの圧力の下で、従業員が相殺に同意させられることにならないかが気になるところです。最高裁もこの点には留意していて、「全額払いの原則の趣旨にかんがみると、右同意が労働者の自由な意思に基づくも

のであるとの認定判断は、厳格かつ慎重に行われなければならないことはいうまでもないところである」と述べています。

このように、自由な意思にもとづく合意相殺を根拠として、会社が賃金の一部を控除して支払うことは、賃金全額払いの原則に反するものではないので、過半数代表との労使協定がなくても適法となるのです。

なお、相殺が認められる場合であっても、差押えが禁じられている範囲については、相殺は認められません（民法510条）。具体的には、その支払い期に受けるべき給付の4分の3に相当する部分は、差押えが禁止されています（ただし、支払期が毎月と定められているものの上限は33万円なので、月給が44万円を超える場合には、33万円を超える部分は差し押さえ可能となります。民事執行法152条、民事執行法施行令2条を参照）。

（＊1）　関西精機事件・最2小判昭和31年11月2日民集10巻11号1413頁〔最重判98事件〕
（＊2）　日本勧業経済会事件・最大判昭和36年5月31日民集15巻5号1482頁
（＊3）　シンガー・ソーイング・メシーン事件・前掲
（＊4）　日新製鋼事件・最2小判平成2年11月26日労判584号6頁〔最重判100事件〕

5　調整的相殺

賃金からの控除が合法的にできるもう一つのパターンは、いわゆる調整的相殺と呼ばれるものです。調整的相殺とは、会社が、払いすぎた賃金を、翌月に払う賃金から差し引くというものです。法的には、会社の不当利得返還請求権（民法703条、704条）と従業員の賃金請求権との相殺となります。

こうした賃金の過払いは、たとえば一定期間の賃金がその期間の満了前に支払われることとされている場合（前払いの場合）において、支払日後に、賃金の減額事由（ストライキや欠勤等）が生じたり、あるいは単純な賃金計算ミスがあったりするなどのことから、どうしても避けることができないことです。

こうした場合に行われる調整的相殺は、本来支払われるべき賃金を支払うためのものといえるので、会社の通常の債権による相殺とは異なり、全額払いの原則の適用をしなくてよいように思えます。実際、通達では、「前月分の過払い賃金を翌月分で清算する程度は賃金それ自体の計算に関するものであるから、

法第二十四条の違反とは認められない。」としてきました（昭和23年9月14日基発1357号）。

最高裁も、次のように述べています[*1]。

調整的相殺は、「その行使の時期、方法、金額等からみて労働者の経済生活の安定との関係上不当と認められないものであれば、同項の禁止するところではないと解するのが相当である」と述べています。

ただし、次のように述べて、一定の制限も課しています。「この見地からすれば、許されるべき相殺は、過払のあった時期と賃金の清算調整の実を失わない程度に合理的に接着した時期においてされ、また、あらかじめ労働者にそのことが予告されるとか、その額が多額にわたらないとか、要は労働者の経済生活の安定をおびやかすおそれのない場合でなければならないものと解せられる」。

（*1）　福島県教組事件・最1小判昭和44年12月18日民集23巻12号2495頁〔最重判101事件〕

6　賃金債権の譲渡

従業員Aが第三者Bへの借金を返済するために、Bに賃金債権を譲渡したとしましょう。Aの雇い主である会社は、Aの賃金をBに支払ってよいのでしょうか。AとBとの間で賃金債権の譲渡に関する合意が真正に成立していて、その譲渡の通知が会社に対して行われているのであれば、会社はBに賃金を支払わなければならないようにも思えます（民法466条、467条を参照）。

その一方で、労基法上は、直接払いの原則があるので、従業員の同意があるとはいえ、第三者に賃金を払うことは許されないようにも思えます。

判例は、こうしたケースでは直接払いの原則が適用され、BがAの雇い主である会社に賃金の支払いを求めることはできないとしています[*1]。直接払いの原則には、全額払いの原則とは異なり、例外も認められていません。

ただ、こうしたケースでは、会社がAの委任にもとづきAの借金をBに弁済し（民法474条の第三者弁済）、その委任費用の償還請求権（民法650条）とAの賃金支払請求権とを相殺したと法律構成をすることもできそうです。そうすると、これは、前述の全額払いの原則と相殺の問題とみることができます。そ

13. 給料からの天引きは、どういう場合に認められるの？

の場合、Aの自由意思による同意があれば相殺は認められますし、一方的相殺であっても、過半数代表との労使協定の定めがあれば適法となります。

（＊１）　小倉電話局事件・最３小判昭和43年３月12日民集22巻３号562頁〔最重判97事件〕

参考文献

「労働の正義」の第13話

キーワード

賃金、賃金全額払いの原則、賃金直接払いの原則、相殺、労使協定、チェックオフ、調整的相殺

第2編 ●第2章／賃　金

Theme 14 働かなくても、給料がもらえることはあるの？

給料は、労働の対価です。だから、働かなければ、給料をもらえないと思います。ただ、会社の都合で働けなくなるということもあります。そういうときの給料保障はないのでしょうか。

1 諦めてはダメ

　働かなくて給料がもらえるようなことがあるとすれば、みんなそれに群がるでしょう。そんな甘いことは、ありえないように思えます。しかし、実際には、そうとはかぎらないのです。代表的な例として、年次有給休暇（以下、年休）があります。文字どおり、有給の休暇なのです（労基法39条7項）。
　しかし、これは法律上の例外であって、それ以外に、働かなくても会社が給料を支払うことを義務づける法律上の規定は、基本的にはありません。たとえば育児休業をとったときは、育児休業給付金をもらえるので、賃金の一部分が支払われるようにもみえますが、これは雇用保険制度により政府から支払われるもので（雇用保険法61条の4）、賃金ではありません。
　ただ、労基法には、年休以外に、働かなくても給料がもらえる場合が、もう一つあります。それが休業手当です。労基法26条には、次のような規定があります。
　「使用者の責に帰すべき事由による休業の場合においては、使用者は、休業期間中当該労働者に、その平均賃金の百分の六十以上の手当を支払わなければならない。」
　休業ですので、従業員は働いていません。その休業について、会社に帰責事由があれば、平均賃金（労基法12条を参照）の6割以上を、従業員に支払うことが、法律上、会社に義務付けられているのです。この義務に違反すれば、会社は、付加金の支払義務を負うことがあります（同114条）し、罰則が課され

ることもあります（同120条1号）。

2 働かざる者、食うべからず？

　休業手当の規定は重要なのですが、これはあくまで例外です。そもそも民法623条をみると、次のように規定されています。
　「雇用は、当事者の一方が相手方に対して労働に従事することを約し、相手方がこれに対してその報酬を与えることを約することによって、その効力を生ずる。」
　雇用契約というのは、労働に従事することに対して報酬（給料、賃金）を与える契約なのです。労働に従事しないのに賃金を支払うことは想定されていないのです。同じ趣旨のことは、労契法6条からもわかります。
　さらに民法には、より直接的に、賃金と労務との関係について定めた規定があります。それが民法624条1項です。
　「労働者は、その約した労働を終わった後でなければ、報酬を請求することができない。」
　これは、労働を終えなければ、給料をもらえないという規定です。従業員は給料の先払いを求めることはできないということです。もっとも、この規定は任意規定と解されているので、当事者間で、給料の先払いの合意をすることは可能です。（また、労基法25条は、既往の労働に対する賃金について、一定の非常時には、支払期日前でも従業員が請求できると定めています）
　一方、判例は、「賃金請求権は、労務の給付と対価的関係に立ち、一般には、労働者において現実に就労することによって初めて発生する後払的性格を有する」と述べています[*1]。この立場によると、就労をしないかぎり、従業員には、会社に対して、賃金の支払いを求める権利そのものが発生していないことになりそうです。

　　（＊1）　宝運輸事件・最3小判昭和63年3月15日民集42巻3号170頁

3 働かなくても給料をもらえることはないか

　この判例の述べるように、働かなければ給料をもらえないのは当然のことであるようにも思えます。冒頭にあげた年休のように、従業員の権利とされていて、特別な法律上の規定があれば、もちろん給料はもらえるわけです。しかし、そうした場合を除くと、従業員に休む権利が認められていても、とくに従業員と会社との間で有給とするという合意がないかぎり、従業員は給料はもらえません。これをノーワーク・ノーペイの原則といいます。ノーワーク・ノーペイは、労働契約の解釈準則のようなものです。「原則」と呼んでいても、当事者が合意により、ノーワークでもペイを払うとすることは可能なので、法的に強行されるルールではありません。

　労基法では、休暇や休業については、年休以外に、産前産後の休業（65条）、生理日の休暇（68条）等の規定がありますが、いずれも年休とは異なり、有給ではありません。育介法でも、育児休業は、前述のように、雇用保険からの給付金はありますが、会社との関係では無給ですし、介護休業、子の看護休暇、介護休暇（同法11条、16条の2、16条の5）や、所定労働時間の短縮（23条）においても、いずれも有給ではありません。これらはすべて、特段の合意がないかぎり、ノーワーク・ノーペイの原則により無給となるのです（なお育児休業中に賃金が支払われた場合は、育児休業給付金と調整されます［雇用保険法61条の4第5項］）。

　なお、従業員が権利として労務に従事しない場合の例としてストライキもあります（⇒ *Theme* 36）。ストライキは、憲法28条の保障する団体行動権の一つであり、正当なストライキをした組合員に対しては、会社は不利益取扱いをしてはなりません（労組法7条1号）。さらに正当なストライキであれば、会社に損害を与えても損害賠償責任を負いません（同法8条）し、刑事責任も負いません（同法1条2項）。しかし、ストライキの権利というのは、こうした保護や免責の面をさすのであって、労務を提供していないにもかかわらず、賃金を請求する権利までを認めるものではありません。つまりストライキの場合にも、ノーワーク・ノーペイの原則が妥当するのであり、ストライキ中の者に会社は賃金を支払う義務はないのです。

4　民法536条2項と労基法26条

　以上のように、産前産後の休業や育児休業などは、従業員に法律上認められた権利ではあるものの、だからといって会社が給料まで保障する必要はないのです。一方、休業が、会社側の事情による場合には、話が異なってきます。それが、前述の休業手当です（労基法26条）。

　休業手当は、労基法で定められているものであり、それが従業員の保護のためのものであることは明らかでしょう。ただ、労働法でまったく独自にこうした規定を設けたかというと、そうではありません。民法にも関連する規定があります。それが536条2項1文です。

　「債権者の責めに帰すべき事由によって債務を履行することができなくなったときは、債務者は、反対給付を受ける権利を失わない。」

　雇用契約（労働契約）では、同項でいう債権者は会社で、債務者は従業員です。つまり、この規定は、会社の責めに帰すべき事由によって、従業員が労務を履行することができなくなったときは、従業員は、賃金を受ける権利を失わない、と定めているのです。

　このように会社に帰責事由があるときに、従業員が賃金を請求できるというのは、民法にも規定があるもので、労働法に固有のものではありません。しかも民法では、平均賃金の6割といった限定がなく、賃金全額の請求ができるので、むしろ労基法の休業手当よりも有利といえます。ただ、そうなると、なぜ民法536条2項以外に、労基法の規定が必要なのかという点が、問題となりそうです。

　この点について、最高裁は次のように述べています[*1]。

　「労働基準法26条が『使用者の責に帰すべき事由』による休業の場合に使用者が平均賃金の6割以上の手当を労働者に支払うべき旨を規定し、その履行を強制する手段として附加金や罰金の制度が設けられている（同法114条、120条1号参照）のは、右のような事由による休業の場合に、使用者の負担において労働者の生活を右の限度で保障しようとする趣旨によるものであって、同条項が民法536条2項の適用を排除するものではなく、当該休業の原因が民法536条2項の「債権者ノ責ニ帰スヘキ事由」に該当し、労働者が使用者に対する賃金請求権を失わない場合には、休業手当請求権と賃金請求権とは競合しうるもの

である」。

　つまり、民法536条2項と労基法26条とは、通常の一般法と特別法の関係のように、特別法が一般法を排除するという関係にあるのではなく、両方の規定が競合して、どちらも適用されるのです。

　ただ競合するのであれば、わざわざ労基法26条を規定する必要はないようにも思えます。しかし労基法は、少なくとも平均賃金の6割に相当する額までは、付加金や罰則という履行強制手段を設けて、従業員の生活保障を万全なものにしようとしています。民法だけでは、履行の強制手段が強くなく、最低生活保障に十分でないからです。

　さらに民法536条2項と労基法26条でいう帰責事由の範囲についても違いがあります。前記の最高裁判決は、次のように述べています。

　「休業手当の制度は、……労働者の生活保障という観点から設けられたものではあるが、賃金の全額においてその保障をするものではなく、しかも、その支払義務の有無を使用者の帰責事由の存否にかからしめていることからみて、労働契約の一方当事者たる使用者の立場をも考慮すべきものとしていることは明らかである」。

　「そうすると、労働基準法26条の『使用者の責に帰すべき事由』……とは、取引における一般原則たる過失責任主義とは異なる観点をも踏まえた概念というべきであって、民法536条2項の『債権者ノ責ニ帰スヘキ事由』よりも広く、使用者側に起因する経営、管理上の障害を含むものと解するのが相当である」。

　帰責事由の範囲は、労基法26条のほうが広いということです。さらに、もう一つ重要な違いがあります。民法536条は、任意規定なので、当事者がこれと異なる約定（やくじょう）をすることが許されます（民法91条）が、労基法26条は強行規定なので（⇒ **Theme** 06 ）、少なくとも会社に帰責事由がある場合に、平均賃金の6割を下回るような額の賃金や手当しか支払わないという約定は無効となるのです。

　（＊1）　ノース・ウエスト航空事件・最2小判昭和62年7月17日民集41巻5号1283頁、同41巻5号1350頁〔最重判181事件〕

5　不当解雇と賃金

　裁判所において、解雇が権利濫用等の理由で無効と判断された場合（労契法16条等）、会社には、解雇期間中の賃金の支払いが義務づけられます。従業員は、会社から解雇を通告されると、それ以降は労務に従事していないのですが、賃金がもらえるわけです。その根拠となるのが、やはり民法536条2項です。

　会社は、解雇によって労務の受領を拒絶する意思を示しているのであり、それにより従業員は労務の履行が不可能となったのです。しかも、その解雇が不当であったということですから、会社に帰責事由があることになるので、民法536条2項により従業員は賃金請求権を有するわけです。

　ただし、解雇期間中に、別のところで働いて収入があった場合（こうした収入を中間収入または中間利益といいます）、その収入は控除されます。それは、民法536条2項2文に、「この場合において、自己の債務を免れたことによって利益を得たときは、これを債権者に償還しなければならない。」という規定があるからです。

　これは、従業員による給料の二重取りを防止する規定です。中間収入を控除するのは、相殺が賃金全額払いの原則に反するという判例（⇒ *Theme* 13 ）に抵触する気もしますが、最高裁は、控除を認めています。もっとも、平均賃金の6割までは必ず従業員に支払わなければならないとされています[*1]。これは休業手当の規定を念頭に置いたものです。

（*1）　いずみ福祉会事件・最3小判平成18年3月28日労判933号12頁〔最重判60事件〕など

6　ロックアウト

　会社が、従業員による労務の提供を受領しなかった場合でも、会社に帰責事由が認められず、賃金の支払義務を免れる場合があります。それは、正当なロックアウトの場合です。

　判例によると、会社には、労働組合の争議行為に対抗するためにロックアウトをする権利があるとされています。労働組合の行うストライキなどの争議行

為とは異なり、会社の争議行為については、憲法だけでなく、労組法にも定めがありません（なお、労調法には、争議調整の対象となる争議行為の中に「作業所閉鎖」が含まれており［7条］、これはロックアウトのことをさします）が、最高裁は、この権利を肯定したのです^(＊1)。

ただし、判例によると、「個々の具体的な労働争議の場合において、労働者側の争議行為によりかえって労使間の勢力の均衡が破れ、使用者側が著しく不利な圧力を受けることになるような場合には、衡平の原則に照らし、使用者側においてこのような圧力を阻止し、労使間の勢力の均衡を回復するための対抗防衛手段として相当性を認められるかぎりにおいては、使用者の争議行為も正当なものとして是認されると解すべきである」とされており、いわゆる防御的なロックアウトのみが正当とされています。会社が、労働条件の不利益変更等を求めて先制的に行うロックアウトは正当性がないということです。

ロックアウトが正当とされた場合には、民法536条2項の適用とは無関係に、ロックアウト権の効果として、会社は賃金支払義務を免れるとされています。なお、この場合には、休業手当との関係でも、会社の帰責事由は否定されます（昭和23年6月17日基収1953号）。

(＊1) 丸島水門事件・最3小判昭和50年4月25日民集29巻4号481頁〔最重判191事件〕

7 就労が無価値となった場合

最後に、もう一つ、争議行為に関係した賃金の話をしておきましょう。たとえば、航空会社において、争議行為が行われた結果、飛行機が減便となり、ある空港での業務ができなくなったために、会社がそこで働く従業員に休業を命じたとしましょう。その場合の給料はどうなるかです。

実は、前掲のノース・ウエスト航空事件は、そのようなケースでした。会社としては仕事を与えたくても、与えることができず、一方、従業員としては、仕事をしたくても、できないというケースです。最高裁は、これを「ストライキに参加しなかった労働者が労働をすることが社会観念上不能又は無価値となり、その労働義務を履行することができなくなった場合」と述べています。

こうした場合に、給料がもらえるかどうかは、やはり民法536条2項と労基法26条の適用問題となります。ノース・ウエスト航空事件では、賃金と休業手当の支払いを求めた従業員は、争議行為を起こした労働組合の組合員でした。もちろん、この組合員自身は、争議行為に参加していないので、争議行為に参加した組合員とは異なり、当然には賃金や休業手当がもらえないわけではありません。

しかし、最高裁は、結論として、どちらの請求も認めませんでした。「使用者が不当労働行為の意思その他不当な目的をもってことさらストライキを行わしめたなどの特別の事情がない限り」は、民法536条2項の帰責事由はないと判断したのです。休業手当との関係でも、「経営、管理上の障害」（前述）ではないとして、会社の帰責事由を否定しました。

休業の原因となったストライキが、賃金と休業手当を請求している組合員の所属する労働組合が引き起こしたものである以上、どちらの請求も認められなかった結論は妥当かもしれません。

では、争議行為をした労働組合と何の関係もない一般従業員も、同様の場合に、賃金や休業手当を請求することができないでしょうか。この場合、一般従業員は、ストライキのとばっちりを受けた純然たる被害者というような立場にあり、一方で、会社は、ストライキをしようとしている労働組合と交渉を妥結してストライキを回避させることが可能な立場にあるということを考慮に入れると、少なくとも会社に労基法26条の帰責事由は認めて、従業員からの休業手当の請求を認めるのが妥当だと思います。

参考文献
「労働の正義」の第12話

キーワード
ノーワーク・ノーペイの原則、休業手当、帰責事由、ロックアウト、ストライキ、中間収入の控除

第3章
労働時間

Theme 15

仕事の遅さは自己責任？

　残業をすると残業代がもらえるのなら、早く家に帰ってもやることがないので、ゆっくりと働いたほうが得と思っている人もいます。こうした人は残業代をもらえるのでしょうか。逆に、残業をしたくないけれど、仕事を終えることができずに残業となってしまうこともあります。こうしたときには、会社によっては、残業代をくれないところもあるようです。こうした取扱いは法的に許されるのでしょうか。

1 サービス残業

　最近では、ワーク・ライフ・バランス（労契法3条3項）などと言って、週に何日かは定時に帰るよう従業員に勧めている会社も増えているようです。しかし、まだ多くの会社では、長時間残業はあたりまえという感じではないでしょうか。若者の多くも、正社員で就職するということは、長時間の残業をすることだと覚悟しているでしょう。日本人の働き過ぎは、世界的にも有名です。
　長時間の残業をしても、きちんと残業代をもらえれば、まだ救いがあるかもしれません。しかし、実際には、「サービス残業」と呼ばれるように、会社から対価をもらわずに働く「不払い残業」が行われることも少なくないのです。
　もちろん、労基法上は、1日の労働時間が8時間を超えれば、あるいは1週の労働時間が40時間を超えれば「時間外労働」となり、会社は割増賃金を支払

わなければなりません（32条、37条）。割増賃金を支払わなければ、労基法違反となり、罰則の対象となります（119条1号）。「サービス残業」は違法なことなのです（⇒ *Theme* **11**）。

ただ、入社したばかりの新人等は、経験が浅いために、先輩たちがやるようには仕事をこなすことができず、所定労働時間内に仕事が片付かないために、残業になってしまうこともあるでしょう。そのようなとき、その新人社員が残業代を請求したりすることを認めない上司もいるのではないでしょうか。年配の従業員のなかには、給料というのは、しっかり働いたからこそ、もらえるものだと信じ込んでいる人も少なくないでしょう。

一方で、従業員のなかには、残業代を得るために、意図的にダラダラと仕事をして労働時間を長くしようとする者もいるようです。こういうことは、上司がきちんと監督していれば防げることではありますが、上司といえども、四六時中、部下の仕事ぶりを見ているわけにはいきません。

このような場合、たとえ1日の勤務時間が8時間を超えてしまっても、会社のほうが、実際に働いた内容に照らして、たとえば8時間ジャストの勤務とカウントして、残業代を支払わないという取扱いをすることは認められるのでしょうか。

2 労働時間とは何か

以上のような問題はすべて、労働時間とは何か、ということにかかっています。仕事の進捗状況が遅いとか、意図的にダラダラ働いているとか、そういうことは、法的な意味での労働時間とは関係がありません。では、労働時間とは、どのような時間を指すのでしょうか。

次にあげるのは、ある従業員の平均的な一日です。いったい、どこからどこまでが、労働時間かわかりますか。

①朝、家を出て、電車に乗って、会社にたどりつくまでの通勤時間
②会社の建物に入って、5階のオフィスにたどり着くまでの時間
③ロッカーで更衣する時間
④始業時刻前のミーティングと社歌の斉唱の時間

⑤仕事の途中で、喫煙所に行って、タバコを一服している時間
⑥こっそりパソコンで、仕事に関係のないサイトを閲覧していた時間
⑦トイレで彼氏や彼女に携帯メールを送っていた時間
⑧上司に命じられて、他の会社への営業に行く途中、喫茶店で30分サボった時間
⑨終業時刻後、上司の命令で、その日の業務の反省会をしていた時間
⑩終業時刻後、上司に無理矢理、居酒屋に連れて行かれて、飲んでいた時間
⑪休日に接待ゴルフに付き合わされた時間

実は、法律では、どのような時間が労働時間であるのかということを具体的には定義していません。労基法32条は、次のように定めているだけです。

1項「使用者は、労働者に、休憩時間を除き1週間について40時間を超えて、労働させてはならない。」

2項「使用者は、1週間の各日については、労働者に、休憩時間を除き1日について8時間を超えて、労働させてはならない。」

法律の文言だけをみると、使用者が、労働者を「労働させて」いる時間が労働時間だということになります。ただ、これだけでは、どれが労働時間かという先の質問に対する明快な答えが出てきません。

では、実際に紛争を解決しなければならない裁判所は、どのように言っているのでしょうか。最高裁は、労働時間とは、「労働者が使用者の指揮命令下に置かれている時間」と述べてきました。しかし、「指揮命令下に置かれている」と言っても、これだけでは依然として基準が明確になったとはいえないでしょう[*1]。

労基法は、就業規則に、始業時刻と終業時刻とを記載することを義務づけています（労基法89条1号）が、だからといって、そこで記載された時間（所定労働時間といいます）が、法的な労働時間とされるわけではありません。所定労働時間どおりに働いていないこともあるからです。始業時刻前のミーティングも、社長の指揮命令によって強制されていれば、労働時間にカウントされるのです（④の例）。

また、労働時間の算定のためにタイムカードを使っている会社も多いでしょう。「労働時間の適正な把握のために使用者が講ずべき措置に関する基準につ

いて」(平成13年4月6日基発339号)においては、会社が始業・終業時刻を確認し、記録する方法として、原則として、会社が、自ら現認することにより確認し、記録することか、タイムカード、ICカード等の客観的な記録を基礎として確認し、記録すること、のいずれかの方法によるものとされています。ただ、タイムカードに打刻された時間を、ただちに労働時間の長さとしてよいわけではありません。たとえば、タイムカードに打刻された始業時刻と終業時刻との間であっても、その間に労働していないことが明らかな時間帯(⑤〜⑧)については、労働時間のカウントから除外することができます。

(＊1) 三菱重工長崎造船所事件・最1小判平成12年3月9日民集54巻3号801頁〔最重判107事件〕

3 準備行為の時間は？

最高裁は、「指揮命令下に置かれている時間」について、もう少し具体的な説明もしています。

「労働者が、就業を命じられた業務の準備行為等を事業所内において行うことを使用者から義務付けられ、又はこれを余儀なくされたときは、当該行為を所定労働時間外において行うものとされている場合であっても、当該行為は、特段の事情のない限り、使用者の指揮命令下に置かれたものと評価することができ、当該行為に要した時間は、それが社会通念上必要と認められるものである限り、労基法上の労働時間に該当すると解される」。

従業員が事業所内において本来の業務に従事している場合に、それが労働時間に該当することは当然でしょう。最高裁は、それをさらに広げて、業務の準備行為等を事業所内に行う場合において、それが会社から「義務付けられ」ているとき、あるいは、「余儀なくされたとき」も、「指揮命令下に置かれた」ものと判断すべきとしたのです(③や⑨)。

4 寝ていても労働時間!?

ビル管理会社の監視等の業務のために24時間勤務している従業員のために設

けられている仮眠時間が労働時間に該当するかどうかが争われたこともあります。このケースでは、仮眠時間中は眠っていてもかまわないのですが、警報が鳴るなどしたら、それに対応しなければなりませんでした。仮眠時間中でも、実際に警報に対応するなどの業務に従事したときに、その時間が労働時間に該当することは当然のことですが、そうではない「不活動仮眠時間」が労働時間に該当するかどうかは議論の余地があるところです。

　最高裁は、次のように述べました[*1]。

　「不活動仮眠時間において、労働者が実作業に従事していないというだけでは、使用者の指揮命令下から離脱しているということはできず、当該時間に労働者が労働から離れることを保障されていて初めて、労働者が使用者の指揮命令下に置かれていないものと評価することができる。したがって、不活動仮眠時間であっても労働からの解放が保障されていない場合には労基法上の労働時間に当たるというべきである。そして、当該時間において労働契約上の役務の提供が義務付けられていると評価される場合には、労働からの解放が保障されているとはいえず、労働者は使用者の指揮命令下に置かれているというのが相当である」。

　つまり、不活動仮眠時間は、労働からの解放の保障がないかぎり、労働時間とされるのです。そして、労働契約上の役務の提供が義務づけられていれば、労働からの解放の保障はあるとはいえず、会社の指揮命令下に置かれていることになるので、労働時間に該当するのです。

　これは仮眠時間を手待時間と同視した判断といえるでしょう。手待時間の典型は、たとえば、本屋の店員のケースです。客が来なければ休んでいてもいいが、客が来れば応対しなければならないというようなとき、客のいない時間であっても、手待時間として労働時間とされるのです。労働契約上、仕事をしなければならない時間帯であるかぎり、完全に労働からの解放があるとはいえません。そうなると、実際に仕事をしているわけではなくても休憩時間とは判断されず、労働時間に含まれるのです。ビル管理会社の仮眠時間も、これと同じような意味で労働時間であると判断されたのでしょう。

　ただし、先ほどの最高裁判決は、実作業に従事する必要が生じることが皆無に等しいなど実質的に労働契約上の役務の義務づけがされていないと認めるこ

とができるような事情がある場合は、例外的に労働時間ではないとも述べています。警報ベルが鳴ることがほとんどないなど、実際上、仮眠時間中に仕事が義務づけられているとはいえなければ、その仮眠時間は労働時間に含まれないのです[*2]。

仮眠時間とは少し違いますが、マンションの住込みの管理員について、最高裁は、平日の所定労働時間外でも、一定の時間帯までは、住民の要望があれば作業をすることが求められていたという場合には、実際に何も労務に従事していない時間帯であっても、労働時間に該当すると判断しています[*3]。この時間帯も、やはり、手待時間と同じような時間と判断されたのでしょう。

もちろん、こうした労働密度が薄い時間が、法的に労働時間とカウントされることについて、不満をもつ会社もあるかもしれません。ただ、もしこれが「監視又は断続的労働」に該当する場合であり、労働基準監督署長の許可を得ることができれば、労働時間関連規定の適用除外が認められますので（労基法41条3号）、時間外労働に対する割増賃金も支払う必要はなくなります（そのときでも、深夜労働に対する割増賃金は適用除外となりません）（⇒ Theme 11）。

(*1) 大星ビル管理事件・最1小判平成14年2月28日民集56巻2号361頁
(*2) ビル代行事件・東京高判平成17年7月20日労判899号5頁
(*3) 大林ファシリティーズ（オークビルサービス）事件・最2小判平成19年10月19日労判946号31頁

5　黙示の指揮命令

前記のマンションの住み込みの管理人のケースで、最高裁は、黙示の指示（指揮命令）があったと認定して、労働時間該当性を肯定しています。このように労働時間と判断されるためには、指揮命令は必ずしも明示的なものでなくてもよく、会社のほうから「黙示的な」指揮命令があればよいのです。

たとえば、終業時刻後も、本人が居残りをして残業をしている場合、上司が残業をしろと命じたわけではなくても、上司がそれを黙認している場合には、黙示の指揮命令があることになります[*1]。

こうした黙示の指揮命令の存在は、たとえば、上司が過大な業務を命じてい

たために、勤務時間内に仕事が終わらずに、残業となってしまった場合等は、当然に認められるでしょう。

　問題は、客観的に過大な業務を命じていたわけではないが、従業員本人の仕事のやり方が遅かったために勤務時間内に仕事が終わらず、残業となってしまった場合にも、同じように考えるべきなのかです。

　この点については、労働時間とは客観的に「指揮命令下に置かれている」かどうかにより判断されるべきものであり、従業員の仕事が遅いということが原因であっても、職場で本来の業務に従事している以上、黙示の指揮命令下に置かれていると認定できるのです。したがって、その残業時間が労働時間に該当するという結論は動かしようがありません。

　会社としては、労働時間としてカウントされたくなければ、その従業員をきちんと職場から退去させて、残業をしないように具体的な指示をしておく必要があるのです。いつまで経っても、仕事の能率が上がらず勤務成績が悪い従業員に対しては、基本給やボーナスのところで、低く評価することはもちろんできるのですが、労働時間を短く評価して、法律上義務づけられている割増賃金を減額したり、不支給としたりすることは、許されないのです。

　（＊１）　京都銀行事件・大阪高判平成13年６月28日労判811号５頁

6　労働時間の判断の客観性

　すでに述べたように、労働時間の判断は客観的に行われるのですが、実際には、その判断は容易でないことが少なくありません。①は労働時間ではないのですが、②、③、⑨となると本来は微妙なところでしょう。⑩や⑪は、どこまで会社側の関与や指示があるかがポイントとなります。

　このように労働時間かどうかがはっきりしないグレーゾーンはたくさんあり、それらについては、裁判所に行ってはじめて労働時間かどうかが確定することになるのです。これでは、法律を守ろうにも守れないともいえます。

　仮眠時間の労働時間性が争われた事件でも、会社としては、まさかそれが労働時間には該当しないだろうと考えていたため、残業扱いにもせず、深夜労働

扱いもせず、したがって割増賃金を支払っていなかったのではないかと思います。このようなときに、もし未払い分の割増賃金とそれと同額の付加金（労基法114条）を命じられたとすれば、会社としては、不意打ち感は否めないでしょう。

学説の中には、本来の業務に従事している時間とそうでない周辺的な業務に従事する時間とを分けて、前者については現在のように客観的に労働時間性の判断をするが、後者については労働協約や就業規則で労働時間かどうかを決めることができるようにする、という二分説もあります。二分説によると、争いが生じやすい周辺部分の労働時間性は、事前に明確になります（本来の業務と周辺的な業務の区分は、必ずしも明確ではないので、そこで問題が生じる可能性はあるのですが）。

ただ、二分説によると、周辺的な業務に従事する時間については、たとえば会社が就業規則の規定により一方的に、労働時間の範囲から除外することができることになるので、従業員の利益を損なうことにならないか、という懸念があります（ただ、これについては、労働協約や労使協定でしか定めることができないとすればよいという考え方もあります）。

さらに、そもそも労基法の強行規定性を考慮すると、法律上の割増賃金規制等に関係する内容を、労働協約や就業規則等によって左右されることは望ましくないという考え方もあります（⇒ **Theme 06**）。こうしたこともあり、二分説は、判例や通説の採用するところとなっていないのです。

参考文献
「労働の正義」の第8話

キーワード
労働時間の概念、指揮監督、労基法の強行規定性

Theme 16 年休は、会社の許可がなければ取れないの？

年休は、法律で認められた労働者の権利のはずです。ところが、実際に年休を取るのは、上司の承諾がなければ難しそうです。年休は、上司の機嫌をうかがいながら、取るようなものなのでしょうか。

1 バカンス

欧米では、夏休みに長期連続休暇があるという話をよく聞きます。バカンスです。日本には、残念ながら、バカンスの習慣がありません。どうして、欧米の労働者は、そんなに休めるのでしょうか。そんなに休んで、会社は困らないのでしょうか。

会社側としては、ライバル関係にある他の会社もみんな休むので、あまり問題がないともいえます。むしろ、会社が営業しないことは、消費者のほうに不都合が生じそうです。たとえば、スーパー・マーケットが閉まると買い物ができません。これでは困ってしまいます。

私がイタリアのミラノに住んでいたときの経験によれば、8月の第2週目くらいになると、店がどんどん閉まりますし、道路から車も消えます。一日中、車の往来が絶えなかった幹線道路は、歩行者天国のようになるのです。さすがに、スーパー・マーケットは、地区ごとに交替で開けます。日頃の行きつけの近くのスーパー・マーケットが休みでも、少し離れたところの店は開いているという感じです。ただ、生活が不便になるのは事実です。

もっとも、イタリアのような国では、バカンスは、社会の慣習として完全に定着しているので、多少の生活の不便があっても、誰も文句は言いません。国民の多くは労働者であり、労働者の立場からすれば、長期的にまとめて休むことができるメリットは大きいからです。つまり、「労働者の論理」と「生活者の論理」が対立するなかで、イタリアでは、「労働者の論理」が優先されてい

るわけです。

2 休暇の権利

このイタリアでは、年次有給休暇（年休）は、週休と並んで、憲法上の権利として保障されています。しかも、それは労働者の放棄することのできない権利となっています。

日本の憲法も、「賃金、就業時間、休息その他の勤労条件に関する基準は、法律でこれを定める」（27条2項）と定めていて、イタリアほど明確ではありませんが「休息」の権利を保障しています。そして、労基法は、年休が労働者の権利であることを明確に定めています（39条）。

ところで、このように、せっかく年休が労働者の権利であると保障されているにもかかわらず、日本の労働者の年休取得率は高くありません。厚生労働省の発表した「平成23年就労条件総合調査結果」によると、取得率は48.1パーセントです。つまり、年休は、半分しか取得されていないわけです。この数字は、ほとんど変わっていません。

年休の取得率が低い理由には、仕事が忙しいから、というものもあるでしょう。そんなことをいっていれば、職場によっては、いつまでも年休なんて取れないことになりそうですが、本人が自発的に年休を取らないので、仕方がないともいえそうです。しかし、ときには、会社のほうが年休を取らせてくれない、ということもあるようです。

3 年休が権利であるとは、どういうことか

そもそも、実務では、年休というものは、従業員のほうから申請をして、会社がそれを承諾して、はじめて取得することができるものだ、と考えられていることも多いようです。この考えによると、会社が承諾をしないかぎり、従業員は年休を取ることができないことになりそうです。

しかし、そのような考え方は、誤りです。このことを、労基法39条をみながら確認することにしましょう。まず第1項は、次のように定めています。

第2編 ●第3章／労働時間

「使用者は、その雇入れの日から起算して6箇月間継続勤務し全労働日の8割以上出勤した労働者に対して、継続し、又は分割した10労働日の有給休暇を与えなければならない。」

ここでは、年休の取得要件、年休の日数とならんで、年休の付与が会社の義務であるということが定められています。

年休の取得要件は、「雇入れの日から起算して6箇月間継続勤務」と「全労働日の8割以上出勤」です。そして、年休の日数は10労働日です。年休は、雇入れの日から6カ月経過後から1年間のうちに取ることとなっています（なお、年休は、1日単位で取得することが原則とされてきましたが、2008年の労基法改正により、5日分の年休については、労使協定にもとづき、時間単位で取得することも認められています［4項］）。

続いて2項は、次のように定めています。

「使用者は、1年6箇月以上継続勤務した労働者に対しては、雇入れの日から起算して6箇月を超えて継続勤務する日（以下「6箇月経過日」という。）から起算した継続勤務年数1年ごとに、前項の日数に、次の表の上欄に掲げる6箇月経過日から起算した継続勤務年数の区分に応じ同表の下欄に掲げる労働日を加算した有給休暇を与えなければならない。ただし、継続勤務した期間を6箇月経過日から1年ごとに区分した各期間（最後に1年未満の期間を生じたときは、当該期間）の初日の前日の属する期間において出動した日数が全労働日の8割未満である者に対しては、当該初日以後の1年間においては有給休暇を与えることを要しない。」

かなりわかりにくい規定ですが、要するに、「前項の日数に、次の表の上欄に掲げる6箇月経過日から起算した継続勤務年数の区分に応じ同表の下欄に掲げる労働日」が有給の日数なのです。具体的には、雇入れの日から1年6カ月経過すると、年休日数は11日、2年6カ月経過すると、年休日数は12日、3年6カ月経過すると、年休日数は14日、4年6カ月経過すると、年休日数は16日、5年6カ月経過すると、年休日数は18日、6年6カ月経過すると、それ以降は年休日数は20日ということす。

つまり、雇入れ日から6カ月経過後も、1年ごとに、前記の取得要件（継続勤務と8割以上の出勤）を満たしていれば、年休の権利が発生し、年休日数は、

勤続年数に応じて増加していくのです（上限は20日）。そして、8割以上の出勤という取得要件を満たさない1年があれば、その次の1年は従業員は年休を取得する権利がなくなるのです。

さらに3項では、パートタイム労働者（週の所定労働時間が30時間未満の者）にも、年休が比例的に付与されることが定められています（詳細は、労基則24条の3を参照）。実務では、パートタイム労働者やアルバイトのような非正社員には、年休の権利が認められないと言う雇い主も少なからずいるようですが、これは法的な根拠のないことであり、前記の要件を充足すれば非正社員でも年休はとれるのです（⇒ **Theme 01**）。

これに続いて、ようやく重要な規定が登場します。それが5項です。

「使用者は、前3項の規定による有給休暇を労働者の請求する時季に与えなければならない。ただし、請求された時季に有給休暇を与えることが事業の正常な運営を妨げる場合においては、他の時季にこれを与えることができる。」

ここでは、従業員に年休の「時季」（時期と季節の両方を含む概念です）を指定する権利があることと、会社は、事業の正常な運営を妨げる場合には、従業員が指定した時季以外の時季に年休を付与する権利があること、が定められています。それぞれ、時季指定権、時季変更権と呼ばれています。

それでは、この二つの権利の関係は、どうなっているのでしょうか。とくに従業員が時季指定権を行使するということには、どのような法的効果があるのでしょうか。

4 二分説

最高裁は、この点について、次のように述べています[*1]。

「労働者がその有する休暇日数の範囲内で、具体的な休暇の始期と終期を特定して右の時季指定をしたときは、客観的に同条3項［筆者注：現在の5項］但書所定の事由が存在し、かつ、これを理由として使用者が時季変更権の行使をしないかぎり、右の指定によつて年次有給休暇が成立し、当該労働日における就労義務が消滅するものと解するのが相当である。すなわち、これを端的にいえば、休暇の時季指定の効果は、使用者の適法な時季変更権の行使を解除条

件として発生するのであつて、年次休暇の成立要件として、労働者による『休暇の請求』や、これに対する使用者の『承認』の観念を容れる余地はないものといわなければならない」。

　この判例は、別のところでは、「年次有給休暇の権利は、労基法39条……の要件の充足により、法律上当然に労働者に生ずるもの」と明言していることからもわかるように、年休権と時季指定権とを分けて考えています。そのため、この考え方は、二分説と呼ばれています。

　二分説の特徴は、従業員が何もアクションを起こさなくても、年休の取得要件（継続勤務と8割以上の出勤）を満たしてさえいれば、年休権が発生するという点にあります。従業員がやるべきことは、どの日に年休を取るかの時季指定をすることだけなのです。

　そして、従業員が時季指定をすれば、原則として、その日が年休日となります。ただし、それでは、会社にとってあまりに不都合なこともあるので、労基法は、「事業の正常な運営を妨げる場合」に、時季変更権を認めているのです。

　時季変更権は、「変更」という表現が使われていますが、これは、会社のほうで、年休日を一方的に別の日に移動させることを認めたものではなく、従業員が指定した日に年休が成立することを阻止するという効果だけを認めたものです。会社が適法に時季変更権を行使した場合には、従業員が当初に指定した日には年休を取れません（その日に休むと、普通の欠勤扱いとなります）が、従業員のほうで改めて時季指定権を行使し直すことはできるのです。

（＊1）　林野庁白石営林署事件・最2小判昭和48年3月2日民集27巻2号191頁〔最重判117事件〕

5　長期連続休暇

　欧州のバカンスというのは、長期休暇です。もし日本の会社の従業員が、同じように長期休暇を取ると、どうなるでしょうか。法律上は、年休を継続して取得することも認められています（39条1項）。ただ、長期連続で年休をとると、「事業の正常な運営を妨げる場合」に該当するとして、時季変更権の対象となるおそれが出てきそうです。

最高裁で争われた事件として、次のようなものがあります。ある通信社の記者が夏期に約1カ月の長期連続休暇を取ろうとして、年休の時季指定をしたところ、その後半部分について会社が時季変更権を行使したのです。最高裁は、会社側を勝訴させましたが、そこでは、次のように述べています[*1]。

まず、「労働者が長期かつ連続の年次有給休暇を取得しようとする場合においては、それが長期のものであればあるほど、使用者において代替勤務者を確保することの困難さが増大するなど事業の正常な運営に支障を来す蓋然性が高くなり、使用者の業務計画、他の労働者の休暇予定等との事前の調整を図る必要が生ずるのが通常である」。

そして、労働者が、このような使用者との事前の調整を経ることなく、年休の時季指定をした場合には、これに対する使用者の時季変更権の行使については、年休の取得が事業運営にどのような支障をもたらすか、休暇の時期、期間につきどの程度の修正、変更を行うかに関し、使用者にある程度の裁量的判断の余地を認めざるをえない、とします。

このように、長期連続休暇を取得する場合には、従業員が時季指定をする前に、会社と事前調整することが求められるのであり、もしそのような事前調整をしていなければ、結果として、会社の時季変更権の行使がが有効と認められやすくなるのです。

（*1） 時事通信社事件・最3小判平成4年6月23日民集46巻4号306頁〔最重判121事件〕

6 年休自由利用の原則

年休は、従業員が休息をとるために取得するものです。とはいえ、年休をどのように利用するかは、その従業員の自由でもあります。年休日に、他の会社でアルバイトをすることも、アルバイトが禁止されていない会社であれば、問題はないわけですし、著しく体力を消耗するマラソン大会に出ることだって自由なのです。

最高裁も、「年次休暇の利用目的は労基法の関知しないところであり、休暇をどのように利用するかは、使用者の干渉を許さない労働者の自由である、と

するのが法の趣旨である」と述べています[*1]。これを、年休自由利用の原則といいます。

年休自由利用の原則によると、会社が、従業員に対して、年休を取る目的や理由などを尋ねることは望ましくありません。もちろん、従業員の年休の取得目的によって、会社が年休を認めないということは、法的にもそもそも許されません。

ただし、従業員が年休を取得すると、「事業の正常な運営を妨げる」ことになるため、会社が時季変更権を行使することができる場合に、年休の理由によっては、会社が時季変更権を差し控えるという目的で、従業員に年休の取得目的を尋ねることは許されると解されています[*2]。

（＊1）　林野庁白石営林署事件・前掲
（＊2）　電電公社此花電報電話局事件・最1小判昭和57年3月18日民集36巻3号366頁〔最重判119事件〕

7　日本の年休法制は、従業員にとって良いものか？

従業員にとって、時季指定権は年休取得のイニシアティブをとることができるので、きわめて有り難いもののようにも思えます。しかし、それにもかかわらず、年休の取得率は、前述のように5割以下なのです。

せっかく、時季指定権が認められていても、会社から簡単に時季変更権が行使されれば意味がないことになります。しかし、判例上は、そう簡単には、時季変更権の行使が認められているわけではありません。

とくに、配置人員が少ないので年休を取られては「事業の正常な運営を妨げる」という会社側の主張が裁判で認められることは、あまりありません。代替要員の確保は、会社が基本的に責任をもってやるべきことと考えられているからです。最高裁は、労基法が、会社に対して、「できるだけ労働者が指定した時季に休暇を取れるよう、状況に応じた配慮をすることを要請している」と解しているのです[*1]。

むしろ問題は、従業員のほうから一方的に時季指定をするというシステムが、かえって年休を取りにくくさせているのではないか、という点です。仕事が忙

しい時期ではなくても、上司や同僚への気兼ねもあって、年休を取ると言い出しにくい人も多いでしょう。他人の目を気にせずに堂々と権利を行使する、というメンタリティは、日本の従業員に一般的なものではないのでしょう。

こうしたことから、1987年の労基法改正の際に導入されたのが計画年休制度です（39条6項）。計画年休に関する労使協定が、会社と過半数代表との間で締結されれば、そこで決められた年休日については、時季指定権も時季変更権も消滅します。つまり、その日に年休日が確定するわけです（ただし、従業員は、5日までの年休は、個人で自由に時季指定権を行使することができます）。

これを、さらに進め、現行法を改正して、従業員のイニシアティブによるのではなく、会社のほうから、従業員に対して、その希望を尊重しながら年休を取得させる義務を積極的に課すという制度を導入したらどうでしょうか。実は、イタリア法では、会社は、従業員の利益と経営上の必要性を考慮して年休の付与時期を決定し、事前に従業員に通知しなければならない、とされています。年休の付与はできるだけ連続的でなければならない、とも定められています（年休日数は労働協約で定められており、通常は4週間です）。つまり、年休付与は会社の義務ですが、付与日についての決定権限も会社にあるのです。

このような制度を導入すると、従業員の年休権の権利性は弱まりますが、かえって年休を取りやすくなるかもしれないのです。皮肉なことですが、従業員の権利性を強めることが、従業員にとって必ずしも良いとはかぎらないのです。

（*1） 電電公社弘前電報電話局事件・最2小判昭和62年7月10日民集41巻5号1229頁〔最重判118事件〕

参考文献
「労働の正義」の第10話
「雇用はなぜ壊れたのか」のエピローグ
大内伸哉『君は雇用社会を生き延びられるか──職場のうつ・過労・パワハラ問題に労働法が答える』（2011年、明石書店）の第2章第3節

キーワード
年次有給休暇、時季指定権、時季変更権、計画年休、長期連続休暇

第4章
懲戒・服務規律

Theme 17

会社の不正を外部に告発するのは秘密漏洩にあたるの？

正社員として入社した以上、会社のために尽くすのは当然なのかもしれませんが、会社が不正行為をしていたときに、それを黙っておくことも会社への忠誠に含まれるとは思えません。会社へのほんとうの忠誠とは、会社の問題点を明るみに出して、それを是正していくことにあると思うのです。でも、そんなことをしたら、秘密漏洩でクビになってしまうのでしょうか。

1 あなたならどうする？

私が非常勤で教えている女子大学のゼミ形式の講義において、毎年、採り上げているテーマの一つに、「もし、君たちが将来就職した会社で、会社の不正行為を目撃したとしたら、どうしますか」、というものがあります。学生に意見を言わせると、だいたい次の4つのパターンに収束します。

第1のパターンは、「黙って会社を辞める」。不正をしている会社なんかにいたくない、というのが、その理由です。

第2のパターンは、「辞めないで、黙っている」。せっかく入社したのだから、そう簡単には辞めたくないし、会社との間で事を荒立てたくないので、黙っているというのです。

ただ、第1と第2のパターンの答えをした学生も、人の生命や健康に影響を及ぼすような場合は、別と言います。

17. 会社の不正を外部に告発するのは秘密漏洩にあたるの？

　第3のパターンは、「同僚などの仲間を集めたり、証拠をつかんだりしたうえで、上司や会社の役員等に訴える」で、第4のパターンは、「匿名でマスコミや行政官庁に通告する」です。
　圧倒的に多くの答えは、第1のパターンです。これは女子大生に聞いたので、いざとなれば、退職して結婚してしまえばよいと考えているからかもしれません。第2のパターンの答えも少なくなく、その気持ちは理解できないではありません。とくに正社員として採用された場合には、会社に義理を立てるという気持ちもあるのでしょう。人の生命や健康に影響を及ぼすような場合だけは、黙っていないというのは、彼女たちなりの正義感なのかもしれません。
　第3と第4のパターンの答えが少ないのは、ある意味で当然でしょう。そんなことをすれば、会社に睨まれてしまい、その後が大変なことになるからです。

2　告発は就業規則違反？

　会社の不正行為は、会社にとっては隠しておきたいことでしょう。これを外部に漏らすのは、会社としては、許し難い背信行為だということになりそうです。
　一般に、従業員は、会社と労働契約を締結することにより、会社に対して誠実義務を負います。これは、従業員の、労働契約上の信義誠実の原則（信義則）にもとづいて負う義務であり（労契法3条4項も参照）、とくに明示的な合意がなくても、認められるものです。
　誠実義務とは、従業員は、会社の利益を不当に侵害するような行動をしてはならないという義務です。会社の不正行為を外部に告発して、その信用や名誉を傷つけると、それは会社の利益を不当に侵害するとして、誠実義務違反となる可能性があるわけです。
　誠実義務は、実際には、就業規則において、具体的に定められるのが一般的です。すなわち、多くの就業規則では、「従業員は、会社の名誉や信用を傷つける行為をしてはならない」や、「従業員は、職務上知り得た秘密を他に漏らしてはならない」というような規定が置かれています（後者の秘密保持義務については、⇒ *Theme* 18 ）。

133

そして、こうした規定に違反した場合には懲戒処分を課すと定められているのが普通です。また、これらは、解雇事由として定められていることもあります。

こうして、会社は、不正行為を社外に告発した従業員に対して、懲戒事由や解雇事由に該当するとして、懲戒処分を課したり、解雇をしたりすることがあるのです。これでは、従業員が会社の不正行為を外部に告発すること（いわゆる、内部告発）をためらってしまうのは当然ともいえます。

3 不正行為告発者の保護

しかし、これでは、会社の不正行為が、会社内部で隠蔽され、一般市民の利益を著しく損なう場合が生じるでしょう。従業員の内部告発のおかげで、会社の不正行為が明るみに出たという例は枚挙にいとまがありません。少し古い話になりますが、M自動車工業の「リコール隠し」やY食品の牛肉原産地虚偽表示などは、従業員の内部告発により市民が救われた代表例といえるでしょう。

このように従業員の内部告発は、市民の立場からすると、積極的に行ってほしいわけですが、他方で、従業員の立場からすると、これはある意味で「命がけ」です。内部告発をしたことがバレてしまうと、会社に居づらくなってしまうでしょう。前述のように、会社側から懲戒や解雇といった処分が下される危険性も当然あります。

実は労基法違反については、労働者は、その事実を、労働基準監督署長または労働基準監督官に申告することができ（労基法104条1項）、このような申告をしたことを理由として、労働者に対して解雇その他不利益取扱いを行うことが禁止されています（同条2項）。これに違反すれば罰則もあります（119条1項）。その他の労働保護法規にも同様の規定がありますが（労安法97条、最賃法34条等）、一般的な形で、従業員の内部告発を保護する規定はありませんでした。

こうしたことから、従業員の内部告発を保護し、これに対する制約を取り除くために2004年に制定されたのが、公益通報者保護法なのです（2006年4月1日施行）。もっとも、この法律が制定される前においても、内部告発をした従業員に何の保護もないわけではありませんでした。裁判所は、一定の場合には、

17. 会社の不正を外部に告発するのは秘密漏洩にあたるの？

内部告発者に救いの手をさしのべようとしてきたのです。

そうした例として、首都高速道路公団事件があげられます$^{(*1)}$。この事件は、公団の職員が、同公団が実施することになっていた道路建設工事について批判的な新聞投書を行ったため、停職3カ月の懲戒処分が課されたというものです。裁判所は、次のように述べています（結論は、従業員側の敗訴ですが）。

「本件投書のように、従業員が職場外で新聞に自己の見解を発表等することであっても、これによって企業の円滑な運営に支障をきたすおそれがあるなど、企業秩序の維持に関係を有するものであれば、例外的な場合を除き、従業員はこれを行わないようにする誠実義務を負う一方、使用者はその違反に対し企業秩序維持の観点から懲戒処分を行うことができる。そして、ここにいう例外的な場合とは、当該企業が違法行為等社会的に不相当な行為を秘かに行い、その従業員が内部で努力するも右状態が改善されない場合に、右従業員がやむなく監督官庁やマスコミ等に対し内部告発を行い、右状態の是正を行おうとする場合等をいうのであり、このような場合には右企業の利益に反することとなったとしても、公益を一企業の利益に優先させる見地から、その内容が真実であるか、あるいはその内容が真実ではないとしても相当な理由に基づくものであれば、右行為は正当行為として就業規則違反としてその責任を問うことは許されないというべきである」。

ここでは、従業員が企業内での改善努力を尽くした末に、やむをえず外部に告発したという事情があれば、保護されるとしている点が注目されるところです。

もう一つが、大阪いずみ市民生活協同組合事件です$^{(*2)}$。この事件は、ある生協の役員室室長、総務部次長らが、生協の総代会の直前に、生協の副理事長ら役員が生協を私物化し公私混同している旨の文書を総代の大部分および生協関係者に匿名で送付したことなどを理由に懲戒解雇処分を受けたことから、生協に対して損害賠償を請求したという事件でした。判決は、次のように述べています（結論は、従業員側の勝訴）。

「いわゆる内部告発においては、これが虚偽事実により占められているなど、その内容が不当である場合には、内部告発の対象となった組織体等の名誉、信用等に大きな打撃を与える危険性がある一方、これが真実を含む場合には、そ

うした組織体等の運営方法等の改善の契機ともなりうるものであること、内部告発を行う者の人格権ないしは人格的利益や表現の自由等との調整の必要も存することなどからすれば、内部告発の内容の根幹的部分が真実ないしは内部告発者において真実と信じるについて相当な理由があるか、内部告発の目的が公益性を有するか、内部告発の内容自体の当該組織体等にとっての重要性、内部告発の手段・方法の相当性等を総合的に考慮して、当該内部告発が正当と認められた場合には、当該組織体等としては、内部告発者に対し、当該内部告発により、仮に名誉、信用等を毀損されたとしても、これを理由として懲戒解雇をすることは許されないものと解するのが相当である」。

ここでは、①告発内容の真実性、②告発の目的の公益性、③告発内容の当該組織にとっての重要性、④告発の手段・方法の相当性等が、内部告発の正当性の判断における考慮要素とされています。

（＊１）　東京高判平成11年10月28日判例時報1721号155頁
（＊２）　大阪地堺支判平成15年6月18日労判855号22頁〔最重判37事件〕

4　公益通報者保護法

このように、実際に裁判になると、内部告発者が保護されることはあるのですが、どのような場合であれば、確実に保護されるのかということは、裁判例だけをみてもはっきりしません。これでは、やはり従業員側としても、なかなか内部告発をする勇気をもつことはできないでしょう。

こうしたことを考慮して、内部告発者が法的に保護される要件を明確にしようとしたのが、前述の公益通報者保護法なのです。そこで、この法律の内容を少し詳しくみていくことにしましょう。

まず、この法律で保護されるのは、「不正の利益を得る目的、他人に損害を加える目的その他の不正の目的でなく」公益通報をした労働者です（2条）。

次に、保護される通報先としてあげられているのは、(1)その労働者の労務提供先（または、労務提供先があらかじめ定めた者）、(2)当該通報対象事実について処分または勧告権限を有する行政機関（監督官庁）、(3)通報対象事実を通報することがその発生またはこれによる被害の拡大を防止するために必要で

あると認められる者（通報必要者。ただし、通報対象事実により、当該労務提供先の正当な利益を害するおそれのある者［ライバル企業など］は除く）です。これら以外の者への通報をした場合には、公益通報者保護法によっては保護されません。

　保護される「通報対象事実」（内部告発の中身）として、法律で定められているのは、個人の生命または身体の保護、消費者の利益の擁護、環境の保全、公正な競争の確保その他の国民の生命、身体、財産その他の利益の保護にかかわる法律として別表に掲げるものに規定する犯罪行為の事実と、それらの法律の規定にもとづく処分の理由とされている事実です。これは、かなり限定的であることは否めません。

　通報した労働者が保護されるためには、さらに一定の要件がみたされていなければなりません（3条）。その要件は、労働者がどこに通報したかによって異なってきます。

　(a)労働者の労務提供先に通報する場合には、「通報対象事実が生じ、又はまさに生じようとしていると思料する場合」でなければならず、(b)監督官庁に通報する場合には、「通報対象事実が生じ、又はまさに生じようとしていると信ずるに足りる相当の理由がある場合」でなければならないとされています。(a)は、たんなる「思料」でよいのですが、(b)は、「信じるに足りる相当な理由」が必要とされています。(a)は会社内部への通報なので、保護要件が軽減されているわけです。

　最も要件が厳格なのは、(c)「通報必要者」（報道機関、消費者団体、事業者団体、消費者など）への通報についてです。この場合は、(b)のときと同様の、「通報対象事実が生じ、又はまさに生じようとしていると信ずるに足りる相当の理由」があるだけでなく、次のいずれかの場合に該当しなければなりません。

　（イ）　(1)、(2)への通報をすれば、解雇その他不利益な取扱いを受けると信ずるに足りる相当の理由がある場合、

　（ロ）　(1)への通報をすれば当該通報対象事実に関する証拠の隠滅等が行われるおそれがあると信ずるに足りる相当の理由がある場合、

　（ハ）　労務提供先から(1)や(2)への通報をしないことを正当な理由がなくて要求された場合、

(ニ) 書面（電子メールなども含む）により(1)への通報をした日から20日を経過しても、当該通報対象事実について、当該労務提供先等から調査を行う旨の通知がない場合または当該労務提供先等が正当な理由がなくて調査を行わない場合
(ホ) 個人の生命または身体に危害が発生し、または発生する急迫した危険があると信ずるに足りる相当の理由がある場合、です。

これらの規定からすると、緊急の場合を除くと、原則として、労務提供先に通報することが求められているといえるでしょう。そして、通報から20日が経過しても、調査が行われない場合にはじめて、外部への通報が行われることが許容されるのです。

こうした要件をみたす公益通報者に対して、会社が、公益通報したことを理由として行った解雇は無効となります（3条）。公益通報したことを理由として行った降格、減給その他の不利益取扱いも禁止されます（5条1項）。請負会社の従業員が、取引先における通報対象事実に関して通報した場合にも保護の対象となります。派遣労働者が派遣先における通報対象事実に関して通報した場合においては、公益通報を行ったことを理由とする労働者派遣契約の解除は無効となり（4条）、派遣元会社に派遣労働者の交代を求めることなどの不利益取扱いをすることが禁止されます（5条2項）。

公益通報をした従業員が、一般的な労働法上の原則にもとづいて保護される可能性も排除されません（6条1項）。とくに解雇については、公益通報者保護法の要件をみたさない場合でも、解雇権の濫用と判断される場合（労契法16条）には、解雇は無効となります（6条2項を参照）し、懲戒権が濫用と判断される場合は、その懲戒処分は無効となります（6条3項）。

5 公益通報者保護法の意義はどこにあるのか

公益通報者保護法が制定されたことにより、従業員の内部告発が大きく増えたというような話は耳にしません。実は、公益通報者保護法による従業員の保護の要件はかなり厳格で、あまり同法は機能していないともいえるのです。そもそも、前述のように、従来、公益通報者保護法以外の一般の判例法理により

従業員は保護される可能性があったのであり、公益通報者保護法は、それほど大きなメリットを付加したとはいえないかもしれません。

むしろ、公益通報者保護法のほんとうの意義は、この法律が、会社がコンプライアンス（法令遵守）への意識を高めるきっかけとなったことにあると思います。とりわけ、この法律は、会社内部において、従業員の通報にきちんと対処しなければ、マスメディアなどへの通報が保護されるという制度になっていますので、社内において、不正行為や法令違反行為についての従業員からの通報の受け皿を作るきっかけとなったともいえるのです。

さらに、会社の社会的責任（Corporate Social Responsibility）という考え方が広まり、コンプライアンスに敏感な会社は良い会社であるという評価が社会に定着してきています。こうした事情は、従業員が、マスメディアなどへの内部告発をする必要性を低減させているかもしれません。

また、法律の規定に定められているわけではありませんが、裁判例では、しばしば、会社には、従業員のために良好な職場環境を整備する義務があると述べています。不正行為が起こらないような職場環境、あるいは、不正行為が起きても、会社側がそれに迅速かつ適切に対処するような職場環境を実現することは、会社にとっての法的義務ともいえるのです。

もちろん、これは会社に重い負担のかかる面があります。しかし、良好な職場環境の整備は、質の高い人材を集めるためのセールスポイントとなり、会社の生産性を引き上げることに貢献することになるでしょう。結局、長い目でみると、こういう会社こそが、成長していくことになるといえるのです。

参考文献

「25の疑問」の第5話
大内伸哉責任編集『コンプライアンスと内部告発』（2004年、日本労務研究会）

キーワード

内部告発、懲戒処分、公益通報者保護法、コンプライアンス、会社の社会的責任

第2編 ●第4章／懲戒・服務規律

Theme 18
勤務時間中に私用メールをすることは許されないの？

　メールは私たちの生活にとって不可欠のものです。勤務時間中でも暇なときがあるので、そういうときは、メールを使って友達に連絡してもいいような気がします。ちょっと悪いことのようでもありますが、これくらいは許される範囲ではないでしょうか。

1 メールなしで生きていけない

　現代人にとってメールのない生活は考えられません。電車に乗ると、老若男女を問わず、携帯電話でメールをしている姿が目に付きます。出かけるときには、携帯電話は必携というのが現代人の常識です。スマートフォンの出現で、携帯電話はパソコン代わりにもなってきています。

　こうした環境に小さいときからどっぷり浸かっている学生たちに、授業中、メールをさせないようにすることは、教師にとってかなり頭を悩まされることです。携帯メールで友だちと連絡をとりあうことは、授業中であろうがなかろうが、彼ら、彼女らにとっては大事なことのようなのです（もちろん、私は授業中の携帯端末機の使用は認めませんが）。

　こういう若者が会社に入ってくるのです。さすがに勤務中に自分の携帯電話でメールをしたりする者はいないでしょうが、与えられているパソコンや携帯端末機で私用メールをするくらいのことはありそうです。こうした行動が許されないのは当然のことのようですが、具体的に、どのような法的ルールが妥当するかは、あまり明確になっていません。

2 職務専念義務

　自分のデスク上のパソコンを使うにせよ、会社から貸与された携帯端末機を利用するにせよ、それで私用メールを送るという場合には、まず職務専念義務

18. 勤務時間中に私用メールをすることは許されないの？

違反が問題となります。

公務員については、職務専念義務が、法律の明文で定められています（国家公務員法101条、地方公務員法35条を参照）。民間部門では、こうした義務を定める法律上の規定はありませんが、従業員には、労働契約における信義則上、誠実労働義務があるとされ、その義務の具体的内容として、職務専念義務があるとされています。勤務時間中に、仕事以外のことをすると、原則として、この職務専念義務に違反することになりそうです。

裁判例のなかにも、私用メールは、送信者がメールの文章を考えて作成し、送信する間は、職務専念義務に違反することになると述べたものがあります[*1]。

ところで、職務専念義務というのは、具体的には、勤務時間中に仕事以外のことをするのをいっさい許さない義務なのでしょうか。裁判において、職務専念義務違反がこれまで主として問題となったのは、勤務時間中に従業員が政治活動や組合活動を行った場合です。

最高裁で争われた事件は、かつての電電公社（電信電話公社）の職員が、作業衣左胸に、青地に白字で「ベトナム侵略反対、米軍立川基地拡張阻止」と書かれたプラスチック製のプレートを着用して勤務したという行為が、当時の電電公社法の定める職務専念義務に違反するかが問題となったものです[*2]。

最高裁は、この職務専念義務について、「職員がその勤務時間及び勤務上の注意力のすべてをその職務遂行のために用い職務にのみ従事しなければならないことを意味するものであり、規定の違反が成立するためには現実に職務の遂行が阻害されるなど実害の発生を必ずしも要件とするものではない」という解釈を示しました。そして、このケースでのプレート着用行為は、職場の同僚に対する訴えかけという性質をもち、職務の遂行に直接関係のない行動を勤務時間中に行ったもので、精神的活動の面からみれば注意力のすべてが職務の遂行に向けられなかったものなので、職務専念義務に違反すると判断しました。

つまり、最高裁は、現実に職務の遂行が阻害されるなどの実害の発生がなくても職務専念義務違反が成立するとしたのです（この判断は、その後の裁判例で、民間企業の労働契約にもとづく職務専念義務にもあてはまるものと解されています）。こうした厳格な職務専念義務論に対して、学説上の批判は少なくありません。学説上は、具体的な職務遂行に支障がないかぎり、職務専念義務

141

違反と認めるべきではないとするのが通説です（⇒ **Theme 37**）。

(＊1)　日経クイック情報事件・東京地判平成14年2月26日労判825号50頁。同判決は、私用メールを送ると、受信者である同僚の従業員にそれを読ませることにより、その者の就労を阻害するという問題もあると述べています。
(＊2)　電電公社目黒電報電話局事件・最3小判昭和52年12月13日民集31巻7号974頁〔最重判30事件〕

3　秘密保持義務

　会社による私用メールの規制については、その根拠として、従業員による秘密漏洩の危険を避けるということがあげられることもあります。私用メールを規制したからといって、秘密が必ず保持されるわけではないでしょうが、従業員が同じパソコンで業務用と私用のメールをやっているという状況は、秘密保持という点からは問題があるといえるでしょう。

　秘密保持義務（守秘義務）については、就業規則等で規定が置かれることも多いのですが、そのような規定がなくても、従業員には、会社に対して労働契約上負う誠実義務の一つとして、こうした義務があると解されています（⇒ **Theme 17**）。

　たとえば、ある判決は、「労働者は労働契約にもとづく付随義務として、信義則上、使用者の利益をことさらに害するような行為を避けるべき義務を負うが、その一つとして使用者の業務上の秘密を洩らさないとの義務を負うものと解せられる」と述べています[＊1]。

　重要な営業秘密の保持は、企業の経営上、重要なものであり、秘密漏洩を未然に防止する必要性が高いといえます。そのため、就業規則で、秘密保持義務を規定するだけでなく、それに違反することを懲戒事由としている会社も多数あります（なお、公務員には、法律上、秘密保持義務が課されており、その義務は退職後も続きます。国家公務員法100条1項、地方公務員法34条1項）。

(＊1)　古河鉱業足尾製作所事件・東京高判昭和55年2月18日労民集31巻1号49頁。同旨の裁判例として、メリルリンチ・インベストメント・マネージャーズ事件・東京地判平成15年9月17日労判858号57頁〔最重判11事件〕

4　懲戒解雇もある？

　電子メールの私的利用についても、それにより実際に秘密の漏洩が生じた場合には、やはり懲戒処分等の重い処分となってもやむをえないといえるでしょう。また、たんなる私的利用というだけで、秘密漏洩をともなっていない場合でも、その態様によっては重い処分が課されることがありえます。

　裁判例のなかには、勤務時間中などに業務用のパソコンを用いて「出会い系サイト」への投稿を多数回行っていて私用メールの送受信を繰り返していた専門学校の教師に対する懲戒解雇について、1審では、処分内容はいささか苛酷であるとして無効とされました[*1]が、2審では、有効とされたという例があります[*2]。

　規定の違反が軽微であれば、これを懲戒解雇とするのは、懲戒権の行使の濫用とされる可能性が高いでしょう（労契法15条も参照）が、この事件のように、違反の頻度が多く、それに加えて、雇い主の信用や名誉を侵害するという状況をともなっていると、懲戒解雇のような重い処分が有効と判断される可能性があるということです。

（*1）　K工業専門学校事件・福岡地小倉支判平成16年12月17日労判888号57頁
（*2）　K工業専門学校事件・福岡高判平成17年9月14日労判903号68頁

5　従業員のプライバシーは、どこまで保護されるか

　以上のように、電子メールの私的利用の規制は可能といえますが、そのことと、会社が、従業員の電子メールのモニタリングをどこまでできるかということは切り離して考えておく必要があります。こうしたモニタリングには、従業員のプライバシーを侵害するのではないかという問題があるからです。

　この点で参考になるのは、労働省（現厚生労働省）が平成12年12月12日に出した「労働者の個人情報保護に関する行動指針」です。

　その第2の6(4)では、次のように定められています。

　「使用者は、職場において、労働者に関しビデオカメラ、コンピュータ等によりモニタリング（以下「ビデオ等によるモニタリング」という。）を行う場

合には、労働者に対し、実施理由、実施時間帯、収集される情報内容等を事前に通知するとともに、個人情報の保護に関する権利を侵害しないよう配慮するものとする。ただし、次に掲げる場合にはこの限りでない。

　（イ）　法令に定めがある場合
　（ロ）　犯罪その他の重要な不正行為があるとするに足りる相当の理由があると認められる場合」。

　さらに、第2の6(5)では、次のように定められています。
「職場において、労働者に対して常時ビデオ等によるモニタリングを行うことは、労働者の健康及び安全の確保又は業務上の財産の保全に必要な場合に限り認められるものとする」。

　電子メールのモニタリングも、これらの指針に則して行う必要があります。
　裁判例のなかにも、モニタリングの適法性が争われたものがあります。ある大手のIT関連会社で起きた事件です。
　当事者は、この会社のある事業部の事業部長であるA（男性）と、同事業部の営業部長のアシスタントであるB（女性）です。A事業部長は、Bに対し、仕事や上司の話をしたいという理由で、飲食の誘いをしていましたが、Bはこれに応じませんでした。
　Bは、A事業部長が仕事を理由に飲みに誘うので困惑しているということを、会社の電子メールを利用して同じ事業部に勤務する夫のCに送信しようとしましたが、誤ってA事業部長に送信してしまいました。
　A事業部長は、この誤送メールを機に、Bの電子メールの監視を始めました。この事業部では、アドレスが社内に公開され、パスワードは各人の氏名をそのまま用いていたため、A事業部長は容易にBのメールを閲覧することができました。その後、Bがパスワードを変更したため、A事業部長はBのメールを閲覧することができなくなりましたが、その後は、会社のシステム管理者に、B宛の電子メールを自分に転送するように依頼し、Bに送信されるメールを監視しました。それにより、Bが、A事業部長を、セクシュアルハラスメント問題で告発しようと考えていることなどを知り、A事業部長は、その対策をとるようになりました。
　BとCの夫婦は、A事業部長がセクシュアルハラスメント行為を行ったこと、

18. 勤務時間中に私用メールをすることは許されないの？

私的な電子メールをBらの許可なく閲覧したことを理由に不法行為にもとづく損害賠償を請求しました。

裁判所は、まず、次のように述べています[*1]。

「電子メールの私的使用に関する問題は、私用電話の制限の問題とほぼ同様に考えることができる。日常の社会生活を営むうえで通常必要な外部との連絡の着信先としての使用は許容されるし、さらに、会社における職務の遂行の妨げとならず、会社の経済的負担もきわめて軽微なものである場合には、外部からの連絡に適宜即応するために必要かつ合理的な限度の範囲内での使用は社会通念上許容されている」。

このように、裁判所は、まず、従業員のプライバシーを保護することの必要性を認めました。ただし、一定の留保もつけています。すなわち、社内ネットワークを用いた電子メールの送受信については期待しえるプライバシーの保護の範囲は、通常の電話装置における場合よりも相当程度低減されている、と述べています。そして、電子メールの送受信は社内ネットワークシステムを通じて行われるものであるから、利用者は、電話と同じプライバシー権を期待することはできず、システムの具体的情況に応じた合理的な範囲での保護を期待しうるにとどまる、と述べています。

つまり、会社には、従業員のプライバシー権の尊重は求められますが、だからといって、従業員側が会社に対して、広範囲のプライバシー権を主張できるわけでもないのです。

(*1) F社Z事業部事件・東京地判平成13年12月3日労判826号76頁〔最重判6事件〕

6 電子メールのモニタリングの適法性

それでは、会社が、従業員の電子メールの私的利用を監視するモニタリングは、どこまで許されるのでしょうか。

この点について、前記の事件では、裁判所は、①職務上従業員の電子メールの私的使用を監視するような責任ある立場にない者が監視した場合、②責任ある立場にある者でも、これを監視する職務上の合理的必要性がまったくないの

にもっぱら個人的な好奇心等から監視した場合、③社内の管理部署その他の社内の第三者に対して監視の事実を秘匿したまま個人の恣意にもとづく手段方法により監視した場合等を例に挙げて、こういう場合において、監視の目的や手段およびその態様等を総合考慮し、監視される側に生じた不利益とを比較衡量の上、社会通念上相当な範囲を逸脱した監視がなされた場合には、プライバシー権の侵害となる、と判断しています(*1)。

なお、この事件では、セクシュアルハラスメント行為の疑惑の本人であるA事業部長が、被害者とされている者の電子メールを監視しようとしたという点や、当初は個人的に監視をしていたという点で、その行動にはかなり問題があるように思います。しかし、裁判所は、A事業部長は、その事業部のトップであり、その者以外に監視をするのに適した者はいなかったことや、途中から担当部署に依頼して監視をしていること、Bらによる電子メールの私的使用の程度は、社会通念上の限度を超えていることなどから、結論としては、A事業部長の監視行為は社会通念上相当な範囲を逸脱したとまではいえず、Bらが重大なプライバシー侵害を受けたとはいえない、と判断しました（この事件は、セクシュアルハラスメントをめぐる紛争という側面があり、セクシュアルハラスメントの事実が確認できなかったことが、A事業部長側が勝訴した実質的な理由となっているかもしれません）。

このほか、モニタリングをすることについて、対象者本人に告知する必要があるかどうかという論点もありますが、ある裁判例は、電子メールの内容を、事前に告知しないで調査することについて、それが事前の継続的な監視とは異なり、すでに送受信されたメールを特定の目的で事後調査するのであれば許される、と述べています(*2)。

(*1) F社Z事業部事件・前掲
(*2) 日経クイック情報事件・前掲

7 所持品検査の適法性

従業員のプライバシーとの関係では、従業員の所持品検査を、会社がどこまでできるかという問題もあります。最高裁で争われた事件のなかには、鉄道会

社の従業員の脱靴検査（靴の中の検査）の適法性が問われたものがあります[*1]。

最高裁は、所持品検査は、その性質上つねに人権侵害のおそれをともなうものであるから、たとえ、それが企業の経営・維持にとって必要かつ効果的な措置であり、他の同種の会社において多く行われていることであったとしても、また就業規則の条項にもとづいて行われ、これについて労働組合や従業員の過半数の同意があるとしても、そのことだけで当然に適法となるものではない、とします。

そして、具体的には、所持品検査は、①これを必要とする合理的な理由があること、②一般的に妥当な方法と程度であること、③制度として、従業員に対して画一的に実施されるものであること、④就業規則その他、明示の根拠にもとづいて行われることが必要であるとし、こうした場合には、従業員は、個別的な場合にその方法や程度が妥当を欠くなど、特段の事情がないかぎり、検査を受忍すべき義務がある、と述べています。

（*1） 西日本鉄道事件・最2小判昭和43年8月2日民集22巻8号1603頁〔最重判31事件〕

参考文献
「25の疑問」の第12話

キーワード
職務専念義務、秘密保持義務、私用メール、プライバシー

Theme 19 会社は、従業員の身だしなみを、どこまで規制できるの？

　日頃顧客と接触するようなことのない普通の事務系の仕事では、どんな髪型や服装で仕事をしてもよいと思っています。もちろん、ハデすぎるとか、他人に不快感を与えるようなものにしないというのは常識でしょうが、そういう点さえ守っていれば、本人の自由だと思います。会社が茶髪がダメとか、ちょっとハデなネイルがダメとか、そういうような規制はできるのでしょうか。

1　服装規定の効力

　もし、あなたが上司から、髪型について注意されて、自分の好みではない髪型にするよう命じられたらどうでしょうか。最近では、男性でも、長髪にして、後ろ髪を結わえるような髪型をしている人を、ときどき見かけます。そのとき、会社の上司から、そのような髪型は周りの人に不快感を与えるので、切るようにと命じられたとき、これに従わなければならないのでしょうか。

　従業員がどのような髪型や服装で働くかは、本人が自由に決定できる私的なことがらのように思えます。もちろん、その会社の事業の性質や本人の職務の内容によっては、会社が、どのようなスタイルで就労するかについて、ルールを設けることができる場合もあるでしょう。

　制服の着用を義務づけるというのも、その一つです。たとえば、飛行機のキャビン・アテンダントには制服が決められていて、私服で就労することが許されていないのも、その例です。キャビン・アテンダントの制服は、事故の発生等いざというときに備えて、乗務員と客とを区別するために必要なもので、まさに職務の性質上、必要なものといえるのです。

　ただ、こういう特別な職務以外の普通の事務系の仕事で、会社が身だしなみの規制をすることはできるでしょうか。たとえば、服装等のルールが、就業規則に定められているとしましょう。この場合、そのルールに従わなければならないかどうかは、就業規則の効力の問題となります。労契法7条によると、合

19. 会社は、従業員の身だしなみを、どこまで規制できるの？

理的な規定であり、周知されていれば、その規定は従業員を拘束することになります（⇒ *Theme* 07 ）。

具体的にみてみましょう。「従業員の服装は、他人に不快な感じを与えない清潔なものでなければならない」という規定が就業規則のなかに置かれているとします。従業員が、この規定に従わなければならないかは、法的には、その規定内容が合理的なものであるかどうかによります。そして、この規定が合理的であるにもかかわらず、それに従わない従業員は、就業規則の懲戒規定にもとづき、懲戒処分を受けることもありうるのです。

ただ、就業規則の規定にもとづいて、会社が従業員の服装などについて業務命令として一定の指示をする場合であっても、状況によっては、それが業務命令権の濫用と判断されることはあります（労契法3条5項）。

たとえば、上司が、服装規定の中の「他人に不快な感じを与える」という部分をきわめて恣意的に解釈し、特定の従業員をねらい打ちにして服装のチェックをするというような場合が、これにあたります。

また、上司の指示に従わなかったとしても、いつでも懲戒処分が有効とされるわけではありません。「当該懲戒に係る労働者の行為の性質及び態様その他の事情に照らして、客観的に合理的な理由を欠き、社会通念上相当であると認められない場合」には、会社の懲戒権の行使は、権利を濫用したものとして無効と判断されるからです（労契法15条）。

やや変わった例ですが、性同一性障害の（生物学的には男性の）従業員が、女性の服装で出勤したとき、会社が、就業規則上の服装に関する規定を根拠に、女装を禁止する命令を出したところ、その従業員は、会社の命令に従わずに女装のままの出勤を続けたので、この従業員を懲戒解雇にしたという事件で、裁判所は、この処分が無効であると判断しています[*1]。

（＊1） S社（性同一性障害者解雇）事件・東京地決平成14年6月20日労判830号13頁

2　男性の長髪はどうか

では、郵便局員の長髪については、どうでしょうか。実は、このことが問題

となった裁判例が、最近出ているので、以下、詳しくみてみることにしましょう。

　Aは、昭和27年2月生まれで、昭和45年4月に神戸地方貯金局に事務員として採用された男性です。Aは、平成17年8月末日に、神戸のB郵便局（以下、B局）の郵便課主任に配転されました（なお、平成19年9月末日まで、Aは一般職国家公務員でした）。

　それ以降、Aは、B局の上司の課長から、長髪を切り、ひげを剃るように、たびたび指導されるようになります。そして、平成18年4月からは、「特殊」業務（郵便課の業務内容には、「窓口」、「発着」、「特殊」、「通常」の4種類のものがありました）の「夜勤」（郵便課の勤務時間帯については、「早出」、「日勤」、「夜勤」、「深夜勤」の4種類がありました）のみを命ぜられていました。

　その理由は、「公社身だしなみ基準」や「B局身だしなみ基準」に違反してひげを生やして長髪である職員が窓口業務を担当することはできないという判断によるものであったようです。Aは、このような取扱いは、不法行為（民法709条）にあたるとして損害賠償を請求しました（公務員時代の取扱いについては、国家賠償法1条による請求です）。

　ところで、公社やB局における「身だしなみ基準」は、どのようなものであったのでしょうか。以前は、このような基準がありませんでしたが、平成17年8月19日付けで、次のような基準が定められました。

　まず、公社の職員すべてに適用される「公社基準1」というものがあります。それによると、髪型については、①髪の毛は清潔に保つ、②清潔感のある髪型を心掛け、③奇抜な髪型は避ける、④表情が隠れないようにするとされ、男性は「長髪は避ける」、女性は「長い髪はまとめる」とされていました。また、ひげについては、「ひげは好ましくない」、「きちんと剃る」とされていました。

　また、窓口業務など、顧客と接する職員が目指すものとされている「公社基準2」によると、髪型は「公社基準1」と同じですが、ひげについては、「ひげは不可とする」とされていました。

　さらに、各局において、「公社基準1」より厳しければ、独自の基準を設けることができることとされ、B局でも、「B局身だしなみ基準」を定め、平成17年9月12日からこれを実施していました。それによると、髪型については、奇抜な髪型と男性の長髪は不可とされ、ひげについては、不可とされていました。

3 判旨

　この事件で、1審の神戸地裁は、次のように判断しました[*1]。裁判所は、まず、会社側の利益について配慮を示しました。
　「使用者が、事業の円滑な遂行上必要かつ合理的な範囲内で、労働者の身だしなみに対して一定の制約を加えることは、例えば、労働災害防止のため作業服やヘルメットの着用を義務付けたり、食品衛生確保のため髪を短くし、つめを整えることを義務付けたり、企業としてのイメージや信用を維持するために直接に顧客や取引先との関係を持つ労働者に服装や髪型等の身だしなみを制限するなどの場合があり得るところである」。
　そのうえで、従業員側の利益にも配慮を示しました。
　「労働者の服装や髪型等の身だしなみは、もともとは労働者個人が自己の外観をいかに表現するかという労働者の個人的自由に属する事柄であり、また、髪型やひげに関する服務中の規律は、勤務関係又は労働契約の拘束を離れた私生活にも及び得るものであることから、そのような服務規律は、事業遂行上の必要性が認められ、その具体的な制限の内容が、労働者の利益や自由を過度に侵害しない合理的な内容の限度で拘束力を認められるというべきである」。
　そして、本件で公社やB局の身だしなみ基準については、「郵政公社が郵政民営化を控え、一般の私企業と同様に、顧客に対する満足度の向上を図り、郵政公社に対するイメージを向上させるための企業努力の一環として行われたものと認められ、これを定める必要性と一定の合理性が認められるというべきである」と理解を示します。
　しかし、「長髪及びひげについて、一律に不可と定めたものであると解する場合には、被告［筆者注：郵政公社］に勤務する男性職員の髪型及びひげについて過度の制限を課するものというべきで、合理的な制限であるとは認められないから、これらの基準については『顧客に不快感を与えるようなひげ及び長髪は不可とする』との内容に限定して適用されるべきものである」とし、結論として、Aの場合のような整えられた長髪（引き詰め髪）や整えられたひげであれば、「いずれも、公社身だしなみ基準及びB局身だしなみ基準が禁止する男性の長髪及びひげには該当しないというべきである」と述べました。

(＊1) 郵便事業事件・神戸地判平成22年3月26日労判1006号49頁。1審の判断は、控訴審でも、ほぼそのまま認められています（大阪高判平成22年10月27日労判1020号87頁）。

4 郵便局の職員をめぐるその他の紛争

　郵便局の職員をめぐる類似の紛争（国家公務員時代のものも含む）としては、役職と氏名を記載した胸章やネームプレートの着用を強制することがプライバシー侵害になるかという点をめぐるものがありました。この問題については、裁判所は、次のように述べています[＊1]。

　「一般的には、氏名の表示がある行動と関連づけられるために、その行動自体にプライバシーの要素がある場合には、氏名を表示させられると、結局プライバシーの侵害につながるということはあり得る。例えば、町中を歩いている時に氏名を表示すれば、その前後を含めた行動内容のプライバシーにかかわることになるから、原則として、他人に氏名を表示する義務はないといえる。しかし、本件では、飽くまでも、職務との関連において自己の氏名を表示することが義務づけられているにとどまり、私的な行動との関連においてまで同様の表示が義務づけられているわけでないことは、前示のとおりである。また、少なくとも、……勤務中、氏名だけを表示するという態様にとどまる限り、職務上氏名を表示することにより、結果として、当該職員の私的な行動にまでその影響が及ぶということも想定し難い。したがって、本件においては、氏名の表示によって侵害されるべき個人的なプライバシーは、やはり存在しないといわざるを得ない」。

　つまり、職場においては、職務と関連性があれば、氏名の表示が強制されても、それでプライバシー侵害になるわけではない、ということです[＊2]。

(＊1) 東北郵政局事件・仙台高判平成9年8月29日労判729号76頁
(＊2) このほか、関東郵政局事件・横浜地判平成11年6月15日労判768号27頁、郵政省近畿郵政局事件・大阪高判平成10年7月14日労判751号46頁等も参照。

5 類似の事案の先例

　身だしなみの話に戻りますと、先に紹介した郵便事業事件については、よく似た先例がありました(*1)。

　あるハイヤー会社が、鼻の下に髭をたくわえていた従業員Cに対して、乗務員勤務要領にもとづき、「次の勤務日までに必ず髭をそるように。もし髭をそらないときは、ハイヤー乗車勤務につかせない」という業務命令を発しました。Cは、この命令に従わなかったので、会社は下車勤務を命じました。Cは、ひげを剃ってハイヤーに乗務する労働契約上の義務のないことの確認等を求めて、訴えを提起しました。

　裁判所は、次のように述べました。

　「口ひげは、服装、頭髪等と同様に元々個人の趣味・嗜好に属する事柄であり、本来的には各人の自由である。しかしながら、その自由は、あくまでも一個人としての私生活上の自由であるにすぎず、労働契約の場においては、契約上の規制を受けることもあり得るのであり、企業に対して無制約な自由となるものではない。……従って、企業が、企業経営上の必要上から容姿、口ひげ、服装、頭髪等に関して合理的な規律を定めた場合、右規律は、労働条件の一となり、社会的・一般的に是認されるべき口ひげ、服装、頭髪等も労働契約上の規制を受け、従業員は、これに添った労務提供義務を負うことになる」。

　この判決も、郵便事業事件判決と同様、会社が身だしなみのためのルールを設けること自体は認めているわけですが、やはり、次のように、会社による制約の範囲を限定しています。

　「ハイヤー運転手に端正で清潔な服装・頭髪あるいはみだしなみを要求し、顧客に快適なサービスの提供をするように指導していたのであって、そのなかで『ヒゲをそること』とは、第一義的には右趣旨に反する不快感を伴う『無精ひげ』とか『異様、奇異なひげ』を指しているものと解するのが相当である」。

　そして、Cの口ひげは、不快感を伴う「無精ひげ」とか「異様、奇異なひげ」ではないと判断され、Cの訴えは認められました。

　このほか、トラック運転手が髪の毛を短髪にして黄色く染めて勤務したことが問題となったケースもありました。

裁判所は、次のように述べて、懲戒事由には該当しないと判断しています[*2]。
「労働者の髪の色・型、容姿、服装などといった人の人格や自由に関する事柄について、企業が企業秩序の維持を名目に労働者の自由を制限しようとする場合、その制限行為は無制限に許されるものではなく、企業の円滑な運営上必要かつ合理的な範囲内にとどまるものというべく、具体的な制限行為の内容は、制限の必要性、合理性、手段方法としての相当性を欠くことのないよう特段の配慮が要請されるものと解するのが相当である」。
一方、バス運転手の制帽着用義務については、裁判例は従業員に厳しい判断を示しています[*3]。

（*1）　イースタン・エアポートモータース事件・東京地判昭和55年12月15日労判354号46頁〔最重判 4 事件〕
（*2）　東谷山家事件・福岡地小倉支決平成 9 年12月25日労判732号53頁
（*3）　東急バス事件・東京地判平成10年10月29日労判754号43頁、神奈川中央交通事件・東京高判平成 7 年 7 月27日労民集46巻 4 号1115頁

6　業務命令と私的自由

　裁判例が述べるように、会社には、企業経営上の必要性があれば、従業員の身だしなみに対して規制をすることができると考えるべきでしょう。その規制が、就業規則の規定に根拠をもつものであれば、その就業規則規定に合理性が認められるということです。
　従業員の私的自由は尊重されるべきですが、それは基本的には職場外や勤務時間外において享受されるべきものです（もっとも、職場外や勤務時間外でも、企業の円滑な運営に支障をきたすおそれがあるなど企業秩序に関係を有する場合には、懲戒処分の対象となります[*1]）。労働契約を結んで働いている以上、労務の提供に関係して必要な規制であれば、それが個人の嗜好にかかわることがらであっても、従業員は会社のルールに従う義務があるのです。
　ただ、就業規則の規定の内容の合理性を肯定できるときでも、その規定のままでは、規制の範囲が少し広すぎると思われる場合もあります。そのようなときには、裁判官は、その規定の内容を限定する解釈（「合理的限定解釈」といいます）を行って、実質的には規制の範囲を縮小し、妥当な結論を導き出そう

19. 会社は、従業員の身だしなみを、どこまで規制できるの？

としたりします。郵便事業事件判決もイースタン・エアポートモータース事件判決も、ともにそのような方法がとられています（裁判官が、Ｃの口ひげを見て「無精ひげ」かどうかを判断するというのは、いささか滑稽な感じもしますが）。

　窓口業務勤務の従業員であったり、サービス業に従事する従業員であったりすると、その身だしなみを、通常の感覚をもった顧客であればどのように感じるのかということが、合理性を判断するうえでの重要なポイントとなるでしょう。個人の価値観が多様化している現在は、業種や職種にもよりますが、身だしなみに関する規制について合理性が認められる基準は、昔より厳格にすべきではないかと思います。

　（＊１）　関西電力事件・最１小判昭和58年９月８日労判415号29頁〔最重判27事件〕

参考文献
道幸哲也『職場における自立とプライバシー』（1995年、日本評論社）

キーワード
私的自由、懲戒処分、業務命令

Theme 20 会社は、従業員のアルバイトを制限していいの？

勤務時間の終了後は、どのようなことをしようと自由なはずです。自宅でゆっくりするのもいいし、友達と外食をするのもいいし、ジムに通うのもいいはずです。では、安月給を補うために、アルバイトをするのはどうでしょうか。会社は、これを制限することはできるのでしょうか。

1 副業規制の実態

JILPT（労働政策研究・研修機構）が2004年に行った調査（『雇用者の副業に関する調査研究（労働政策研究報告書No.41）』（2005年））によると、正社員の副業を禁止している会社は50.4パーセントとなっており、1995年の調査のときよりも11.8パーセント増加しています。

このほか、「許可を必要とし、許可の基準がある」が2.3パーセント（1995年は3.3パーセント）、「許可を必要とし、許可の基準がない」が26.2パーセント（1995年は33.8パーセント）、「届出を必要とし、届出が受理できるかどうかの基準がある」が0.8パーセント（1995年は0.8パーセント）、「届出を必要とし、特に届出内容は限定していない」が3.7パーセント（1995年は5.0パーセント）、「禁止していない」が16.0パーセント（1995年は18.0パーセント）となっています。

こうみると、この約10年間において、会社による正社員の副業の規制は強化されているようにみえます。

正社員の副業を規制する理由として最も多かったのが、「業務に専念してもらいたいから」で、次いで、「業務に悪影響を及ぼすから」、「企業秩序を乱すから」、「業務上の秘密を保持したいから」と続きます。

規制に違反した場合の制裁としては、解雇が最も多くて43.7パーセント、次いで、譴責（始末書をとる）が33.5パーセント、減給が20.4パーセント、出勤停止・停職が19.3パーセント、戒告（始末書をとらない）が16.6パーセント、「特にない」が16.4パーセント、降格・降職が15.1パーセントとなっています。解

雇が最も多いことからみると、副業規制の違反者には厳重な処分でもって臨むという会社側の姿勢がうかがえます。

非正社員（ここでは、週の所定労働時間が正社員よりも短い者）については、副業を「禁止していない」が67.5パーセントと最も多くなっています。副業規制は、主として正社員の問題と考えてよいでしょう。

2 法的なルールの不在

民間会社が従業員の副業を規制することについて法律上の特段のルールは存在していません。実際、前記のJILPTの調査からもわかるように、多くの会社では、副業について、何らかの規制をしています。就業規則において、「会社の許可なしに他社に雇われたり、みずから事業を営むこと」を懲戒事由の一つにあげている会社も少なからずみられます。

勤務時間中に、こっそりアルバイトをしているような場合であれば、それは職務専念義務に違反する行為であり、場合によっては懲戒解雇になっても不思議ではありません（⇒ *Theme* 18）。しかし、勤務時間外となると、基本的には、その時間は従業員の私生活の領域であり、その時間をどのように利用しようと個人の自由であると考えることもできます。アルバイトをすることも、ライバル会社で働くというような競業避止義務違反の場合（⇒ *Theme* 32）を除くと、自由に認められるべきようにも思えます。

実際、ある裁判例は、「労働者は労働契約を通じて一日のうち一定の限られた時間のみ、労務に服するのを原則とし、就業時間外は本来労働者の自由な時間であることからして、就業規則で兼業を全面的に禁止することは、特別な場合を除き、合理性を欠く」と述べています[*1]。

それでは、多くの会社が行っている副業規制は、法的にみてどのように評価されるのでしょうか。

（*1） 小川建設事件・東京地決昭和57年11月19日労判397号30頁〔最重判36事件〕

3 副業規制の有効性

　副業の規制は、通常、就業規則に条項を置くという形で行われます。そうなると、法的にまず問題となるのは、副業を規制する就業規則の条項が、合理的なものかどうかです。労契法7条によると、就業規則の規定内容は合理性があってはじめて従業員に対して拘束力をもつのであり、逆に、合理性がなければ、拘束力は生じません（⇒ **Theme　07**）。

　それでは、どのような副業規制を定める条項であれば、合理性が認められるのでしょうか。この点について、裁判例は、次のように述べています。

　「労働者がその自由なる時間を精神的肉体的疲労回復のため適度な休養に用いることは次の労働日における誠実な労務提供のための基礎的条件をなすものであるから、使用者としても労働者の自由な時間の利用に関心を持たざるをえず、また、兼業の内容によっては企業の経営秩序を害し、または企業の対外的信用、体面が傷つけられる場合もありうるので、従業員の兼業の許否について、労務提供上の支障や企業秩序への影響等を考慮したうえでの会社の承諾にかからしめる旨の規定を就業規則に定めることは不当とはいいがたい」[*1]。

　要するに、副業を規制することができるとすれば、それは本務に重大な支障が生じる可能性がある場合、または会社の対外的信用や体面を傷つけて会社の経営秩序を重大に侵害する可能性がある場合にかぎられるべきなのです。それ以外の場合にも広く副業を規制するという内容の就業規則であれば、合理性は認められないということです。従業員の私生活上の自由も考慮すると、こうした解釈は妥当といえるでしょう。

（*1）　小川建設事件・前掲

4 処分の有効性が問題となった例

　副業をめぐって裁判になる典型例は、従業員が無許可で副業をしていたことが会社にばれてしまい、懲戒解雇処分を受けるというものです。

　先ほどの裁判例は、建設会社の事務員が、勤務時間外にキャバレーの会計係

20. 会社は、従業員のアルバイトを制限していいの？

等をしていたというケースでした。会社は、懲戒解雇ではなく、普通解雇をしたのですが、裁判所は、この従業員の副業の職務内容は、軽労働とはいえ毎日の勤務時間は6時間にわたり、かつ深夜に及ぶものであって、たんなる余暇利用のアルバイトの域を越えるものであるとして、解雇は有効であると判断しています。

また、自らが別会社の代表取締役をしている事実を隠して、ある会社に雇用され経理部長として働き、その会社の取引において自己が代表取締役をする会社を介在させたというケースで、懲戒解雇を有効とした裁判例もあります[*1]。

他方、懲戒解雇が無効とされたケースもあります。

たとえば、病気により休職中の者が近くに住む知人に頼まれて、復職にそなえて身体をならすことも目的として、約10日間、1日2ないし3時間程度、知人の工場を手伝い、1200円の謝礼を受け取ったというケースで、これは就業規則の禁止する「二重就職」に該当しないという理由で、懲戒解雇を無効と判断した裁判例があります[*2]。

また、運送会社のトラック運転手が年に1～2回運送業務のアルバイトを行ったというケースで、業務への具体的な支障がなかったとして、懲戒解雇を無効と判断した裁判例もあります[*3]。

さらに、大学関係者のかかわる裁判例もいくつかあります。たとえば、大学教授のした無許可兼業について、それが職場秩序を侵害していないことを理由に、懲戒解雇を無効とした裁判例[*4]、大学職員が他大学の大学院に在籍したことについて、これは兼業禁止規定に該当しないとした裁判例[*5]等があります。

副業制限規定に違反して懲戒事由に該当するからといって、いつでも懲戒処分が有効となるわけではありません。懲戒処分が、非違行為からみて重すぎるような場合には、権利濫用として無効となることもあるからです（労契法15条）。

したがって、懲戒解雇という重い処分となると、それに相当するだけの重大な企業秩序侵害を引き起こした場合でなければ、懲戒権の濫用とされる可能性が高いでしょう。副業規制についても、無許可の副業により、本務に重大な支障が生じさせた場合、あるいは会社の対外的信用や体面を傷つけて企業秩序を重大に侵害したような場合でなければ、懲戒解雇が有効とされる可能性は低いと思われます。

(＊1) 東京メディカルサービス事件・東京地判平成3年4月8日労判590号45頁
(＊2) 平仙レース事件・浦和地判昭和40年12月16日労民集16巻6号1113頁
(＊3) 十和田運輸事件・東京地判平成13年6月5日労経速1779号3頁
(＊4) 上智学院事件・東京地判平成20年12月5日労判981号179頁
(＊5) 大阪経済法律学園事件・大阪地判平成19年12月20日労判965号71頁

5　企業秩序と私生活の自由

　私生活の自由という場合、副業以外にも問題となることがあります。その一つは、恋愛問題です。従業員どうしの恋愛について、それがいわゆる不倫である場合に、会社は処分をすることができるのでしょうか。
　これについては、有名な裁判例があります(＊1)。事実関係は、次のようなものでした。
　水道管の敷設等を主な業とする有限会社に中途入社した女性従業員（離婚経験があり、独身）が、同じ会社の従業員で妻子もいる男性従業員と親しく交際するようになり、やがて性的な関係をもつようになりました。二人の関係は、他の従業員にも知られるところになり、従業員や取引関係者らの噂の種にされるようになりました。それを聞いた会社の代表者が、女性従業員に対して交際をやめるよう忠告しましたが、その後も交際が続けられたため、この女性従業員を、会社全体の風紀・秩序を乱し、企業運営に支障をきたしたとして解雇しました。
　裁判所は、まず、この女性従業員が、妻子ある男性従業員と男女関係を含む恋愛関係を継続することは、特段の事情のないかぎり男性従業員の妻に対する不法行為となるうえ、社会的に非難される余地のある行為であるから、この会社の就業規則に定める「素行不良」に該当する、と述べました。
　しかしながら、就業規則の定める「職場の風紀・秩序を乱した」とは、これが従業員の懲戒事由とされていることからすると、会社の企業運営に具体的な影響を与えるものにかぎると解すべきところ、恋愛関係にあった二人の従業員の地位、職務内容、交際の態様、会社の規模、業態等に照らしても、二人の交際が会社の職場の風紀・秩序を乱し、その企業運営に具体的な影響を与えたとは認められないとし、結論として、本件解雇は、懲戒事由に該当する事実があ

るとはいえないから無効である、としました。

　要するに、従業員の社内恋愛については、たとえ不倫であろうと、会社が処分をできるのは、それが職場秩序や企業秩序を乱す場合にかぎられるのであり、そのような場合でなければ、従業員の私生活の自由の範疇にあるということです。

　職場秩序を乱すといえるのは、たとえば、バス会社において、妻子のいるバス運転手が同じ職場の未成年の女子車掌と長期間にわたり性的な関係を結び、その女性を妊娠させ退職せざるをえないようにした場合です。こうした行為は、懲戒解雇事由に該当すると判断されるでしょう[*2]。

　また、妻子のいる教師が教え子の母親と不倫関係に陥ったケースで、裁判所は、この教師の行為は、たんなる私生活上の非行とはいえず、社会生活上の倫理および教育者に要求される高度の倫理に反していて、教職員としての品位を失い、学院の名誉を損ずる非行に該当すると述べて、懲戒解雇を有効と判断しています[*3]。

（*1）　繁機工設備事件・旭川地判平成元年12月27日労判554号17頁〔最重判33事件〕
（*2）　長野電鉄事件・東京高判昭和41年7月30日労民集17巻4号914頁
（*3）　学校法人白頭学院事件・大阪地判平成9年8月29日労判725号40頁

6　私生活上の犯罪

　同じ私生活上の行為でも、それが犯罪にかかわるような場合には、どうでしょうか。犯罪が、仕事に関係するようなもの（たとえば、業務上の横領や背任）であれば、会社が重い懲戒処分を課すことができるのは当然でしょう。

　しかし、私生活上の犯罪であれば、国家により刑罰を受けることがあったとしても、さらに会社が懲戒処分という「罰」を与えることまでが当然に認められるわけではありません。

　この点については、有名な判例があります[*1]。事実関係は、次のようなものでした。

　工場の作業員をしていたAは、飲酒した後、夜中に、他人の家に侵入してしまいました。Aは、住居侵入罪（刑法130条）により2500円の罰金刑を受けました。Aを雇用するB社では、就業規則の懲戒事由として、「不正不義の行為を犯し、

会社の体面を著しく汚した者」というものがあり、B社は、Aの行動は、この規定に該当するという理由で、Aを懲戒解雇としました。

最高裁は、まず、次のように述べています。

Aの行為は、恥ずべき性質の事柄であって、当時B社において、企業運営の刷新を図るため、従業員に対し、職場諸規則の厳守、信賞必罰の趣旨を強調していた際であるにもかかわらず、かような犯行が行なわれ、Aの逮捕の事実が数日を出ないうちに噂となって広まったことをあわせ考えると、B社が、Aの責任を軽視することができないとして懲戒解雇の措置に出たことに、無理からぬ点がある。

しかし、最高裁は、これに続いて、次のように述べています。

問題となるAの行為は、会社の組織、業務等に関係のないいわば私生活の範囲内で行なわれたものであること、Aの受けた刑罰が罰金2500円の程度にとどまったこと、B社におけるAの職務上の地位も一作業員であって、指導的なものでないことなどの諸事情を勘案すれば、Aの行為が、B社の体面を著しく汚したとまで評価するのはあたらない。

こうして、最高裁は、結論として、B社によるAの懲戒解雇処分を無効と判断しました。このようにたんに犯罪行為を行ったというだけでは懲戒解雇が認められるわけではなく、その犯罪行為が具体的に会社の企業秩序をどこまで侵害したかということが検討されるのです。一工員の軽微な犯罪行為であれば、懲戒解雇までするのは行き過ぎと判断される可能性は十分にあるわけです。

もう一つ、参考になる裁判例があります[*2]。それは、電車内で痴漢をして逮捕された電鉄会社の従業員Cが、懲戒解雇されたというケースです。裁判所は、次のように述べています。

痴漢行為が被害者に大きな精神的苦痛を与え、往々にして、癒しがたい心の傷をもたらすものであることは周知の事実であり、窃盗や業務上横領等の財産犯あるいは暴行や傷害等の粗暴犯等と比べて、決して軽微な犯罪ではない。

まして、Cは、そのような電車内における乗客の迷惑や被害を防止すべき電鉄会社の従業員であり、その従事する職務に伴う倫理規範として、そのような行為を決して行ってはならない立場にある。しかも、Cは、本件行為のわずか半年前に、同種の痴漢行為で罰金刑に処せられ、昇給停止および降職の処分を

20. 会社は、従業員のアルバイトを制限していいの？

受け、今後、このような不祥事を発生させた場合には、いかなる処分にも従うので、寛大な処分をお願いしたいとの始末書を提出しながら、再び同種の犯罪行為で検挙されたものである。このような事情からすれば、本件行為が報道等の形で公になるか否かを問わず、その社内における処分が懲戒解雇という最も厳しいものとなったとしても、それはやむをえない。

　裁判所は、このように述べたうえで、結論として、懲戒解雇を有効と判断しました。電鉄会社の従業員の電車内の痴漢行為となると、純然たる私生活上の犯罪とはいえないものであり、そうなると懲戒解雇も有効となるということでしょう。

（＊１）　横浜ゴム事件・最３小判昭和45年７月28日民集24巻７号1220頁〔最重判32事件〕
（＊２）　小田急電鉄事件・東京高判平成15年12月11日労判867号５頁〔最重判105事件〕

[参考文献]
「労働の正義」の第17話
「25の疑問」の第４話

[キーワード]
副業、私生活の自由、懲戒処分

Theme 21
会社は、従業員に対して損害賠償を請求していいの？

従業員が仕事の途中でミスをして会社に損害を与えてしまった場合、従業員はその損害額を賠償しなければならないのでしょうか。仕事にはミスはつきものなので、それを一つひとつ、会社が従業員に責任を負わせるのはどうかと思うのですが。

1 罰金の恐怖？

せっかく一生懸命働いても、いろいろな名目で給料から控除されて、手取りがあまり残らないとなると、従業員としては、働く気が失せてしまいます。とはいえ、自分が仕事で不始末をしでかして、会社に損害を与えたような場合には、その損害分を給料から控除されても仕方がないともいえるでしょう。ミスの多い人なら、給料が罰金で引かれてほとんどなくなってしまうこともあるかもしれません。でも、そうして給料から罰金を控除することは適法なのでしょうか。

まず、この点に関して問題となるのが、労基法24条です。同条によると、会社は、従業員の給料を全額支払わなければなりません。賃金全額払いの原則です（⇒ *Theme 13* ）。この原則の例外は、法令に根拠がある場合と過半数代表との間で労使協定が締結されている場合だけです。会社が、勝手に給料から、いろいろな名目の金員を控除してよいわけではありません。

それでは、会社が罰金制度を就業規則に決めて、きちんと制度化したときはどうでしょうか。

2 減給の制裁

ここでいう罰金とは、一般用語であり、労基法上は「減給」と呼ばれます。懲戒処分の一種です。減給には、懲戒処分一般に対する規制と減給に特有の規制とがあります。

懲戒処分一般に対する規制としては、会社は、常時10人以上の労働者を使用している事業場において、制裁（懲戒）の定めをする場合には、制裁（懲戒）の種類と程度について、就業規則に記載することが義務づけられています（労基法89条9号）。就業規則の懲戒規定には、懲戒解雇、出勤停止等と並んで、減給も定められているのが一般的です。

さらに、懲戒規定を従業員に周知させておかなければ、会社は懲戒処分を行うことができません[*1]。就業規則の周知は、労基法上の義務であり、それに違反した使用者には罰則が課されることがあります（労基法106条1項、120条1号）が、従業員との関係で、懲戒権を行使するための有効要件でもあるのです。

このほかに、懲戒規定は周知され、その内容が合理的でなければ、従業員の労働契約の内容になりません（労契法7条）。また、懲戒処分が権利濫用となる場合には無効となります（同法15条）。

このように懲戒処分に対する法律上の規制は、かなり細かいものがあります（⇒ *Theme* 22, 23）。減給についても、これらの規制を受けることになります。

一方、減給に特有の規制は、労基法91条に規定があります。そこでは、次のように定められています。

「就業規則で、労働者に対して減給の制裁を定める場合においては、その減給は、1回の額が平均賃金の1日分の半額を超え、総額が1賃金支払期における賃金の総額の10分の1を超えてはならない。」

この規定でいう「1回の額」とは、当該懲戒事案1件についての減給の全体額を意味します。「総額」とは、複数の事案につき行われる減給処分における減給総額という意味です（昭和23年9月20日基収1789号）。減給の総額が、その「1賃金支払い期」の賃金総額の10分の1を超える場合には、その超えた部分は、次の賃金支払い期以降において差し引くことにしなければなりません。

このように、減給（罰金）を課される場合であっても、法は従業員の生活保障のために、その上限を定めているのです。

減給があると、賃金は全額支払われないことになりますが、その範囲が労基法91条の範囲内での適法なものであれば、同条が、賃金全額払いの原則の例外を認める「法令上の根拠」となります。したがって、労使協定がなくても、賃金を控除できるわけです。

(＊1) フジ興産事件・最２小判平成15年10月10日労判861号３頁〔最重判81事件〕

3 会社からの損害賠償請求の法的根拠

　減給は、あくまで懲戒処分であり、それは企業秩序侵害行為に対する制裁としての性格をもつものです。会社が受けた損害を填補することを目的とするものではありません。それでは、会社は、減給という制裁とは別に、被った損害額を給料から控除することができるのでしょうか。

　この点を検討する前に、会社が、従業員に対して損害賠償を求めることができるとするならば、それはいかなる法的根拠によるのかを確認しておく必要があるでしょう。たとえば、従業員が、会社の商品について粗略な取扱いをして破損した場合を考えてみましょう。会社が、その商品について損害保険に入っていなかったとします。

　この場合、会社が、従業員に対して損害賠償を請求できる根拠としては、まず不法行為が考えられます。民法709条は、「故意又は過失によって他人の権利又は法律上保護される利益を侵害した者は、これによって生じた損害を賠償する責任を負う」と定めています。要するに、従業員は故意がある場合だけでなく、過失しかない場合であっても、会社に対して違法に損害を与えた場合には、不法行為として賠償責任を負うのです。

　もう一つは、債務不履行です。民法415条（前段）は、「債務者がその債務の本旨に従った履行をしないときは、債権者は、これによって生じた損害の賠償を請求することができる」と定めています。従業員の債務不履行があり、それについて、従業員の責めに帰すべき事由（帰責事由）がある場合には、従業員は損害賠償責任を負うことになります。帰責事由とは、故意、過失または信義則上これと同視すべき事由と解されています。

　損害賠償責任を負うという点では、不法行為も債務不履行も同じといえそうですが、不法行為の場合には、過失等の立証責任は、請求する会社側が負うのに対して、債務不履行の場合には、従業員側が帰責事由の不存在の立証責任を負うという点で、債務不履行のほうが従業員に不利となります。また時効の点でも、不法行為の場合には３年で会社の損害賠償請求権が消滅する（民法724条

のに対して、債務不履行の場合には10年である（民法167条1項）という点でも、従業員に不利となっています。

　第3に、従業員が労務の提供過程において第三者に損害を与えた場合（たとえば、従業員が、業務上第三者から預かっていた品物を破損したような場合）に、その従業員が前記の民法709条にもとづき、その第三者（被害者）に損害賠償責任を負うのみならず、会社が損害賠償責任を負う可能性があるのです（使用者責任と呼ばれます）。民法715条（1項本文）に、「ある事業のために他人を使用する者は、被用者がその事業の執行について第三者に加えた損害を賠償する責任を負う」と定めているからです。

　そして、会社が、この規定にもとづき損害賠償をした場合には、加害者である従業員に求償をすることが認められています（3項を参照）。こうして、会社は、第三者に支払った損害賠償額を、本来負担すべき加害者たる従業員に対して、求償という形で支払いを求めることができるのです。

　ちなみに、会社が従業員に有する損害賠償請求分を給料から控除するのは、法的には相殺を意味しますが、判例は、相殺によって会社が給料支払債務を免れることも、賃金全額払いの原則に反すると述べているので、会社は、従業員に給料を全額支払ったうえで、別途に損害賠償を請求していくことが必要となります（⇒ *Theme* 13 ）。

4　判例の立場

　会社から従業員に損害賠償請求をし、どれだけ従業員が支払うべきかが争われた事件があります。それが、茨石事件です[*1]。

　事実関係は次のようなものです。従業員約50名、資本金800万円の株式会社Aの従業員Bが、A社の車を運転中、前方注視不十分等の過失により、C社所有の車に追突して、破損させました。A社は、C社に対して修理費等についての賠償をしたうえで、Bに対して、その賠償額の求償をすると同時に、Bが運転していたA社の車の修理費等の賠償を含め総額約41万円の支払いを求めて訴えを提起しました。

　Bは、本件事故当時、月額約4万5000円の給与を支給され、その勤務成績は

普通以上でした。なお、A社は、業務用車両を20台近く保有していましたが、経費節減のため、これらの車両について対物賠償責任保険と車両保険には加入していませんでした。

最高裁は、まず次のような一般論を述べています。

「使用者が、その事業の執行につきなされた被用者の加害行為により、直接損害を被り又は使用者としての損害賠償責任を負担したことに基づき損害を被った場合には、使用者は、その事業の性格、規模、施設の状況、被用者の業務の内容、労働条件、勤務態度、加害行為の態様、加害行為の予防若しくは損失の分散についての使用者の配慮の程度その他諸般の事情に照らし、損害の公平な分担という見地から信義則上相当と認められる限度において、被用者に対し右損害の賠償又は求償の請求をすることができるものと解すべきである」。

そのうえで、この事件では、「A社がその直接被った損害及び被害者に対する損害賠償義務の履行により被つた損害のうちBに対して賠償及び求償を請求しうる範囲は、信義則上右損害額の4分の1を限度とすべきであ」ると判断しました。

このように、最高裁は、会社が従業員に賠償請求（求償も含む）をする場合、全額の請求ができないこともあるとしたのです。その根拠は、信義則であり（民法1条2項。労契法3条4項も参照）、究極的には、「損害の公平な分担」ということになります。

「損害の公平な分担」をどう判断するかについては、最高裁によると、「その事業の性格、規模、施設の状況、被用者の業務の内容、労働条件、勤務態度、加害行為の態様、加害行為の予防若しくは損失の分散についての使用者の配慮の程度その他諸般の事情」を考慮するとします。このなかで注目される要素は、「損失の分散についての使用者の配慮の程度」です。たとえば、会社が損害保険に加入していたかどうかが重要ということです。会社が、保険にきちんと加入していれば、（保険料はかかるとはいえ）損害を回避することができるからです。本件でも、損害額が4分の1に減額された理由に、A社が保険に入っていなかったという事情もあるでしょう。

（＊1）　最1小判昭和51年7月8日民集30巻7号689頁〔最重判14事件〕

5 その後の下級審裁判例

　その後も、下級審ですが、従業員Dが、深夜勤務中に居眠りをしてしまい、Dを雇用するE社の高価な機械を損傷したため、E社が多額の損害賠償をDに請求したという事件があります[*1]。

　この事件で、裁判所は、次のような注目すべき一般論を述べています。

　「E社とDの雇用関係も、……終身雇用を前提とする養成工としての入社に始まり、次第に専門的技術者として累進して来たものであることに加えて、E社において、これまで従業員が事故を発生させた場合、懲戒処分については、E社の就業規則にも所定の規定があり、これに従って処分された事例がある（但し物損事故のみの場合はない）のに対し、損害賠償請求については、何ら触れられるところがないばかりか、過失に基づく事故について損害賠償請求をし、あるいは求償権を行使した事例もないこと、更にはE社の従業員の労働過程上の過失に基づく事故に対するこれまでの対処の仕方と実態、DのE社内における地位、収入、損害賠償に対する労働者としてのDの負担能力等……の諸事情をも総合考慮すると、E社はDの労働過程上の（軽）過失に基づく事故については労働関係における公平の原則に照らして、損害賠償請求権を行使できないものと解するのが相当である」。

　これは過失が軽度である場合には、会社に損害を与えても、従業員は賠償責任を負わなくてよいという議論であり、注目されるものです。ここにも、従業員と会社との間の損害の公平な分担という発想があります。

　もっとも、この事件では、裁判所は、Dの過失は軽度ではないので、損害賠償責任は免れないとしています。そのうえで、結論として、Dの賠償義務の範囲は、会社が被った損害額の4分の1としています。

　ところで、従業員が会社に損害を与えた場合、会社が従業員に損害賠償を請求するというのは、本来異例のことであり、減給を含めた懲戒処分で対処するのが、一般的ではないかと思います。この点について、この判決も、次のように述べています。

　「一般に、高度に技術化され、急速度で技術革新の進展する現代社会において、E社のように新鋭かつ巨大な設備を擁し、高価な製品の製造販売をする企業で

働く労働者は、些細な不注意によって、重大な結果を発生させる危険に絶えずさらされており、また、本件事故当時のE社を含む機械製造等を目的とする大企業における雇用形態は、概ね終身雇用を基本としていて、使用者と労働者は右のような終身雇用制を前提として労働契約を締結するのが普通であるといわれ、かような長期にわたる継続関係においては、労働者が、労働提供の意思を欠き、作業を放棄してしまったというような場合は格別、労働提供の意思を持って、作業に従事中の些細な過失によって、使用者に損害を与えた場合について、使用者は、懲戒処分のほかに、その都度損害賠償による責任を追及するまでの意思はなく、むしろ、こうした労働者の労働過程上の落度については長期的視点から成績の評価の対象とすることによって労働者の自覚を促し、それによって同種事案の再発を防止していこうと考えているのが通常のこととされている」。

　ただ、この判決は、そうはいっても、従業員に重過失がある場合に損害賠償が請求できなくなるわけではないと述べています。その理由は、「民事上の損害賠償請求と懲戒処分あるいは（普通）解雇処分とは、もともとその存在理由と成立根拠を異にするものであるから、本来それぞれの観点から、使用者は権利行使が許されるべきもの」だからです。

　もっとも、会社が損害賠償請求をしたうえで、さらに重い懲戒処分を課す場合には、懲戒処分が権利濫用と判断される可能性は高いでしょう（労契法15条を参照）。

（＊１）　大隈鐵工所事件・名古屋地判昭和62年7月27日労判505号66頁

6 近時の裁判例

　近年でも、ときどき、会社から従業員への損害賠償請求が裁判で争われることがあります。そのほとんどで、損害賠償額が減額されています。

　たとえば、債権回収が業務の内容となっていた従業員に対して、債権回収不能額の約4分の1の賠償責任を認めたもの[＊1]、消費者金融会社において内部基準を超える貸付をしたために生じた損害について、1割の賠償のみ認めたもの[＊2]、郵便局長が違法な割引行為をして、使用者に6億円以上の損害を与え

た事例で、損害賠償額を5000万円に減額したもの(*3)などがあります。

また、中古車販売の店長が、取引ルールに違反して、会社に損害を与えた事案で、その会社には就業規則において、「従業員が故意又は重大な過失により会社に損害を与えた場合は損害の一部又は全部を賠償させることがある」という規定があったところ、従業員の重過失を肯定したうえで賠償額を2分の1に減額した裁判例があります(*4)。同様の就業規則の規定のある会社で、証券会社外務員の顧客への説明義務違反が重過失に該当しないとして、従業員の損害賠償責任を否定した裁判例もあります(*5)。また、最近では、取引関係から通常に起こりうるトラブルによる損害は、業務命令自体に内在するものとして会社がリスクを負うべきとして、従業員の損害賠償責任を否定した裁判例もあります(*6)。

会社としては、従業員に故意がある場合はともかく、そうでない場合には、被った損害額を全額、従業員から回収することは困難なのです。会社は、従業員が不注意で会社に損害を与える行動をしないように予防面により多くの注意を払ったほうがよいでしょう。

(*1)　N興業事件・東京地判平成15年10月29日労判867号46頁
(*2)　株式会社T事件・東京地判平成17年7月12日労判899号47頁
(*3)　郵便事業事件・福岡地判平成20年2月26日労判962号37頁
(*4)　株式会社G事件・東京地判平成15年12月12日労判870号42頁
(*5)　つばさ証券事件・東京高判平成14年5月23日労判834号56頁
(*6)　エーディーディー事件・京都地判平成23年10月31日労判1041号49頁

参考文献

細谷越史「労働者の損害賠償責任」西谷敏・中島正雄・奥田香子編『転換期労働法の課題―変容する企業社会と労働法』(2003年、旬報社)

キーワード

従業員の損害賠償責任、使用者責任、不法行為、債務不履行、懲戒処分

第2編 ●第4章／懲戒・服務規律

Theme 22

経歴を偽って入社したことがバレればクビなの？

私は実は職歴を偽って入社したのですが、でも仕事をきちんとやれる自信が最初からあり、そして実際にきちんと働いてきました。その証拠に、入社5年目で係長になっています。ところが、最近、入社時の履歴書の記載に偽りがあったことが会社にバレてしまい、退職届を出すようにと言われています。会社の言うことに従わなければならないのでしょうか。

1 危険な誘惑

妙齢の女性が自分の年齢を少しくらい若く誤魔化すのは愛嬌であって、それに目くじらを立てるのは無粋な感じがします。しかし、それは私生活の領域のことであり、会社に採用される際に、年齢を低く詐称する問題が出てきます。日本の会社では、年齢を考慮した人事をするからです。

判例には、採用の際に提出した履歴書に年齢の虚偽記載（昭和9年生まれで57歳のところを、昭和21年生まれの45歳と記載）をした従業員への懲戒解雇を有効と判断したものもあります[*1]。

新規学卒の正社員採用であれば、年齢を詐称することはほとんど不可能だと思いますが、中途入社のときであれば、過去の経歴はどうせわからないだろうということで、詐称したい誘惑に駆られる人もいるかもしれません。

しかし、これは危険な誘惑です。年齢だけでなく、職歴や最終学歴を偽って記載したり、あるいは犯罪歴を隠したりしていることが、後で明るみになった場合には、クビになることは十分にありうるのです。しかも、それはたんなるクビではなく、懲戒解雇です。

懲戒解雇となると、少し重すぎる処分のような気もするのですが、経歴詐称は、なかなか発覚しにくいものである以上、会社としては、万が一発覚したときには重大な制裁を課すとしておくことによって、詐称を抑止することもねらいにしています。

(＊1)　山口観光事件・最1小判平成8年9月26日労判708号31頁〔最重判29事件〕

2 民法によると？

　採用時の経歴詐称（ここでいう「経歴」には、年齢、学歴、職歴、犯罪歴等をすべて含むことにします）については、発覚するのは事後的であっても、法的には、労働契約の締結における問題とみることができます。つまり、従業員のほんとうの経歴を知っていれば、会社は採用していなかったという場合に、そもそもそうした従業員と締結した労働契約は有効であるのかが問題となるのです。

　民法95条には、「意思表示は、法律行為の要素に錯誤があったときは、無効とする。ただし、表意者に重大な過失があったときは、表意者は、自らその無効を主張することができない。」という規定があります。これは、「要素の錯誤」があった場合は、意思表示が無効になるというものです。たとえば履歴書に東大卒と書かれていて、それを前提に採用したら、ほんとうの最終学歴が高卒であったという場合には、会社は錯誤による無効を主張して、労働契約を無効とすることができます（もっとも、民法95条ただし書により、会社側に重大な過失があった場合には、無効の主張をすることはできません）。

　また、経歴詐称の場合には、詐欺を理由として意思表示の取消ができることもあります。民法96条1項は、「詐欺……による意思表示は、取り消すことができる」と定めています。労働者の欺罔行為によって、会社が錯誤に陥って採用するとの意思表示をした場合には、その意思表示を取り消すことができるのです。この場合も、結局、労働契約は無効となります。

　もっとも、錯誤については、無効の主張ができるのは、意思表示の内容となっている「要素」について錯誤と認められる必要があるのであり、経歴詐称のすべてがこれに該当するわけではありません。大卒だから採用したとしても、そのことが雇い主側の内心の動機にとどまっている場合には、その従業員が高卒であったとしても、それはたんなる「動機の錯誤」とされ、「要素の錯誤」ではないので、無効の主張はできないのです。

　また、詐欺についても、その成立要件は厳格に解されており、経歴詐称のす

べてがこれに該当するわけではありません。

3 なぜクビにできるのか

　労働契約締結段階で、錯誤や詐欺が認められなかった場合には、労働契約は有効に成立したことになります。そうなると、発覚した経歴詐称の責任をとらせるためには、その従業員を解雇することが必要となります。そして、実際上は、前述のように、懲戒解雇にされるケースが多いのです。裁判所は、こうした懲戒解雇を有効と判断するのが一般的です。

　経歴詐称をした従業員に、会社が期待していたような能力が備わっておらず、それゆえ職務に対する適格性がないと判断されたときには、少なくとも普通解雇を行うことはありえるでしょう。これは採用時点で経歴詐称があったことを理由とするのではなく、解雇時点におけるその従業員の能力不足や適格性欠如が理由です（ただし、労契法16条があるので、そう簡単には解雇は有効となりませんが）。

　では、それ以上に、懲戒処分、とりわけ懲戒解雇という最も重い懲戒処分を行うことは、どのような場合に認められるのでしょうか。この点を考えていく際に、まず考慮すべきなのは、経歴詐称を懲戒事由として定めることがそもそもできるのか、という点です。

　まず、経歴詐称は、労働契約の締結前になされることであるので、その行為に就業規則を適用することができるのか、という論点があります。もっとも、経歴詐称自体は、採用時であっても、そうして詐称された経歴にもとづき処遇されている従業員が労務を提供していること自体、企業秩序を侵害するということになりそうです。そうなると、これは労働契約の締結後の問題であり、そこで企業秩序の侵害があるとなると、会社は懲戒処分を課すことができるでしょう。

　最高裁は、懲戒処分について、次のように述べています[*1]。

　「労働者は、労働契約を締結して雇用されることによって、使用者に対して労務提供義務を負うとともに、企業秩序を遵守すべき義務を負い、使用者は、広く企業秩序を維持し、もって企業の円滑な運営を図るために、その雇用する

労働者の企業秩序違反行為を理由として、当該労働者に対し、一種の制裁罰である懲戒を課することができる」。

つまり、会社が、従業員に対して懲戒処分を課すことができる根拠は、従業員の非違行為が企業秩序を侵害することにあるのです。どんな経歴詐称であっても、企業秩序を侵害するというわけではないでしょう。

ただ、判例は、「雇用関係は、労働力の給付を中核としながらも、労働者と使用者との相互の信頼関係に基礎を置く継続的な契約関係であるということができるから、使用者が、雇用契約の締結に先立ち、雇用しようとする労働者に対し、その労働力評価に直接関わる事項ばかりでなく、その企業あるいは職場への適応性、貢献意欲、企業の信用の保持等企業秩序の維持に関係する事項についても必要かつ合理的な範囲内で申告を求めた場合には、労働者は、信義則上、真実を告知すべき義務を負う」と述べています[*2]。

このような真実告知義務というものを考えると、最終学歴についての詐称はこの義務に違反し、企業秩序を侵害すると判断されやすくなるでしょう。

（＊１）　関西電力事件・最１小判昭和58年9月8日労判415号29頁〔最重判27事件〕
（＊２）　炭研精工事件・東京高判平成3年2月20日労判592号77頁〔最重判34事件〕

4　企業秩序侵害の有無

企業秩序侵害があったかどうかの判断において、一つのポイントとなるのは、経歴詐称によって具体的な損害が企業に生じていたかが考慮要素となるかどうかです。この点について、真実告知義務に違反したというだけで、企業秩序を侵害したとみるべきではなく、企業に具体的な損害が生じたという事情があってはじめて懲戒事由に該当すると解すべきである、という見解も学説上は有力です。

とくに経歴詐称が何年間かの勤続後に発覚し、その間、勤務態度や職務能力がとりたてて問題視されてこず、労務に従事してきたという場合には、この学説の見解によると、懲戒事由該当性が否定されることになりそうです。

この点、経歴詐称には、採用した従業員の職務能力（潜在的なものを含む）に関係するものとそうでないものがありますし、さらに、会社と従業員との間

の人的な信頼関係に直結するものとそうでないものとがありますので、これらを分けて検討していく必要があると思います。

5　職歴の詐称

　職歴のように、従業員の職務能力に大きく関係するものについては、それに詐称があったとしても、その従業員が問題なく就労し、会社に具体的な損害が生じていない場合には、原則として、懲戒事由には該当しないと解すべきでしょう。

　裁判例のなかには、労働契約の締結時に、給排水工事についてあまり経験がなかったにもかかわらず、それについて5年の経験を有しどのような仕事でもできる旨虚偽を述べた従業員に対する解雇を有効としたものがあります[*1]。これは普通解雇の事件ですが、労基法20条1項のただし書の「労働者の責に帰すべき事由」に当たるので、即時解雇をしても、解雇予告手当の支払い義務はなかったと判断しており、実質的には、懲戒解雇に相当するようなものであったといえるでしょう。

　また、ある会社が、JAVA言語を自由に操れる能力を有するプログラマーを募集していたところ、ある従業員が、経歴書にそのような能力があることを示す職歴を記載していたために採用されたが、実はプログラム開発をほとんど行うことができないなど、JAVA言語のプログラミング能力に問題があったという事案で、職歴詐称を理由になされた懲戒解雇が有効と認められています[*2]。

　これらの裁判例では、採用時に自分の技能を示す職歴について詐称して懲戒解雇事由に該当したという理由だけではなく、詐称された能力を前提とした配属がなされて、労務に従事したことにより、会社に具体的な損害が生じたということから懲戒解雇が有効になったとみるべきでしょう。

　(*1)　環境サービス事件・東京地判平成6年3月30日労判649号6頁
　(*2)　グラバス事件・東京地判平成16年12月17日労判889号52頁

6　犯罪歴の詐称

　一方、犯罪歴のように会社と従業員との間の人的な信頼関係に直結するものについては、その詐称があれば、原則として、具体的な損害の発生やその蓋然性を問うことなく、懲戒事由該当性を認めるべきでしょう。

　最近の裁判例には、犯罪で服役していた事実を隠して、アメリカで経営コンサルタントに従事していたという虚偽の履歴書を提出していた事案において、「労働者が雇用契約の締結に際し、経歴について真実を告知していたならば、使用者は当該雇用契約を締結しなかったであろうと客観的に認められるような場合には、経歴詐称それ自体が、使用者と労働者との信頼関係を破壊するものであるといえる」として、このケースのような詐称の場合には、具体的な財産的損害の発生やその蓋然性がなくとも、就業規則所定の「重要な経歴をいつわり採用された場合」に該当するとして、懲戒解雇を有効と判断したものもあります[*1]。

　このほか、裁判例には、刑事事件で公判係属中であることについては告知義務はないが、確定した有罪判決については告知義務があるという一般論を述べたものもあります[*2]。

　ただ、刑の消滅した前科については、次のように述べる裁判例もあります[*3]。
「職種あるいは雇用契約の内容等に照らすと、既に刑の消滅した前科といえどもその存在が労働力の評価に重大な影響を及ぼさざるをえないといった特段の事情のない限りは、労働者は使用者に対し既に刑の消滅をきたしている前科まで告知すべき信義則上の義務を負担するものではないと解するのが相当であり、使用者もこのような場合において、消滅した前科の不告知自体を理由に労働者を解雇することはできないというべきである」。

　刑の消滅制度（刑法34条の2）のもつ政策的意図を、会社のほうも尊重すべきということでしょう。

　　（*1）　メッセ事件・東京地判平成22年11月10日労判1019号13頁
　　（*2）　炭研精工事件・前掲
　　（*3）　マルヤタクシー事件・仙台地判昭和60年9月19日労判459号40頁

7　最終学歴の詐称

　最終学歴は、職歴と犯罪歴の中間的なものといえるかもしれません。最終学歴の詐称があっても、きちんと労務に従事し、会社に具体的な損害を及ぼしていなければ企業秩序を侵害していないともいえますが、ただ信頼関係を破壊する程度は、日本の会社の人事管理の実態を考慮すると、職歴詐称以上に大きいものといえます。したがって、職歴詐称よりも、懲戒事由該当性は認められやすいといえるでしょう。

　裁判例には、自動車教習所指導員に対して、高校中退の学歴を高校卒業と偽っていたことなどを理由として行われた懲戒解雇を有効としたものがあります[*1]。

　また、住宅金融会社の融資決定の審査役に対して、大学入学の事実がなく、警察官としての経歴も1年5カ月にすぎないのに、大学中退で、警察官としての経歴が約9年であると偽っていたことを理由として行われた懲戒解雇を有効としたものもあります[*2]。このケースは、最終学歴と職歴を二重に詐称した例といえるでしょう。

　さらに、高い学歴を低く偽る逆詐称も認められていません。大学中退を高卒と偽っていた場合も、懲戒解雇が認められています[*3]。ただし、裁判例のなかには、同じく大学中退を高卒と偽った事案において、「それが低位への詐称であるからといって詐称にはあたらないということはできない」と述べたうえで、学歴不問として募集されていたという事情に加えて、「職種が港湾作業という肉体労働であって学歴は二次的な位置づけであること、大学中退を高校卒としたものであって詐称の程度もさほど大きいとはいえないこと等を総合すれば、本件学歴詐称のみを理由にした解雇は著しく妥当を欠き、解雇権の濫用であると判断される」と述べたものもあります[*4]。

（＊1）　正興産業事件・浦和地川越支決平成6年11月10日労判666号28頁
（＊2）　相銀住宅ローン事件・東京地決昭和60年10月7日労判463号68頁
（＊3）　炭研精工事件・前掲
（＊4）　三愛作業事件・名古屋高決昭和55年12月4日労民集31巻6号1172頁

22. 経歴を偽って入社したことがバレればクビなの？

8 懲戒解雇の有効性

　経歴詐称をした従業員に対して懲戒処分を課すためには、就業規則にそれが懲戒事由として定められている必要があります。労基法89条9号では、懲戒の種類と程度に関する事項は就業規則の必要記載事項とされていますし、そこでは、懲戒事由は記載事項にあげられていませんが、判例上、あらかじめ就業規則に懲戒の種別と事由を定めておくことが必要とされています[*1]。さらに就業規則所定の懲戒事由に該当する事実が存在する場合であっても、権利濫用として無効となることがあります（労契法15条）（⇒ *Theme* **21, 23**）。

　具体的には、従業員のした経歴詐称による企業秩序の侵害の程度と懲戒処分の内容とが均衡のとれていることが必要です。したがって、軽微な経歴詐称で懲戒解雇という重い処分を課すと、権利濫用として無効となる可能性があるのです。

　また懲戒処分を実際に行うためには適正な手続をふむ必要があります。就業規則において賞罰委員会などの設置が定められている場合には、その委員会の開催を経たうえで処分を決定する必要があります。そのような場合でなくても、会社は、少なくとも理由の告知や弁明の聴取はしておく必要があります。こうした手続をふまない場合は、労契法15条の「その他の事情」として考慮され、権利濫用として無効と判断される可能性があるのです。

（＊1）　フジ興産事件・最2小判平成15年10月10日労判861号5頁〔最重判81事件〕

参考文献
「労働の正義」の第17話
大内伸哉『どこまでやったらクビになるか―サラリーマンのための労働法入門―』（2008年、新潮社）の18講

キーワード
経歴詐称、懲戒処分、企業秩序

第2編 ●第4章／懲戒・服務規律

Theme 23

懲戒解雇は、普通の解雇とどこが違うの？

懲戒解雇は、懲戒処分のなかで最も重い処分ですが、懲戒解雇と、懲戒処分とは違う普通の解雇とはどこが違うのでしょうか。適用される法的なルールに違いがあるのでしょうか。

1 懲戒処分の種類

公務員が賄賂を受け取ったり、公金を横領したりするなどの重大な非違行為をして懲戒免職になったというニュースは、ときどき耳にします。懲戒免職になると、退職金は支給されませんし、場合によっては名前が新聞に掲載されて、世間から白い目で見られてしまいます。

免職は、公務員に課される懲戒処分の中で最も重いものです。公務員については、懲戒処分の種類は法定されています。国家公務員法でみると、懲戒処分は、免職、停職、減給または戒告となっています（82条1項）。地方公務員も同様です（地方公務員法29条1項を参照）。

民間部門において公務員の懲戒免職に相当するのが、懲戒解雇です。ただし、民間部門では、懲戒処分の種類について法律上の制限はありません。つまり、各企業において、公務員の各懲戒処分に相当する、解雇、出勤停止（停職に相当）、減給、戒告以外の処分を定めることもできるのです。実際には、譴責、降格、諭旨退職のような処分も定められていることが多いです。いずれにせよ、懲戒解雇が最も重い処分であることに変わりはありません（⇒ *Theme* 22 ）。

2 懲戒権の根拠

会社が、いかなる根拠にもとづき、従業員に対して懲戒処分を課すことができるのかについては、学説上、契約説と固有権説の対立があります。契約説に

よると、懲戒権は、契約を根拠とするものであり、契約の範囲内でのみ行使することが認められます。他方、固有権説によると、会社は、特段の合意がなくても、本来的に懲戒権を行使することができることになります。

判例は、次のように述べて、懲戒権は、会社の企業秩序定立権に淵源があるものと解しています[*1]。

「企業は、その存立を維持し目的たる事業の円滑な運営を図るため、それを構成する人的要素及びその所有し管理する物的施設の両者を総合し合理的・合目的的に配備組織して企業秩序を定立し、この企業秩序のもとにその活動を行うものであって、企業は、その構成員に対してこれに服することを求めうべく、その一環として、職場環境を適正良好に保持し規律のある業務の運営態勢を確保するため、その物的施設を許諾された目的以外に利用してはならない旨を、一般的に規則をもって定め、又は具体的に指示、命令することができ、これに違反する行為をする者がある場合には、企業秩序を乱すものとして、当該行為者に対し、その行為の中止、原状回復等必要な指示、命令を発し、又は規則に定めるところに従い制裁として懲戒処分を行うことができるもの、と解するのが相当である」。

また別の判例は、従業員は、労働契約を締結することにより、企業秩序に服することになり、それに違反した場合には、制裁罰としての懲戒処分を受けると述べています[*2]。

もっとも、判例も、会社が自由に懲戒処分を行うことができるとは解していません。そもそも、懲戒の種類と程度については、労基法上、就業規則に記載することが義務づけられています。さらに、最高裁は、「使用者が労働者を懲戒するには、あらかじめ就業規則において懲戒の種別及び事由を定めておくことを要する」と述べています[*3]。懲戒事由についても、就業規則に定められていなければ、会社は懲戒処分を行うことができないわけです（⇒ **Theme 22**）。

懲戒事由と懲戒処分の内容を就業規則に記載しなければならないことについては、「罪刑法定主義」との類似性に言及されることもあります。「罪刑法定主義」とは、どのような犯罪について、どのような刑罰を科すかについて、あらかじめ法律で定めておかなければならないという原則です。国家が恣意的に刑

罰権を行使しないようにするための原則です（法定手続の保障を定める憲法31条に含まれていると解されています）。

懲戒処分は、従業員にとっては、刑罰と類似の不利益な制裁なので、「罪刑法定主義」の原則が参照されるわけです。事後法の禁止や一事不再理といった、「罪刑法定主義」から導き出される派生的な原則も、懲戒処分にあてはまるものと解されています。

（＊１）　国鉄札幌運転区事件・最３小判昭和54年10月30日民集33巻６号647頁
（＊２）　関西電力事件・最１小判昭和58年９月８日労判415号29頁〔最重判27事件〕
（＊３）　フジ興産事件・最２小判平成15年10月10日労判861号５頁〔最重判82事件〕

3 懲戒事由該当性

さらに、就業規則に記載していれば、どのような懲戒事由による懲戒処分を行うことができるわけでもありません。就業規則で定める労働条件は、周知され、かつ合理性があってはじめて労働契約の内容となるのです（労契法７条）。

では、懲戒事由として合理的な事由とは、どのようなものでしょうか。実際の就業規則には、さまざまな服務規律違反行為等が、懲戒事由として定められています。

いずれにせよ、形式的に懲戒事由に該当するというだけで、懲戒処分を行うことができるとは解されていません。実質的に、企業秩序を侵害したといえる事情がなければ、懲戒事由に該当するとは判断されない可能性が高いでしょう。

たとえば、ある判例は、従業員が、就業規則で禁止する政治活動の禁止規定に違反し、懲戒事由に該当するとして戒告処分を受けたケースで、この禁止規定は、職場の秩序風紀の維持を目的としたものであることにかんがみると、形式的に規定に違反するようにみえる場合であっても、実質的に職場の秩序風紀を乱すおそれのない特別の事情が認められるときには、規定の違反になるとはいえない、と述べています(＊1)。

（＊１）　電電公社目黒電報電話局事件・最３小判昭和52年12月13日民集31巻７号974頁〔最重判30事件〕。ただし、この事件では、結論は、このような特別の事情は認められないとして、戒告処分は有効となっています。

4 懲戒処分理由の追加

　懲戒処分が行われた後に、事後的に、懲戒処分の理由を追加することができるのか、という問題もあります。就業規則において懲戒事由として定められていても、懲戒処分をするときに、処分理由として告知されていない場合、その事由を後から処分理由とすることができるのか、という問題です。

　実際に裁判で争われた事件は、ある従業員が、疲労のために休暇を請求したところ懲戒解雇され、その有効性を争う裁判の途中で、会社側が、答弁書をとおして、かりに懲戒解雇が無効であるとしても、この従業員は採用時に年齢の虚偽記載をしていたという理由を追加したものでした。

　最高裁は、次のように述べています[*1]。

　「使用者が労働者に対して行う懲戒は、労働者の企業秩序違反行為を理由として、一種の秩序罰を課するものであるから、具体的な懲戒の適否は、その理由とされた非違行為との関係において判断されるべきである。したがって、懲戒当時に使用者が認識していなかった非違行為は、特段の事情のない限り、当該懲戒の理由とされたものでないことが明らかであるから、その存在をもって当該懲戒の有効性を根拠付けることはできないものというべきである」。

　つまり、年齢詐称という客観的な事実があったとしても、それが最初の懲戒解雇のときに会社側が認識していなかった以上、その事実を懲戒解雇の理由として追加することはできないということです。ただし、年齢詐称による懲戒解雇そのものは有効と認められますので、結局、最初の懲戒解雇をしたときから、年齢詐称による懲戒解雇をするまでの間の賃金を追加的に支払えばよいということになりました（⇒ **Theme　22**　）。

　（＊1）　山口観光事件・最1小判平成8年9月26日労判708号31頁〔最重判29事件〕

5 懲戒解雇と普通解雇

　懲戒権の根拠については、前述のように議論があるわけですが、懲戒解雇については、特別な考察が必要となります。

そもそも、懲戒解雇とそれ以外の解雇（普通解雇）は、どこが違うのでしょうか。どちらも、労働契約関係を、会社のほうから一方的に解消する行為であるという点では共通性があります。

懲戒解雇については、法律上の定義はなく、就業規則において懲戒処分の一つと位置づけられている解雇をさすとしか定義しようがないでしょう。つまり、従業員の非違行為に対して、会社が懲戒解雇をするか、普通解雇にするかは、就業規則の規定しだいということになります。

それでは、懲戒解雇か、普通解雇かによって、違いがあるのでしょうか。たとえば、懲戒解雇であれば、雇用保険との関係では、「重責解雇」とされて離職票で解雇理由が明記され、給付制限の対象となることがあります（雇用保険法33条を参照）。また、再就職が困難となるという事実上のペナルティがあります。そのほかは、どうでしょうか。

第1に、懲戒解雇であっても、労基法上の解雇に関する規定の適用は受けます。

まず、「労働者が業務上負傷し、又は疾病にかかり療養のために休業する期間及びその後30日間」、「産前産後の女性が第65条の規定によって休業する期間及びその後30日間」の解雇は、懲戒解雇であっても禁止されます。例外は、会社が、打切補償を支払う場合または天災事変その他やむをえない事由のために事業の継続が不可能となった場合だけです（19条1項）。

次に、会社は、懲戒解雇をする場合でも、原則として、30日以上前に予告をするか、それに代わる予告手当の支払いが必要となります。例外は、天災事変その他やむをえない事由のために事業の継続が不可能となった場合または労働者の責に帰すべき事由にもとづいて解雇する場合です（20条1項）。

懲戒解雇については、「労働者の責に帰すべき事由」に該当する場合が多いかもしれません。そうなると、会社のほうは、予告義務は課されず、予告手当を支払うことなく、即時に解雇を行うことができます。この場合には、労働基準監督署長による除外認定を受けなければなりません（20条3項、19条2項）が、これは行政取締上の規定なので、除外認定を受けていなくとも、それだけを理由として解雇が無効となるわけではありません。

通達によると、「労働者の責に帰すべき事由」は、「労働者の故意、過失又はこれと同視すべき事由であるが、判定に当たっては、労働者の地位、職責、継

続勤務年限、勤務状況等を考慮の上、総合的に判断すべきであり」、労基法「20条の保護を与える必要のない程度に重大又は悪質なものであり、従って又使用者をしてかかる労働者に30日前に解雇の予告をなさしめることが当該事由と比較して均衡を失するようなものに限って認定すべきものである」とされています（昭和23年2月11日基発1637号、昭和31年3月1日基発111号）。このように、懲戒解雇だからといって、当然に、即時解雇が認められるわけでないことには注意を要します。

6 懲戒解雇と退職金

　第2に、多くの就業規則では、懲戒解雇に対しては、退職金を支給しないと定めています。これに対して、諭旨退職（退職届を出して辞職を勧奨するとともに、一定期間以内に退職届を出さない場合には、懲戒解雇にするという処分）や普通解雇については、退職金が支給されるのが一般的です。

　退職金には、功労報償的な性質があるので、長年の功労を無にするような重大な非違行為があった場合には、退職金を支払わないことは有効と解されているのです（同様の退職金不支給あるいは減額規定は、退職後の競業避止義務違反の場合にも定められていることが多いです[*1]）。

　逆に、そこまで重大な非違行為があるとはいえない場合には、退職金を支給しないという取扱いが無効となる可能性もあります。つまり、懲戒解雇が有効で、就業規則に、懲戒解雇の場合の退職金不支給条項があっても、常に退職金の不支給が有効と認められるわけではないのです。

　裁判例のなかには、懲戒解雇が有効であっても、強度の背信性がないかぎり、退職金の不支給措置は認められないとしたうえで、そのような背信性がないかぎり、退職金を全額支給すべきであるともいえず、「当該不信行為の具体的内容と被解雇者の勤続の功などの個別的事情に応じ、退職金のうち、一定割合を支給すべきものである」と述べて、結論として、度重なる痴漢をして電鉄会社を懲戒解雇になった従業員に対して、規定の3割の退職金を支給するよう会社に命じたものもあります[*2]。

　なお、退職金も、労基法上の「賃金」（11条）に該当するので、全額払いの

原則（24条1項）が適用されます。しかし、懲戒解雇のときには、そもそも就業規則上、退職金の請求権が発生しないことになるので、全額払いの原則は適用されません（⇒ **Theme 13**）。

（＊1）　三晃社事件・最2小判昭和52年8月9日労経速958号25頁〔最重判10事件〕
（＊2）　小田急電鉄事件（退職金請求）事件・東京高判平成15年12月11日労判867号5頁〔最重判105事件〕

7　権利濫用法理の適用

　普通解雇については、就業規則の定める解雇事由にもとづいて解雇が行われる場合でも、さらにそれが会社の解雇権の濫用かどうかが問われることになります。労契法16条は、次のように定めています。
　「解雇は、客観的に合理的な理由を欠き、社会通念上相当であると認められない場合は、その権利を濫用したものとして、無効とする。」
　他方、懲戒についても、同様に、就業規則の定める懲戒事由にもとづいて懲戒処分が行われる場合に、さらにそれが会社の懲戒権の濫用かどうかが問われることになります。すでに何度かみた規定ですが、ここでもう一度、労契法15条の内容を確認しておきましょう。
　「使用者が労働者を懲戒することができる場合において、当該懲戒が、当該懲戒に係る労働者の行為の性質及び態様その他の事情に照らして、客観的に合理的な理由を欠き、社会通念上相当であると認められない場合は、その権利を濫用したものとして、当該懲戒は、無効とする。」
　このように労契法では、二つの権利濫用規定が並んで置かれているわけです（さらに、14条では出向についての権利濫用規定もあります）が、それでは、懲戒解雇が行われたとき、権利濫用にあたるかどうかの判断は、どちらの条文によって行われるのでしょうか。
　この点についてどう解すべきかについては、定まった見解があるわけではありません。また、どちらの条文を適用しても、総合的な判断にもとづいて権利濫用かどうかを決めるので、結論に大きな違いはないといえるでしょう。
　ただ、解雇の濫用性の判断においては、当該解雇事由に該当するとされる行

為や事実に合理性があって、労働者の雇用を一方的に喪失させるのに相当なものといえるかどうかが考慮されるのに対して、懲戒処分の濫用性の判断においては、問責されている非違行為に対して、いくつかの懲戒処分のなかで最も重い懲戒解雇を行うのが相当であるか（均衡がとれているか）を中心に考慮していくという点で違いがあります。

　私は、懲戒解雇の権利濫用性の判断においては、懲戒処分としての相当性をみていくべきなので、労契法15条を適用するほうがよいと考えています。懲戒解雇は、法的な性格としては、あくまで解雇であり、労基法上の解雇に関する規定が適用されるのは当然なのですが、その有効性を問題とするときは、その会社の就業規則において懲戒処分の一つとされていることを考慮して、懲戒としての側面からみていくべきだということです（ただし、裁判例は、必ずしも、このような考え方に立っているわけではありません）。

　なお、従業員の企業秩序侵害行為を理由とする解雇であっても、それが普通解雇として行われたときには、権利濫用性の判断は、労契法16条にもとづいて行われるべきでしょう。

参考文献
「労働の正義」の第17話
「25の疑問」の第2話

キーワード
懲戒権、懲戒解雇、普通解雇、罪刑法定主義、懲戒権の濫用、退職金

第5章
人　事

Theme 24
転勤命令には絶対服従しなければならないの？

　私は銀行マンの妻です。夫は大手銀行で勤務しているので、全国の転勤があります。しかも、会社からの通告は、いつも突然で、あわただしく転勤しなければならないのです。生活環境も大きく変わります。銀行マンと結婚した以上、覚悟をしていたことではありますが、法的には、こうした命令に絶対に従わなければならないのでしょうか。

1 転勤に関する規制

　労基法には、もとより転勤を規制する規定はありませんし、労契法にも、出向についての規定はあるものの（14条）（⇒ *Theme 04*）、転勤に関する規定はありません。それでは、法的にみて、会社は、従業員に対して、自由に転勤を命じることができるのでしょうか。
　従業員がどこで勤務するかは、労働契約の最も重要な内容の一つです。労基法15条では、会社は、労働契約の締結のときに、一定の労働条件について明示することが義務づけられており、労基則5条によると、「就業の場所」は、書面により明示が義務づけられる事項です（同条1項1の2号、2項、3項を参照）。
　とくにパートタイム労働者等の非正社員にとっては、勤務場所は重要でしょうし、その場所と異なる場所で勤務することは、想定されていないはずです。

つまり、転勤は予定されていないわけです。

　正社員は、労働契約の締結時に、労基法15条により、勤務場所は明示されていますが、こちらのほうは、勤務場所は当初のものが書かれているだけで、将来的に、その勤務場所に限定されているわけではありません（通達では、就業の場所は、「雇入れ直後の就業の場所……を明示すれば足りるものである」とされています［平成11年1月29日基発45号］）。

　正社員と非正社員とで、どうして転勤に関する取扱いが異なっているのでしょうか。この点については、勤務場所が、従業員と会社との間の合意、すなわち労働契約によって決まるという原則から考えていけば明らかになります。

　会社が、転勤を命じることができるのは、従業員と締結した労働契約で決められた勤務場所の範囲内なのです。ある営業所で採用されたパートタイム労働者やアルバイトの場合には、通常、勤務場所は、その営業所に限定されることになるでしょう。

　正社員については、そのような勤務場所の限定の合意がないのが一般的であり、むしろ、その会社の事業所のどこにでも転勤することに、正社員は、黙示的であれ、同意していると解釈することができるのです。

2　包括的合意説

　このように転勤の範囲は、労働契約によって決まるのは当然のことのように思えますが、こうした考え方（これを契約説といいます）と異なる考え方もあります。よく労働法の教科書には、転勤を含む広い意味での配転命令について、従業員は、労働契約の締結時に、会社に対して、自らの労働力の包括的な処分をゆだねることに同意をしていると解すべきとする学説があると紹介されています。この学説を包括的合意説といいます。

　たしかに、正社員にかぎってみれば、その採用の実態をみると、会社との間で、いちいち勤務場所の範囲について労働契約で決めるということは行われておらず、むしろ会社に、勤務場所の決定を包括的にゆだねていると解することができる場合が多いでしょう。その意味で、包括的合意説は、労働の現場における、従業員の現状を、ストレートに法理論に投影させたものともいえます。

もっとも、この見解に従ったとしても、当事者が勤務場所の範囲を制限する合意をしていれば、その合意が優先されるのであり、その意味では、契約説と相容れないものとはいえません。他方、契約説においても、会社の包括的な転勤命令権を、当事者の合意により認めるということはありえるのです。

さらに、どちらの説によっても、転勤命令が権利濫用となることは認めるので（後述）、転勤命令の範囲について、結果として、両説の間で大きな差があるわけではありません。

3 転勤と就業規則

ところで、就業規則において、「会社は、業務上の必要があるときには、従業員に転勤を命じることがある」というような規定があった場合は、どうでしょうか。複数の事業所をもつ企業では、通常、就業規則に、このような条項が設けられているでしょう。

就業規則は、労働者に周知されていて、その内容に合理性があれば、労働契約の内容となります（労契法7条（⇒ **Theme 07**）。前記のような通常の転勤条項であれば、その合理性は肯定されるでしょう。

では、こうした条項があれば、会社は、無制限に転勤を命じることができるのでしょうか。そこで重要となってくるのは、勤務場所を限定する合意の存否です。もし、そのような合意が存在していれば、労契法7条ただし書が適用されることになります。7条ただし書は、次のような規定です。

「労働契約において、労働者及び使用者が就業規則の内容と異なる労働条件を合意していた部分については、第十二条に該当する場合を除き、この限りでない。」

労契法12条は、就業規則の最低基準効を定める規定です。つまり、就業規則の定めとは異なる合意であっても、それが就業規則よりも有利な場合には、その合意が優先されるのです。勤務場所を限定する旨の労働契約は、就業規則の転勤条項よりも、従業員に有利な内容なので、その労働契約が就業規則に優先することになります。

もし全国に事業所がある会社に、正社員として入社し、その会社の就業規則

に転勤条項があるときでも、どうしても転勤したくない、あるいは、転勤できない家庭の事情があるというのであれば、採用時に、会社との間で、勤務場所を限定する合意を交わしておけばよいのです。たとえば、自分は自宅から通勤可能な範囲の事業所でしか働かないという労働契約を交わしていれば、その範囲を超えるような転勤を、会社が一方的に命じることはできなくなります。

　一方、就業規則の本体において、勤務地限定のコースと勤務地非限定のコースを設けている会社もあります。このような会社では、従業員は、入社の際に、どちらかのコースを選択することになります。もちろん、勤務地非限定のコースのほうが、待遇はよく、出世の可能性も広がるのですが、たとえば長期的な勤務を考えていない女性の中には、親元を離れたくないというような理由で、あえて勤務地限定のコースを選ぶ人もいます。

　こうしたコース別の待遇も、女性は勤務地限定コースしか選択できないような、男女差別的なものでないかぎり適法です（雇均法6条1号を参照）。むしろ最近では、男性でも、勤務地非限定の正社員の猛烈な働き方をいやがって、あえて勤務地限定コースを選ぶ人もいるようです。

　さらに近年、優秀なパートの主婦を確保するという観点から、彼女たちを正社員として処遇したうえで、勤務地限定とする特約を結ぶという新たな雇用区分を設ける会社も増えているようです。

　ただ、こうした場合には、正社員とはいえ、勤務地限定であるので、リスクがあります。たとえば事業所を閉鎖するなどの理由で、その勤務地内に事業所がなくなってしまった場合には、通常は、解雇されてしまうからです（それが当然に法的にも有効とされるとはかぎりませんが［労契法16条を参照］）。

　つまり、このような新たな雇用区分には、転勤がないというメリットがある反面、雇用の安定性が弱くなるというリスクをともなっているのです。

4　変更解約告知

　勤務場所を限定する合意がある場合でも、従業員が変更に同意をすれば、もちろん変更は可能です。問題は、会社のほうがどうしても変更をする必要性があるにもかかわらず、従業員が変更に同意をしない場合です。会社にとって、

第2編 ●第5章／人　事

　従業員の同意を得るように迫る手段として知られているのが、変更解約告知です。
　変更解約告知とは、会社から労働条件の変更を申し込んだが、従業員がそれを承諾しなかった場合には解雇をするというものです。条件付き解雇といってもよいでしょう。労働条件の変更の申込みを承諾しなかったという理由だけで解雇をすることは、普通であれば、解雇権の濫用として無効となるでしょう（労契法16条）。しかし、裁判例の中には、一定の要件の下に、これを認めたものがあります。
　その裁判では、次のように述べています(*1)。
　「労働条件の変更が会社業務の運営にとって必要不可欠であり、その必要性が労働条件の変更によって労働者が受ける不利益を上回っていて、労働条件の変更をともなう新契約締結の申込みがそれに応じない場合の解雇を正当化するに足りるやむを得ないものと認められ、かつ、解雇を回避するための努力が十分に尽くされているとき」は、労働条件の変更に応じない労働者を解雇することができる。
　この裁判では、結論としては、解雇の有効性が肯定されていますが、この要件はかなり厳格なので、通常は、変更解約告知による解雇は、なかなか有効と認められないでしょう。
　とはいえ、変更解約告知を受けた従業員が、解雇をおそれて変更に同意をしてしまう可能性は残ります。こうなると、従業員は、いかなる労働条件変更であっても受け入れざるをえなくなってしまいます（こうした同意を強迫として取り消すこと［民法96条］は、理論的には可能ですが、実際にはなかなか認められないでしょう）。
　そのため、今後の立法として、従業員は、変更解約告知に対して、変更内容が合理的であると裁判所によって認められることを条件として、変更に同意するという対応を認めるべきとする見解が主張されています。このような従業員の対応を、「留保付き承諾」といいます。ドイツ法では、変更解約告知が法律の明文で規定されており、そこでは「留保付き承諾」が制度化されているので、日本法においても同様の法制度を設けるべきというのです。

　（＊1）　スカンジナビア航空事件・東京地決平成7年4月13日労判675号13頁〔最重判63事件〕

5 権利濫用法理

　就業規則の合理的な転勤条項があり、それにもとづき転勤が命じられる場合、とくに勤務場所を限定する合意をしていないかぎり、従業員は転勤命令に従わなければならないのが原則です。しかしながら、会社からの転勤命令権の行使が、従業員の私生活上の利益を大きく侵害する場合には、有効性が認められないことになります。

　この点に関する有名な判例が、東亜ペイント事件です[*1]。最高裁は、次のように述べています。

　「転勤、特に転居をともなう転勤は、一般に、労働者の生活関係に少なからぬ影響を与えずにはおかないから、使用者の転勤命令権は無制約に行使することはできるものではなく、これを濫用することの許されないことはいうまでもないところ、当該転勤命令につき業務上の必要性が存しない場合又は業務上の必要性が存する場合であっても、当該転勤命令が不当な動機・目的をもってなされたものであるとき若しくは労働者に対し通常甘受すべき程度を著しく超える不利益を負わせるとき等、特段の事情の存する場合でない限りは、当該転勤命令は権利の濫用となるものではない」。

　つまり、①業務上の必要性が存しない場合、②業務上の必要性が存する場合であっても、当該転勤命令が不当な動機・目的をもってなされたものであるとき、③労働者に対し通常甘受すべき程度を著しく超える不利益を負わせるとき、その他の特段の事情があれば、転勤命令は権利濫用として無効となるのです。

　もっとも、①の業務上の必要性については、最高裁は、次のように述べて、それほど高度なものは求めていません。

　「業務上の必要性についても、当該転勤先への異動が余人をもっては容易に替え難いといった高度の必要性に限定することは相当でなく、労働力の適正配置、業務の能率増進、労働者の能力開発、勤務意欲の高揚、業務運営の円滑化など企業の合理的運営に寄与する点が認められる限りは、業務上の必要性の存在を肯定すべきである」。

　正社員の通常のローテンション的な人事異動であれば、転居をともなう転勤

であっても、有効と認められるのです。

（＊1）最2小判昭和61年7月14日労判477号6頁〔最重判38事件〕

6 通常甘受すべき程度を著しく超える不利益

　転勤が「通常甘受すべき程度を著しく超える不利益」をもたらすのは、どのような場合でしょうか。東亜ペイント事件では、従業員が転勤を拒否する理由としてあげた家庭の事情とは、妻と共働きであり、幼い子がおり、健康で自活できる実母とともに住んでいるが、実母は大阪から離れたことがないというものでした。これでは、「通常甘受すべき程度を著しく超える不利益」はないとされたのです。

　その後も、裁判例は、なかなか「通常甘受すべき程度を著しく超える不利益」があると認めてきませんでした。例外は、従業員自らが病気を抱えている場合と、従業員の家族の中に、その従業員が看護しなければならない者がいるような場合です[＊1]。

　しかし、このような場合を除くと、「通常甘受すべき程度を著しく超える不利益」は、従業員が転勤命令の有効性を争ううえでの高いハードルとなってきました。

　最高裁は、ある共働き夫婦が、協力して子どもの保育園の送迎をしていたところ（夫婦は別会社で勤務）、その妻に対して、通勤時間が従来の2倍になるような事業所への転勤を命じたという事案で、育児に支障が出ることは認めたものの、それが「通常甘受すべき程度を著しく超える不利益」であるとは認めませんでした[＊2]。

（＊1）前者の例として、ミロク情報サービス事件・京都地判平成12年4月18日労判790号39頁等、後者の例として、日本レストランシステム事件・大阪高判平成17年1月25日労判890号27頁等。
（＊2）ケンウッド事件・最3小判平成12年1月28日労判774号7頁〔最重判38事件〕

7 ワーク・ライフ・バランス

　ところが、2001年に、育介法が改正され、そこで26条が新設されました。同

条は、次のように規定しています。

「事業主は、その雇用する労働者の配置の変更で就業の場所の変更を伴うものをしようとする場合において、その就業の場所の変更により就業しつつその子の養育又は家族の介護を行うことが困難となることとなる労働者がいるときは、当該労働者の子の養育又は家族の介護の状況に配慮しなければならない。」

育児および介護の問題を抱えている従業員を転勤させる場合の、会社の配慮義務を定めたものです。その後の裁判例には、共働きの妻と重度のアトピー性皮膚炎をもつ二人の子がいる男性労働者に対する、東京本社から大阪支社への転勤命令について、この規定を重視したうえで、権利濫用に該当するとしたものがあります[*1]。現在では、ケンウッド事件の最高裁の判断は、支持されないのではないかと思います。

さらに、労契法3条では、「労働契約は、労働者及び使用者が仕事と生活の調和にも配慮しつつ締結し、又は変更すべきものとする」と定められています。そこでいう「仕事と生活の調和」とは、ワーク・ライフ・バランスのことです。

つまり、ワーク・ライフ・バランスは、労働契約における基本的な理念と位置づけられたのです。実は、ワーク・ライフ・バランスが具体的にどのようなことを意味するのかはわかりません（この点で、法的概念としては、問題があります）が、少なくとも従業員の私生活上の利益を著しく損なうような転勤命令は、この規定の趣旨に反すると解される可能性があるでしょう。そして、そのことは、裁判所における「通常甘受すべき程度を著しく超える不利益」の解釈にも影響を及ぼすことは十分に考えられるのです。

(*1) 明治図書出版事件・東京地決平成14年12月27日労判861号69頁

参考文献
「労働の正義」の第14話
「25の疑問」の第3話

キーワード
転勤、就業規則、権利濫用、変更解約告知、ワーク・ライフ・バランス

Theme 25 仕事ができなくなると、ただちにクビになるの？

正社員として長期的に働いている間には、いろんな理由で働けなくなることがあると思います。たとえば病気で働けなくなったときです。そんなときでも、すぐにクビになるのではなくて、しばらく休んでから、働けなくなった理由がなくなったときに復帰できるような制度があればいいと思います。休職というのは、そういう制度だと思いますが、法的には、この制度はどういう位置づけになっているのでしょうか。

1 休職とは

休職とは、「最大公約数的にいえば、ある従業員について労務に従事させることが不能または不適当な事由が生じた場合に、使用者がその従業員に対し労働契約関係そのものは維持させながら労務への従事を免除することまたは禁止すること」と定義することができるでしょう（菅野和夫『労働法（第9版）』（2010年、弘文堂）453頁）。

つまり、労働契約関係を存続させたまま、就労義務は免除されるということです。会社が、こういう休職制度を設ける場合には、労基法15条にもとづき、労働契約の締結の際に、従業員に明示しなければなりません（労基則5条1項11号）。また、当該事業場の全労働者に適用される場合には、就業規則の必要記載事項にもなります（労基法89条10号）。

休職には、疾病や負傷を理由とする傷病休職、私的な事故を理由とする事故欠勤休職、起訴されたことを理由とする起訴休職があります。また、在籍出向中の従業員を休職とすることもありますし、従業員としての身分を保持したまま、労働組合の役員としての業務にのみ従事する者（在籍専従）を休職とすることもあります。

2 休職と賃金

　休職期間中の賃金をどうするかについて、法律上の規定はありません。したがって、就業規則や労働協約の規定等により、自由に賃金の取扱いを定めることができるのが原則です。ただ、完全に自由というわけではありません。それは、休職事由の内容によって変わってきます。たとえば、事故欠勤休職については、従業員本人の責任によるものですから、ノーワーク・ノーペイの観点から、その休職の間は無給と扱われても従業員は文句はいえないでしょう（⇒ **Theme 14**）。

　一方、会社側の都合で休職させる場合となると、事情は異なってきます。たとえば、従業員本人に労務を遂行する意思も能力もあるにもかかわらず、会社の都合で、その従業員を休職処分とした場合、これは会社の帰責事由による労務の受領拒絶と同じこととなるでしょう。こうした場合、従業員は、民法536条2項にもとづき賃金を請求できるのです。

　ただ、民法536条2項は任意規定ですので、就業規則に無給とする定めがあり、その定めが合理的と判断されれば、それは労働契約の内容となり（労契法7条）、民法536条2項に優先することになります。ここでのポイントは「合理性」です。民法536条2項は任意規定であるとはいえ、会社に帰責事由がある場合にも無給とする就業規則の規定が、はたして合理性があると判断されるかは大いに疑問です。その意味で、民法536条2項は、実際上は、強行規定に近いものといえるかもしれません。

　休職期間中は無給とするという就業規則の規定について合理性が認められたとしても、もう一つの問題があります。それが労基法26条の休業手当との関係です。この規定は、強行規定です。結局、会社に帰責事由がある場合に無給とする定めは、この規定に反して無効となり、従業員は、平均賃金の6割までは保障されることになります（賃金と休業手当については、⇒ **Theme 14**。強行規定と任意規定については、⇒ **Theme 06**）。

　起訴休職については、起訴されても「無罪の推定」（裁判官が有罪と宣告するまでは、被疑者、被告人は無罪と推定されるということ）が働く以上、従業員に当然に帰責事由があるとするのは難しい面があります。むしろ、通常は、

これは会社側の都合による処分とみて、会社の帰責事由があると認めるのが妥当と思われます。

たしかに、起訴されると、有罪となる確率は非常に高いので、会社が起訴された従業員に対して起訴休職を（さらには、懲戒処分も）することは理解できるところですが、ただかりに起訴休職処分が有効であったとしても、賃金の取扱いについては、会社に帰責事由があるとされて有給となる可能性が高いのです。

もちろん、従業員が起訴され勾留されている場合には、労務の提供のしようがありません。そのようなときに会社に帰責事由があるとするのは酷であって、無給とする取扱いも許されるでしょう。

このように考えると、就業規則においては、起訴休職の場合の賃金について、会社の裁量にまかせるという形にしておき、事情によって6割支給としたり、無給としたりするという取扱いをできるようにしておくのが望ましいでしょう。

3 起訴休職処分の有効性をめぐる裁判例

休職処分は、賃金が不支給とされたり、休職期間が勤続年数に算入されず、賞与や退職金が減額されたりするなど、処分を受けた従業員にとって大きな不利益が及ぶ可能性があるので、その有効性が裁判で争われることがあります。

裁判で争われたものに、次のようなケースがあります。パイロットAが元客室乗務員に怪我をさせたということで傷害罪で逮捕され、起訴され、その後10万円の略式命令を受けて釈放されました。Aは、正式裁判の請求をしたところ、会社から起訴休職処分（無給）を受けました（それまでは乗務停止となっていました）。約1年6カ月後、無罪判決が出たので、休職処分を解かれて機長として復職しています。このケースで、起訴休職の有効性が争われました。

判決は、まず、この会社の就業規則の定める起訴休職制度の趣旨について、次のように述べています[*1]。

「刑事事件で起訴された従業員をそのまま就業させると、職務内容または公訴事実の内容によっては、職場秩序が乱されたり、企業の社会的信用が害され、また、当該従業員の労務の継続的な給付や企業活動の円滑な遂行に障害が生ずることを避けることにある」。

そのうえで、起訴休職処分をするための要件について、次のように述べています。

　「従業員が起訴された事実のみで、形式的に起訴休職の規定の適用が認められるものではない。職務の性質、公訴事実の内容、身柄拘束の有無など諸般の事情に照らし、起訴された従業員が引き続き就労することにより、会社の対外的信用が失墜し、または職場秩序の維持に障害が生ずるおそれがあるか、あるいは当該従業員の労務の継続的な給付や企業活動の円滑な遂行に障害が生ずるおそれがある場合でなければならない」。

　ここでは、起訴休職制度が適用されるためには、①会社の対外的信用の失墜、②職場秩序の維持への障害のおそれ、③労務の継続的な給付や企業活動の円滑な遂行への障害、があげられています。

　さらに、この判決は、次のような判断も付加しています。

　「休職によって被る従業員の不利益の程度が、起訴の対象となった事実が確定的に認められた場合に行われる可能性のある懲戒処分の内容と比較して明らかに均衡を欠く場合ではないことを要する」。

　つまり、④休職による不利益と懲戒処分との均衡です。比較的軽微な犯罪で起訴されており、そのため、その犯罪事実が確定したときに課される懲戒処分の内容と比べて重すぎる休職処分は、無効となりうるということです。

　そして、判決は、この事件では、前記の①から④について、次のように判断しています。

　まず、③については、Aは、身柄を拘束されておらず、公判期日への出頭も有給休暇の取得により十分に可能であり、労務を継続的に給付するにあたっての障害は存しないし、さらに、起訴休職処分がなされたのは、逮捕されて略式命令を受けた日から約1か月が経過している時点であり、このときには、もはや労務の継続が安全運行に影響を与える可能性は認められない、と述べています。労務の継続的給付や企業活動の円滑な遂行への障害はないということです。

　また、①については、本件は会社の業務とは無関係の男女関係のもつれが原因で生じたものであり、マスコミもこの事件の報道をしていない、と述べています。この程度のことで会社の対外的な信用は損なわれないということです。

　さらに、②については、客室乗務員は専門的職業意識にもとづき自らの業務

を遂行するものなので、本件のような会社の業務外の時間・場所で生じた偶発的なトラブルによって、機長との信頼関係が維持不能な状況となるとはいえない、としています。

　最後に、④については、本件で、刑事事件がかりに有罪となった場合に課される可能性のある懲戒処分の内容は、解雇は濫用とされる可能性が高く、他の懲戒処分の内容も、降転職は賃金が支給され、出勤停止は1週間を限度としており、減給も賃金締切期間分の10分の1を超えないとされていることと比較して、無給の休職処分は著しく均衡を欠く、と述べています。

　以上より、本件休職処分は無効であり、また、これは会社に帰責事由のある就労拒絶であるので、従業員は、民法536条2項により賃金を請求できるとしています。

　（＊1）　全日空事件・東京地判平成11年2月15日労判760号46頁〔最重判47事件〕

4　休職と解雇

　休職には、本来なら解雇されても仕方がないような場合の、解雇猶予措置としての意味がある場合もあります。その典型は傷病休職でしょう。就業規則における解雇事由には、たとえば、「精神または身体の障害により、業務に耐えられないと認める場合」というような事由が、普通は定められていますが、実際に、病気になった従業員を、この規定にもとづいてただちに解雇するようなことは、まずありません。就業規則に傷病休職に関する規定がある場合には、まずは、それを適用するのです。正社員として雇った以上、長期的な雇用関係のなかで疾病にかかることは十分にありうることであり、そのようなときにも、できるだけ雇用を維持しようとするのが、傷病休職制度です。傷病休職制度は、終身雇用の一側面といえるのです。ただ、そうはいっても、復職の可能性がない場合には、いきなり解雇することも許されます^{（＊1）}。

　一方、起訴休職は、実際上は、起訴された事由について懲戒処分を下すかどうかを決定する前の処分という性格をもっています。その意味では、これは懲戒処分の猶予措置としての意味をもっていますし、解雇事由によっては、懲戒

解雇の猶予措置としての意味もあるでしょう。そして傷病休職と同様に、起訴休職制度がある以上は、まずはその制度を適用すべきで、いきなり懲戒解雇にするのは相当でないことになるでしょう。

　もっとも、起訴休職制度があっても、本人が犯行について認めており、その内容が重大なものである場合には、いきなり懲戒解雇とすることも不可能ではありません。そうでないと、会社は、起訴休職制度はないほうがよいと考えるでしょう。ただ、最近のように被疑者の自白の任意性が問題となるケースが目立つようになると、本人が犯罪を認めているだけでは不十分で、有罪が確定するまでは懲戒処分を待つべきかもしれません。

（＊１）　岡田運送事件・東京地判平成14年４月24日労判828号22頁〔最重判54事件〕

5　休職と自動退職

　傷病休職をめぐって問題が起こるのは、休職期間満了時の退職扱いの有効性です。傷病休職が解雇猶予期間である以上、会社側は、期間満了時には、雇用が終了するのは当然と考えるでしょう。雇用の終了は、解雇という形で行われたり、自動退職となるという形であったり、会社によって異なります。解雇の形をとるときは、解雇に関する法律上の規定が適用されます（労基法19条、20条、労契法16条、17条等）。

　裁判例には、自動退職の有効性をめぐって問題となったものが、いくつかあります。その代表が、JR東海事件です[＊1]。

　事案は、脳内出血（私傷病であって、労災ではない）で倒れた従業員が、欠勤180日後に、就業規則にもとづき病気（傷病）休職を命じられたところ、3年の休職期間満了時に、社内の判定委員会に復帰不可能と判定されたため、規定どおりに退職扱いとなったというものです。従業員のほうは、復職の意思を表示していました。

　判決は、従業員の請求を認容しました。そこでは、次のように述べられています。

　「労働者が私傷病により休職となった以後に復職の意思を表示した場合、使

用者はその復職の可否を判断することになるが、労働者が職種や業務内容を限定せずに雇用契約を締結している場合においては、休職前の業務について労務の提供が十全にはできないとしても、その能力、経験、地位、使用者の規模や業種、その社員の配置や異動の実情、難易等を考慮して、配置替え等により現実に配置可能な業務の有無を検討し、これがある場合には、当該労働者に右配置可能な業務を指示すべきである」。

そして、「身体障害等によって、従前の業務に対する労務提供を十全にはできなくなった場合に、他の業務においても健常者と同じ密度と速度の労務提供を要求すれば労務提供が可能な業務はあり得なくなるのであって、雇用契約における信義則からすれば、使用者はその企業の規模や社員の配置、異動の可能性、職務分担、変更の可能性から能力に応じた職務を分担させる工夫をすべきであ」ると述べ、この事案でも、この従業員を工具室における業務に配置することは可能であったとして、退職扱いを無効としたのです。

このほか、精神障害の従業員についても、同様の判断枠組みにもとづいて、退職扱いを無効とした裁判例もあります[*2]。

職種や業務内容を限定されずに雇用されている正社員は、日頃から、会社の広い配置転換の権限に服しています。そうである以上、自らが疾病にかかって労務を提供できなくなった場合には、会社に自らの雇用を維持できるように配置転換をするよう求めてもよいのではないか、という発想が、これらの裁判例にはうかがわれます。

(*1) 大阪地判平成11年10月4日労判771号25頁〔最重判46事件〕
(*2) キヤノンソフト情報システム事件・大阪地判平成20年1月25日労判960号49頁

6 刑事裁判と休職処分・懲戒処分の関係

起訴休職に話を戻すと、処分中の従業員に無罪判決が出た場合にも、なお懲戒処分はできるのでしょうか。少なくとも、起訴休職処分については、その有効性は、結果として、有罪となるか無罪となるかに影響されるものではありません。先の全日空事件も、無罪判決が確定したから、起訴休職が無効となったわけではありません。

25. 仕事ができなくなると、ただちにクビになるの？

ただ、懲戒処分の有効性のほうは、有罪か無罪かの結果に、事実上大きく影響されるでしょう。かなり重い犯罪について有罪判決が確定すれば、普通はまず懲戒解雇は有効となるでしょう。なお、公務員は、禁錮以上の有罪判決が確定すれば、自動的に失職となります（国家公務員法76条、38条2号、地方公務員法28条4項、16条2号）。

もちろん、刑事手続と懲戒手続は異なる手続なので、それぞれ独立して処分を決めることができるはずです（国家公務員については、国家公務員法85条を参照）。したがって、最終的に無罪判決が出たとしても、その前に懲戒処分をすることは、理論的には可能と思われます。もっとも、無罪判決が出た場合には、懲戒処分の無効確認訴訟が提起されれば、無効という判断がなされる可能性は高いでしょう。その意味では、両者の手続は、事実上、連動しているのです。

この点で、参考になる裁判例があります。従業員が上司に対して起こした暴行事件について、会社は、警察の捜査を待ったうえで懲戒処分を決定するとしていたところ、事件から7年経過後に、不起訴処分となったものの、会社はその従業員を諭旨退職とし、所定期間内に退職届を書かなかったので、懲戒解雇にしたという事件です[*1]。

最高裁は、会社は、警察の捜査結果を待たなくても、懲戒処分を決定することが十分に可能であり、長期間にわたって懲戒処分を保留にする合理的な理由がみいだし難いうえ、不起訴処分となったにもかかわらず、諭旨退職処分のような重い懲戒処分を行うことは、その対応に一貫性を欠くものといわざるをえないとして、懲戒解雇は権利濫用として無効である、と判断しました。

ここでは、司法の判断と懲戒処分の有効性の判断が、実際上、連動していたともいえます。

（*1）　ネスレ日本事件・最2小判平成18年10月6日労判925号11頁〔最重判28事件〕

[参考文献]　なし

[キーワード]
休職、解雇、自動退職、懲戒処分

第6章
労災・安全衛生

Theme 26

仕事に関連する病気は、どこまで労災保険の対象となるの？

くも膜下出血のような病気は、過労が原因で発症することもありますが、本人が体質的に高血圧であったことに起因することもあります。こうした病気でたおれた従業員がいた場合、どこまでが労災保険の対象となるのでしょうか。

1　労働災害とは

　従業員が、建築現場において、安全設備の不備から転落して骨折したような場合、あるいは工場の機械の稼働中に誤って指を切断してしまったような場合、これが労働災害（労災）にあたることは明らかです。

　労災法によると、労働災害とは、「労働者の業務上の負傷、疾病、障害又は死亡」であり（7条1項1号）、これは通勤災害と区別して、業務災害と呼ばれたりもします。

　こうした労災（以下、とくに断らないときには、業務災害をさすことにします）があると、労基法では、会社に対して災害補償責任が課されます。会社の災害補償責任は、会社に過失があるかどうかに関係なく課されるので、労災に遭った従業員にとっては有難い制度です。この制度がなければ、従業員は、会社を相手に民事訴訟を提起して、損害賠償を求めるしかなくなりますが、そうなると、会社に故意または過失があったことを、従業員のほうで立証しなければならないからです（民法709条）。こうした立証をすることは容易なことでは

204

ありません。

　ただ、会社に災害補償を義務づけるだけで、従業員保護として十分かというと、そうではありません。もし会社に十分な資力がなければ、結局は、従業員は補償を受けることができなくなってしまうからです。そこで、設けられたのが、労働者災害補償保険（労災保険）制度です。労災保険制度の創設により、労働災害に対する補償は、会社が行うのではなく、会社が加入を義務づけられている労災保険制度の下で、政府が行うことになりました。会社の義務は、従業員に補償をすることではなく、政府に保険料を納入することとなったのです。

2　業務上の疾病

　骨折や指の切断ですと、それが業務遂行中であれば、自然現象などの不可抗力により生じた場合や本人自らが招いたと認められる場合等でないかぎり、業務に起因するものとして労災と認められます。

　ところが、病気となると、ある疾病がほんとうに業務に起因する「業務上」のものか、そうでない「業務外」のものかの判断が微妙になってきます。そこで、労基法は、「業務上の疾病……の範囲は、厚生労働省令で定める」と定め（75条2項）、これを受けて、労基則は、「法第七十五条第二項の規定による業務上の疾病は、別表第一の二に掲げる疾病とする」とし（35条）、この別表1の2に、「業務上の疾病」が列挙されることになりました。

　この別表には、最新の医学の知見に照らして、業務上の疾病として定型化しうるものが、ほぼ網羅的に列挙されています。列挙されている疾病は、特段の反証がないかぎり、「業務上の疾病」と認められて、労災保険給付の対象となります。

　また、列挙されていない疾病についても、「業務に起因することの明らかな疾病」と認定されれば、業務上の疾病と認められます。実際、過労によりくも膜下出血を発症したという場合、以前は前記の別表に記載されていませんでしたが、「業務に起因することの明らかな疾病」に該当すると認定されれば、労災保険の対象とされてきました。また、過労による心理的負荷が過重で、うつ病を発症したという場合も同様で、やはり「業務に起因することの明らかな疾病」に

該当すると認定されれば、労災保険の対象となりました。

　その後、過重労働による脳・心臓疾患や過重な心理的負荷による精神障害は、最新の医学の知見においても、「業務上の疾病」として定型化できるものと判断されるようになってきたため、2010年5月7日に労基則が改正されました。これにより、新たに別表1の2の「業務上の疾病」のリストに、「長期間にわたる長時間の業務その他血管病変等を著しく増悪させる業務による脳出血、くも膜下出血、脳梗塞、高血圧性脳症、心筋梗塞、狭心症、心停止（心臓性突然死を含む。）若しくは解離性大動脈瘤又はこれらの疾病に付随する疾病」（8号）、「人の生命にかかわる事故への遭遇その他心理的に過度の負担を与える事象を伴う業務による精神及び行動の障害又はこれに付随する疾病」（9号）が追加されました。

　今日では、過労による脳疾患や心臓疾患について、労災保険の対象となることは常識となっています。うつ病についても同様で、うつ病が高じて、自殺に至ったような場合にも、労災保険の対象となっています。そして、このような例は、近年、大幅に増加してきました。

3　相対的有力原因説

　ただ、よく考えてみると、くも膜下出血やうつ病というのは、典型的な職業病であるじん肺等と同列に扱うことはできないと思います。たとえば、もともと高血圧の体質だが、それに無頓着でいて、さらに酒が好きで、ヘビースモーカーでもあるというような人がくも膜下出血を発症したとき、たとえ仕事の質や量のいずれも過重でストレスがたまっていたとしても、これを労災と呼んでよいか、疑問をもつ人もいるでしょう。

　あるいは、人並みはずれて神経質で、人間関係に弱く、上司の叱責にも過敏に反応してしまう、きまじめな従業員が、仕事のストレスでうつ病を発症して自殺してしまった場合、これを労災と呼んでよいでしょうか。

　つまり、これらのケースでは、業務に関係する要因だけでなく、業務外の要因や個体側の要因も関係して発症に至っているので、これらを広く業務上のものと判断して、労災保険の対象に含めていくと、健康保険との境目がなくなっ

てしまうともいえます（健康保険となると保険料は従業員側も負担しています）。

行政実務では、このように複数の要因がからみあって発症した場合、業務上の要因が、相対的に有力な原因かどうかが判断され、これが肯定されれば、労働災害と認められるという扱いになっています。判例も、判断基準を明示してはいませんが、この考え方を否定していないと思われます。

そこで問題は、業務に関係する要因が、相対的に有力な原因であるかどうかを、どのように判断するのかです。

4 最高裁判決とそのインパクト

最高裁は、ある海上火災保険会社の支店長付の運転手をしていたAが、くも膜下出血を発症したというケースで、労働基準監督署長が不支給決定をしたので、Aがそれを争った訴訟で、次のように述べています[*1]。

「Aの基礎症患の内容、程度、Aが本件くも膜下出血発症前に従事していた業務の内容、態様、遂行状況等に加えて、脳動脈りゅうの血管病変は慢性の高血圧症、動脈硬化により増悪するものと考えられており、慢性の疲労や過度のストレスの持続が慢性の高血圧症、動脈硬化の原因の一つとなり得るものであることを併せ考えれば、Aの右基礎疾患が右発症当時その自然の経過によって一過性の血圧上昇があれば直ちに破裂を来す程度にまで増悪していたとみることは困難というべきであり、他に確たる増悪要因を見いだせない本件においては、Aが右発症前に従事した業務による過重な精神的、身体的負荷がAの右基礎疾患をその自然の経過を超えて増悪させ、右発症に至ったものとみるのが相当であって、その間に相当因果関係の存在を肯定することができる」。

最高裁は、Aに基礎疾患があったものの、「自然の経過によって一過性の血圧上昇があれば直ちに破裂を来す程度にまで増悪していたとみることは困難」と認定し、Aには健康に有害な嗜好がなかったことから、「他に確たる増悪要因を見いだせない」とし、結局、業務による過重な精神的、身体的負荷がAの基礎疾患をその自然の経過を超えて増悪させて発症に至らしめたと認定しています。このケースでは、くも膜下出血の発症前に、とくに発症を引き起こすほどの明らかな過重労働があるとはいえなかったのですが、最高裁は、「業務に

起因することの明らかな疾病」に該当すると判断したのです。

　この判断がなされた後、行政の認定基準も改正されることになりました。それが、「脳血管疾患及び虚血性心疾患等（負傷に起因するものを除く。）の認定基準」（平成13年12月12日基発1063号。以下、脳・心臓疾患認定基準）です。この認定基準によると、過労による脳・心臓疾患の起こるタイプは次の三つに分けられています。

　第1が、「異常な出来事」型です。これは、発症直前から前日までの間において、発生状態を時間的および場所的に明確にしうる異常な出来事に遭遇した場合をさします。

　第2が、「短期間の過重業務」型です。これは、発症に近接した時期（おおむね1週間）において、とくに過重な業務に就労した場合をさします。

　第3が、「長期間の過重業務」型です。これは、発症前の長期（おおむね6カ月）にわたって、著しい疲労の蓄積をもたらす、とくに過重な業務に就労した場合をさします。

　第1と第2が労災となるのは、比較的わかりやすいことです。問題は、第3のタイプです。こういうタイプは、業務に起因するかどうかは明確ではないのですが、前記の最高裁判決の影響もあり、新たに追加されたのです。この新しい認定基準が出された後、発症直前に業務の過重負荷がないような場合でも、長年の過重労働の蓄積が認められれば、脳・心臓疾患が労働災害と認定される例が増えていきます。

　なお、この第3のタイプで、「過重業務」と判断されるうえでは、時間外労働（1週間で40時間を超える労働）の長さが重要なポイントとなります。

　脳・心臓疾患認定基準によると、(1) 発症前1カ月間ないし6カ月間にわたって、1カ月当たりおおむね45時間を超える時間外労働が認められない場合は、業務と発症との関連性が弱いが、おおむね45時間を超えて時間外労働時間が長くなるほど、業務と発症との関連性が徐々に強まると評価できる、(2) 発症前1か月間におおむね100時間または発症前2カ月間ないし6カ月間にわたって、1カ月当たりおおむね80時間を超える時間外労働が認められる場合は、業務と発症との関連性が強いと評価できる、とされています。

　時間外労働が1カ月間で80時間が「過労死ライン」と呼ばれることがあるの

は、この認定基準によるものです。

　(＊1)　横浜南労基署長事件・最1小判平成12年7月17日労判785号6頁〔最重判125事件〕

5　うつ病と労働災害

　一方、うつ病のような精神障害となると、ますます労災とは認めにくいような気がします。人は誰でも多少はストレスを感じながら働いているわけであり、それでうつ病になって、自殺にまで至るという例は、決して一般的でないでしょう。とはいっても、日本は先進国の中でも自殺大国と呼ばれるくらい、自殺率が高い国であり、自殺の原因に仕事が関係している場合も少なくありません。

　行政通達のほうも、過重な心理的負荷による精神障害が労災に該当するかどうかを適切に判断するための基準を設けてきました。その最も新しいものが、「心理的負荷による精神障害の認定基準について」（平成23年12月26日基発1226第1号。以下、精神障害認定基準）です。

　これによると、精神障害について、労基則別表第1の2第9号の業務上の疾病と認められるためには、次の要件を満たさなければなりません。
　(1)　対象疾病を発病していること
　(2)　対象疾病の発病前おおむね6か月の間に、業務による強い心理的負荷が認められること
　(3)　業務以外の心理的負荷および個体側要因により対象疾病を発病したとは認められないこと

　(2)と(3)については、「業務による心理的負荷評価表」と「業務以外の心理的負荷評価表」が設けられており、どのような場合に、どの程度の心理的負荷があるかの基準が明確にされています。

　精神障害認定基準を、これまでの通達の「心理的負荷による精神障害等に係る業務上外の判断指針について」（平成11年9月14日基発544号）と比較すると、心理的負荷に影響するような出来事について、「出来事」と「出来事後」を総合評価して、心理的負荷の「強」「中」「弱」の評価をするという方法をとっていること、労働時間数について、月160時間以上の時間外労働があれば、心理

的負荷を「強」とし、発症直前の連続2カ月間に、1カ月当たり約120時間以上の時間外労働があるか、発症直前の連続3カ月間に、1カ月当たり約100時間以上の時間外労働がある場合には「強」とするなど、時間外労働の時間数についての具体的な基準を設けていること、セクシュアルハラスメントやいじめが長期間継続した場合には、6カ月を超えて評価すること、複数の出来事が起きたときの評価方法を定めたこと、すでに発病している者が業務による心理的負荷によって悪化した場合についても、労災の対象としうるようにしたこと、などの点に違いがあります。

　なお、自殺については、それが故意に事故を生じさせたと判断されれば、労災保険の支給は認められないことになります。というのは、労災法12条の2の2の第1項に、「労働者が、故意に負傷、疾病、障害若しくは死亡又はその直接の原因となつた事故を生じさせたときは、政府は、保険給付を行わない」という規定があるからです。

　かつての通達は、労働者の自殺が「業務上の死亡」と認定されるためには、「業務上の負傷又は疾病により発した精神異常のためかつ心神喪失の状態で行われ、しかもその状態が当該負傷又は疾病に原因している」ことを要するとしていました（昭和23年5月11日基収1391号）。心神喪失状態であれば、自分の行動についての十分な理解ができないので、自らの意思にもとづいたとはいえないということです。ただ、心神喪失状態に陥るのはよほどの場合であり、この基準によって、自殺について業務起因性が認められるケースはほとんどありませんでした。

　しかし、その後の通達（平成11年9月14日基発544号）は、この判断基準を改め、前記の精神障害認定基準も、これをほぼ踏襲して、次のように定めています。

　「業務によりICD-10のF0からF4に分類される精神障害を発病したと認められるものが自殺を図った場合、精神障害によって正常の認識、行為選択能力が著しく阻害され、あるいは自殺を思いとどまる精神的抑制力が著しく阻害されている状態に陥ったものと推定し、業務起因性を認める」。

　さらに、別の通達（平成11年9月14日基発545号）では、「故意」について、「業務上の精神障害によって、正常の認識、行為選択能力が著しく阻害され、又は自殺行為を思いとどまる精神的な抑制力が著しく阻害されている状態で自殺が

行われたと認められる場合には、結果の発生を意図した故意には該当しない」としており、精神障害認定基準もこれを維持しています。

このように、うつ病による自殺についても、労災が認められやすくなったのです。

裁判例においても、労働基準監督署長の不支給決定を覆す判断をするものが多数現れています。そこで、しばしば持ち出されるのが、ストレス－脆弱性理論です。これは、精神的破綻が生じるかどうかは、環境からくるストレスと個体側の反応性、脆弱性との関係で決まるという考え方で、ストレスが非常に強ければ、個体側の脆弱性が小さくても精神障害が起こるし、逆に脆弱性が大きければ、ストレスが小さくても破綻が生ずる、というものです（行政の認定基準も、従来、この考え方に依拠してはいました。精神障害認定基準は、このことを明記しています）（⇒ **Theme 27**）。

そして、裁判例においても、その多くが、この理論にもとづき、ストレス（業務による心理的負荷と業務以外の心理的負荷）と個体側の反応性、脆弱性を総合考慮し、業務による心理的負荷が、社会通念上、客観的にみて、精神障害を発症させる程度に過重である場合に、業務に内在ないし随伴する危険が現実化したものとして、精神障害の業務起因性を肯定するのが相当である、と判示しています[*1]。

(＊1) 豊田労基署長事件・名古屋高判平成15年7月8日労判856号14頁〔最重判127事件〕など

[参考文献]

大内伸哉『君は雇用社会を生き延びられるか──職場のうつ・過労・パワハラ問題に労働法が答える』（2011年、明石書店）

[キーワード]

労働災害、労災保険、業務起因性、過労死、過労自殺、脳・心臓疾患、精神障害

Theme 27 従業員のメンタルヘルスに、会社はどこまで配慮しなければならないの？

最近では、精神的な病を抱える従業員が増えていて、ときには自殺するような人もいるようです。これは従業員の個人的な弱さが原因のような気がしますが、過労や職場の人間関係などが原因となっていることも少なくないと思います。会社としては、従業員の精神的な健康（メンタルヘルス）について、どこまで配慮しなければならないのでしょうか。

1 メンタルな問題を抱える従業員の増加

今日の企業実務において最も重要な問題の一つは、従業員のメンタルヘルスにいかに配慮するかです。メンタルな問題を抱えている従業員の数は増加傾向にあるといわれています。裁判例を見ても、従業員の精神障害をめぐる紛争は顕著に増加しています。

会社としては、メンタルな問題を抱える従業員が増えると、業績に悪影響が出るおそれがあります。したがって、いかにして従業員がメンタルな問題を抱えないようにするか、すなわちメンタルヘルスケアは、人事管理上のきわめて重要なテーマとなっています。

会社が従業員のメンタルヘルスケアをすることは、従業員の生産性を上げるという意味をもつだけではありません。訴訟リスクに備えるという意味もあります。もし不幸にも従業員がうつ病に罹患して自殺してしまい、遺族が会社に対して訴訟を提起したと場合、会社は、敗訴すれば、多額の賠償金を支払わなければなりません。会社としては、貴重な人材を失うだけでなく、多額の賠償金の支払義務も負わなければならないのです。

こういうことを考えると、会社がメンタルヘルスケアに力を入れるべきであるのは当然のことといえるでしょう。

2 安全配慮義務

　会社が直面する訴訟リスクとは、どのようなものでしょうか。それは、会社が安全配慮義務違反等を理由に、従業員や遺族から損害賠償を請求されることがあるということです。会社は、労災保険に加入はしているのですが、労災保険によって補填されない損害額については、被災者側は会社を訴えて賠償請求をすることができるのです[*1]。

　安全配慮義務とは、もともとは判例によって認められたものです。最高裁は、公務員の職務中の死亡事件で、「国は、公務員に対し、国が公務遂行のために設置すべき場所、施設もしくは器具等の設置管理又は公務員が国もしくは上司の指示のもとに遂行する公務の管理にあたって、公務員の生命及び健康等を危険から保護するよう配慮すべき義務……を負っているものと解すべきである」と述べていました[*2]。この義務が、安全配慮義務と呼ばれるものです。

　この判決は、安全配慮義務について、「ある法律関係に基づいて特別な社会的接触の関係に入った当事者間において、当該法律関係の付随義務として当事者の一方又は双方が相手方に対して信義則上負う義務として一般的に認められるべきものであって、国と公務員との間においても別異に解すべき論拠はな」いと述べていました。このことは、安全配慮義務が、「ある法律関係に基づいて特別な社会的接触の関係に入った」場合には、信義則上の義務として、公務員関係以外にも認められるものであることを示唆していました。実際、その後の判例では、民間会社の事案においても、安全配慮義務を認めています[*3]。

　さらに現在では、労契法において、この義務は成文化されています（5条）。

　「使用者は、労働契約に伴い、労働者がその生命、身体等の安全を確保しつつ労働することができるよう、必要な配慮をするものとする。」

　要するに、会社は、労働契約上、安全配慮義務を負い、もしこれに違反した場合には、債務不履行として損害賠償責任を負うことになるのです（民法415条）。このほかに、会社は、注意義務違反の過失があることを理由に、不法行為としての損害賠償責任を負うこともあります（同709条等）。債務不履行でも不法行為でも、結果は変わらないようにみえますが、債務不履行の場合だと消滅時効が10年と長い（同167条1項）という点で、従業員や遺族側にメリットがあり

ます（不法行為だと3年です。同724条）。両者の間には、このほかにもいろいろな差異があります（立証責任、遅延損害金の起算点等）。

(＊1) 判例上、労基法84条2項が類推適用されて、労災保険給付と民事損害賠償との調整を行うものとされています（三共自動車事件・最3小判昭和52年10月25日民集31巻6号836頁〔最重判134事件〕）。同項によると、労災保険給付と調整される損害は、「同一の事由」の範囲内のものだけであり、それは賃金を得ることができなくなったことによる損害（消極損害）をさすので、慰謝料等の精神的損害や入院看護費等の積極損害は調整の対象とはなりません（青木鉛鉄事件・最2小判昭和62年7月10日民集41巻5号1202頁〔最重判135事件〕）。

(＊2) 陸上自衛隊八戸車両整備工場事件・最3小判昭和50年2月25日民集29巻2号143頁〔最重判129事件〕

(＊3) 川義事件・最3小判昭和59年4月10日労判429号12頁〔最重判130事件〕

3 健康配慮義務

こうして法律で明文化された安全配慮義務ですが、当初は、危険な業務に従事することによる負傷などに対する保護法理としての面が強いものでした。しかし近年では、それだけでなく、過労によるさまざまな健康障害から従業員を保護するための法理としての性格も強くなっています。

この後者の面をとくに強調する概念として、健康配慮義務という言葉が使われることがあります（健康配慮義務も含めて、安全配慮義務と呼ぶこともあります）。メンタルヘルスとの関係では、この健康配慮義務が問題となるわけです。

最高裁は、過労により自殺した従業員の両親が会社を訴えた事件で、健康配慮義務について、次のように述べています(＊1)。

① 労働者が労働日に長時間にわたり業務に従事する状況が継続するなどして、疲労や心理的負荷等が過度に蓄積すると、労働者の心身の健康を損なう危険のあることは、周知のところである。

② 労基法は、労働時間に関する制限を定め、労安法65条の3（「事業者は、労働者の健康に配慮して、労働者の従事する作業を適切に管理するように努めなければならない」）は、作業の内容等をとくに限定することなく、同法所定の事業者は労働者の健康に配慮して労働者の従事する作業を適切に管理するように努めるべき旨を定めているが、それは、右のような危険

が発生するのを防止することをも目的とするものと解される。
③　これらのことからすれば、使用者は、その雇用する労働者に従事させる業務を定めてこれを管理するに際し、業務の遂行にともなう疲労や心理的負荷等が過度に蓄積して労働者の心身の健康を損なうことがないよう注意する義務を負うと解するのが相当である。
④　使用者に代わって労働者に対し業務上の指揮監督を行う権限を有する者は、使用者の注意義務の内容に従って、その権限を行使すべきである。

　会社の負う健康配慮義務の内容を具体的に述べたのは、③の部分です。つまり、会社は、「業務の遂行に伴う疲労や心理的負荷等が過度に蓄積して労働者の心身の健康を損なうことがないよう注意する義務を負う」のです。

　電通事件では、会社の上司が、うつ病を発症して自殺した部下の従業員が、過労状況にあり健康障害が生じていたことについて認識をしていたにもかかわらず、それを軽減するための措置を講じなかったところに過失があると判断されました。

　会社としては、従業員の業務遂行に対して指揮監督権をもっている以上、適切にその権限を行使しなければならないわけです。従業員のメンタルヘルスに異常が生じていること、あるいは異常が生じる可能性があることをわかっていながら、それに配慮せず適切な指揮監督権の行使をしていなければ、会社が責任を問われても仕方がないということです。

（＊１）　電通事件・最２小判平成12年３月24日民集54巻３号1155頁〔最重判131事件〕

4　従業員にも責任がある？

　このように、会社は、従業員のうつ病自殺について、健康配慮義務違反が認められれば、損害賠償責任を負うわけですが、会社としては、全面的に責任を負わされるとすると、納得できないかもしれません。
　近年では、行政でも、また裁判でも、うつ病などの精神障害の発症のメカニズムについては、「ストレス－脆弱性」理論という考え方が採用されています（⇒ *Theme* 26 ）。この理論によると、精神的破綻が生じるかどうかは、環境

からくるストレスと個体側の反応性、脆弱性との関係で決まるのであり、ストレスが非常に強ければ、個体側の脆弱性が小さくても精神障害が起こるし、逆に脆弱性が大きければ、ストレスが小さくても破綻が生ずるものとされています。そして環境からくるストレスについては、業務に関係するものと、そうでないものとがあり、会社が責任を負うのは、業務に関係するストレスに起因する損害についてということになります。

個体側の要因による損害については、損害額を減額すべきことになります。実際、裁判では、過失相殺の規定（民法722条2項、418条）を類推適用して、損害額の減額を認めたものもあります。もっとも、最高裁は、「ある業務に従事する特定の労働者の性格が同種の業務に従事する労働者の個性の多様さとして通常想定される範囲を外れるものでない限り」、その労働者の性格等の心因的要因をしんしゃくして損害額を減額してはならないと述べています(*1)。たとえば、きまじめな性格ゆえにうつ病に罹患してしまったというような場合、それを本人側の落ち度として損害額の減額をしてはならないのです。

したがって、きまじめな従業員に対して、本人にまかせて過重な労働をさせていて、その従業員が精神を病んだという場合には、会社は重い損害賠償責任を負わなければならない可能性があるのです。

（*1） 電通事件・前掲

5 会社が講じなければならない措置

会社は、裁判所において損害賠償責任を負わないようにするためには、健康配慮義務を履行しておく必要があるのですが、その義務の内容はケースバイケースで決まるという面があり、会社としては、具体的にどのようなことをしておけばよいのか、はっきりしないところがあります。

この点では、厚生労働省が、行政の立場から、「過重労働による健康障害防止のための総合対策」を定め、その別添として出している「過重労働による健康障害を防止するため事業者が講ずべき措置」（平成18年3月17日基発0317008号、平成20年3月7日基発0307006号）が参考になるでしょう。もちろん、そ

27. 従業員のメンタルヘルスに、会社はどこまで配慮しなければならないの？

こで定められた措置を講じたからといって、裁判所がただちに健康配慮義務違反がないと判断する保証はありませんが、会社としてやるべきことの指針にはなるはずです。

そこに具体的にあげられている措置としては、第1に、労基法に関係するものとして、時間外・休日労働時間の削減、年次有給休暇の取得促進等があります。

第2に、労安法に関係するものとして、健康管理体制の整備と健康診断の実施があり、さらに重要なものとして、医師の面接指導があります。たとえば、時間外・休日労働時間が1カ月当たり100時間を超える従業員であって、申出を行ったものについては、医師による面接指導を確実に実施しなければならない、とされています（労安法66条の8等を参照）。

さらに、面接指導の結果について、会社は、その従業員の健康を保持するために必要な措置について、医師の意見を聴かなければなりません（労安法66条の8第4項）。そして、会社は、その医師の意見を勘案し、必要があると認めるときは、その従業員の実情を考慮して、就業場所の変更、作業の転換、労働時間の短縮、深夜業の回数の減少等の措置を講じなければなりません（同条5項）。

以上は、健康障害一般についての措置ですが、さらにメンタルヘルスについては、平成18年3月31日に「労働者の心の健康の保持増進のための指針」が設けられています（労安法69条、70条の2を参照）。この指針では、会社は、メンタルヘルスケアとして、「セルフケア」、「ラインによるケア」、「事業場内産業保健スタッフ等によるケア」、「事業場外資源によるケア」という4つのケアを推進することが求められています。

6 精神障害と休職

従業員が、メンタルヘルスに問題を抱えて出勤できなくなった場合、その従業員を休職させる措置をとる会社も多いでしょう。傷病休職制度の適用です。この場合、休職期間が満了しても、復職できないときに、従業員を退職扱いできるかどうかは、人事管理上の重要な問題となります。

傷病休職というのは、一種の解雇猶予措置であり、その期間の満了時に従前の職務に復職できない以上は退職扱いとする（あるいは、解雇する）のが

原則のはずですが、裁判所は、なかなかこれを認めない傾向にあります（⇒ *Theme* **25**）。

　長期雇用が事実上保障されている正社員たる従業員については、精神障害になっても、できるかぎり会社は雇用を守る必要があるということです。こうした裁判例があることからすると、いったん精神障害にかかった従業員には、会社としては、できるだけ職場復帰のためのサポートをすることが求められるでしょう（厚生労働省が出している「心の健康問題により休業した労働者の職場復帰支援の手引き」も参考となるでしょう）。

　それだけでなく、そもそも従業員が精神障害にかからないようにするための予防に、できるだけ力を入れる必要があるともいえます。

7　健康配慮義務とプライバシー保護

　会社のとる予防措置のうち、前述の厚生労働省の「過重労働による健康障害を防止するため事業者が講ずべき措置」であげられているような労働時間や休日・休暇の充実や健康管理体制の整備や医師による面接指導等であれば、制度的な対処が可能なものです。

　しかし、従業員のメンタルヘルスに、より細やかに対処しようとすると、そのような制度的な対処だけでは不十分かもしれません。個々の従業員の精神的な領域に踏み込んでいくことも、十分なメンタルヘルスケアという観点からは必要となってくるでしょう。ただ、こうなると、従業員のプライバシーと抵触するのではないか、という別の問題が出てきます。

　厚生労働省の前記の「労働者の心の健康の保持増進のための指針」においても、会社が「メンタルヘルスケアを進めるに当たっては、健康情報を含む労働者の個人情報の保護に配慮することが極めて重要である」とされています。従業員の健康も大切ですが、同時に従業員のプライバシーも今日では考慮に入れられるべき重要な法益なのです。

　このような点を考慮して、学説のなかには、会社の健康配慮義務は、従業員のほうから申告した範囲でのみ課されるという見解もあります。この見解によると、会社のほうから積極的に、従業員の精神的な健康状態をチェックするよ

27. 従業員のメンタルヘルスに、会社はどこまで配慮しなければならないの？

うなことをする必要はないし、また、そうすべきではないということになります。このような、「受け身」の義務である点が、通常の安全配慮義務との違いとなります。

　もっとも、これでは、会社の姿勢として消極的すぎるという見解もあります。会社は、従業員のプライバシーに抵触しないようにやれることもたくさんあるはずで、その範囲であれば積極的に従業員のメンタルヘルスに配慮していくべきというのです。

　たとえば、一定のチェックリストを渡して、従業員が各自の精神状況を自己点検するよう促すということもあるでしょう。これは、健康配慮義務の内容に含まれないでしょうが、会社は、従業員の保護というだけでなく、従業員の労働力のクオリティを維持するという経営目的のためにも、こうしたことに取り組むのは望ましいと思われます。

　さらに、配転や出向などの人事異動をする場合、昇進させて責任や負担が大きくなる場合、顧客とのトラブルに巻き込まれたような場合、社内で大きな失敗をしたような場合等、従業員がストレスを強く感じる出来事をピックアップして、そのような出来事に遭遇した従業員に対して、上司らが適切に対応することも必要でしょう。これらのことについては、健康配慮義務の内容となっていると解すことができます。

参考文献

「労働の正義」の第11話
「25の疑問」の第13話
大内伸哉『君は雇用社会を生き延びられるか──職場のうつ・過労・パワハラ問題に労働法が答える』（2011年、明石書店）

キーワード

メンタルヘルス、安全配慮義務、健康配慮義務

第7章
雇用平等

Theme 28
男女雇用機会均等法（雇均法）は、誰のための法律？

雇均法は、女性のための法律だと思ってきましたが、最近では、これは性差別を禁止する法律だということも、よく耳にします。性差別の禁止となると、男性差別も禁止されることになりそうですが、そのような理解でよいのでしょうか。

1 進化する雇均法

　雇均法が制定されてから、四半世紀以上が経ちました。私のゼミの大学生にとっては、生まれたときには、すでにこの法律があったのです。どうしてこういう法律が制定されたのかは、彼女ら、彼らにとっては歴史の話のようになりつつあります。
　いまや女性が就職することは当たり前となっています。女性の大学進学率も高まり、彼女たちは、大学を卒業すれば、働くのは当然のことと考えています。女性にとっての雇用のハードルは、30年近く前と比べて、格段に低くなりました。
　それでは雇用社会における女性の地位が向上したのでしょうか。この点については、必ずしもそうとはいえないようです。男女の賃金格差はまだ大きいからです。ただ、その原因が法律にあるとはかぎりません。むしろ、雇均法に関していえば、これまでの間、めざましい進化を遂げてきたといえるからです。

2 雇均法の前史

　1985年に雇均法が制定されるまで、日本の労働法において、男女の平等に関する法的なルールがまったく存在していなかったわけではありません。
　たとえば、労基法には、「使用者は、労働者が女性であることを理由として、賃金について、男性と差別的取扱いをしてはならない」という規定があります。賃金に関する男女差別が禁止されてきたわけです。ただ、賃金以外については、男女差別を禁止する明文の規定は存在していませんでした。たとえば、3条は、「使用者は、労働者の国籍、信条又は社会的身分を理由として、賃金、労働時間その他の労働条件について、差別的取扱をしてはならない」と包括的な均等待遇の原則を定めていますが、性別についての差別を禁止していません。その理由は、労基法は、当初、女性労働者に対して、母性保護のための規定だけでなく、時間外労働の制限や深夜労働の禁止といった保護規定も置いていたので、3条のような労働条件全般についての差別禁止規定を置くことは女性保護規定の存在と一貫しないと考えられたからです。
　とはいえ、賃金以外の男女差別が、法的に容認されていたわけではありません。判例は、労働条件について男女差別となるような取扱いを無効とする法理を構築してきました。たとえば、女子の結婚退職制は、かつては広く存在していましたが、裁判所は、これを無効と判断しました[*1]。また、女子の若年定年制も問題となりました。かつては25歳や30歳といった信じられないくらい低い定年が設定されていましたが、これについても次々と無効判決が出されました。
　その後、男性57歳、女性47歳の差別的定年制も無効とされ[*2]、さらに女性の定年が当時の標準的な定年年齢である55歳であった場合も、男性の定年が60歳で、男女間で差別があるということから無効と判断されました[*3]。
　このように、法律上の明文の規定はないものの、民法上の公序良俗違反を無効とする規定（90条）等の一般条項を用いて、男女差別は、裁判所によって違法と判断されてきたのです。こうした判例法理は、男女平等取扱い法理と呼ばれます。

　（*1）　住友セメント事件・東京地判昭和41年12月20日労民集17巻6号1407頁
　（*2）　伊豆シャボテン公園事件・最3小判昭和50年8月29日労判233号45頁

(＊3)　日産自動車事件・最3小判昭和56年3月24日労判360号23頁

3 雇均法の第1ステージ

　1985年に、日本政府は、女子差別撤廃条約（正式な名称は、「女子に対するあらゆる形態の差別の撤廃に関する条約」）に批准するための国内法の整備のため、勤労婦人福祉法を改正し、雇均法を制定しました。この段階では、勤労婦人福祉法の流れをひいており、女性労働者のための保護法という性格を濃厚にもっていました。この当時は、女性のための優遇措置が適法と解釈されていたことにも、このことは表れています。

　さらに注目すべきは、この当時の日本の会社は、まだ男女の平等をただちに実現できるような基盤が整備されていなかったことに配慮して、募集・採用、配置・昇進については努力義務規定となっていた点です。努力義務規定であるということは、会社がその規定に違反しても、従業員は裁判所に訴えることができないのです（つまり、私法上の効力はないということです）。ただし、行政（当時の労働省における都道府県婦人少年室）による指導の根拠規定にはなりました。

　このような立法モデルは、男女の雇用機会の均等という理念を、まずは努力義務という形で会社に働きかけて漸進的に実現していこうとするもので、その後の同種の立法のモデルとなるものでした。

　ただし、男女平等取扱い法理を取り込んだ規定は禁止規定として、私法上の効力が認められました。具体的には、定年と解雇についての男女差別は禁止され、女子労働者の婚姻、妊娠、出産を退職理由として予定する定めも禁止され、さらに、女子労働者が婚姻し、妊娠し、出産したことを理由とする解雇、また、産前産後の休業（労基法65条）を取得したことを理由とする解雇も禁止されました（当初の11条）。

　とはいえ、全体的には、前述のように努力義務を定める規定が含まれており、法的な効力はそれほど強いものではありませんでした。

4 雇均法の第2ステージ

次に大きな改正があったのが、1997年です（1999年施行）。この改正で、これまで努力義務規定とされていたものが、すべて禁止規定（あるいは強行規定）となりました。

また、セクシュアルハラスメントに対処することを会社に求める規定が新たに導入されました（現行法の11条）。さらに、都道府県女性少年室長（名称変更。現在では、都道府県労働局長の所管となっている）の委任により行われる機会均等紛争調整委員会による調停について、これまでは、両当事者の同意がなければ手続を進めることができなかったものが、当事者の一方の申請だけで開始できるようになりました（現行法の18条。現行法では、この調停は、個紛法6条1項の定める紛争調整委員会におけるものとなっています）。

このほか、この1997年改正の際に、それ以前の、女性優遇を適法とする解釈が改められることになりました。女性の保護より、男女の平等のほうをより重視するということです。

この点と関連して重要なのは、この1997年改正にあわせて、労基法上の女性保護規定が、母性保護規定を除くと廃止されたことです。女性労働者にあった時間外労働、休日労働、深夜労働に関する規制が廃止されたのです。ただし、同時に、育介法が改正されて、育児や家族介護を行う労働者についての深夜労働の制限規定が導入されることになりました（現在の19条以下）。女性保護というのではなく、男女共通の保護という発想です。

こうした平等立法が進められる一方、例外的な措置としてのポジティブ・アクションに関する規定が設けられたことも注目されます。ポジティブ・アクションは、「男女の均等な機会及び待遇の確保の支障となっている事情を改善することを目的として女性労働者に関して行う措置」（現行法の8条を参照）であり、「積極的格差是正措置」とも呼ばれるものです。これは、現状における男女の実質的な不均衡を是正するための措置であれば、それが女性を優遇するものであっても適法であり、そして、そのような措置を事業主が講じることを、政府はサポートするというものです（現行法の14条を参照）。

5 雇均法の第3ステージ

このような雇均法の発展が最終ステージに至るのが、2006年改正です（2007年施行）。

この改正の特徴は、第1に、雇均法のターゲットが、もはや女性労働者だけでなく、男性労働者も含まれることになったという点です。法律上の「女性労働者」という文言の多くは、たんに「労働者」と改められました。これにより、雇均法は、女性を保護する立法という性格が完全に払拭され、「性差別禁止法」に生まれ変わったのです。いまでは、雇均法は、男性労働者をも守る法律といえるのです。ただし、女性労働者のためのポジティブ・アクションに関する規定は、維持されています。

第2に、禁止される差別の範囲が拡大されました（6条）。すなわち、労働者の配置（業務の配分および権限の付与を含む）、昇進、降格、教育訓練（1号）、住宅資金の貸付けその他これに準ずる福利厚生の措置であって厚生労働省令で定めるもの（2号）、労働者の職種および雇用形態の変更（3号）、退職の勧奨、定年および解雇ならびに労働契約の更新（4号）、が対象となります。

改正前は、募集・採用（現行法では5条）、配置・昇進、教育訓練、福利厚生等についての差別が禁止されていましたが、より包括的な差別禁止規定となっています。

また、女性労働者に特有の母性保護に関わる部分について、その内容がいっそう充実しました（9条）。とくに、妊娠中の女性労働者および出産後1年を経過しない女性労働者に対してなされた解雇を、原則として無効とすると定め、会社側は、これが差別的な理由によるものではないことを立証しなければ、有効とできないという規定を設けた点が注目されます（同条4項）。

2007年改正の第3の特徴は、間接差別に関する規定が導入されたことです（7条）。性中立的な要件を設定したとしても、結果として一方の性（実際上は女性）に対して不利益となる措置で、合理性のないものについても、差別として禁止するということです。

この条文を受けて、雇均法施行規則2条は、具体的に禁止される間接差別として3種類のものを定めています。

(1) 労働者の募集または採用に関する措置であって、労働者の身長、体重または体力に関する事由を要件とするもの。
(2) 労働者の募集または採用に関する措置（事業主が、その雇用する労働者について、労働者の職種、資格等に基づき複数のコースを設定し、コースごとに異なる雇用管理を行う場合（要するに、コース別雇用制）において、当該複数のコースのうち当該事業主の事業の運営の基幹となる事項に関する企画立案、営業、研究開発等を行う労働者が属するコース（いわゆる、総合職のコース）について行うものにかぎる）であって、労働者の住居の移転をともなう配置転換に応じることができることを要件とするもの。
(3) 労働者の昇進に関する措置であって、労働者が勤務する事業場と異なる事業場に配置転換された経験があることを要件とするもの。

6 雇均法を超えて

このように、雇均法は、女性保護法から出発して、ついに男女ともに保護する性差別禁止法になりました。ただ、保護と平等は両立しないものである以上、平等を貫徹するということは、保護が後退することを意味します。前述のように、1997年の改正時に、労基法上の女性保護規定が削減されたのは、そのためです。

平等の充実化は、女性が男性と同じように働くための前提条件を整えるということを意味します。労基法上の保護の撤廃は、女性だけ深夜労働ができなかったり、時間外労働の時間数に制限があったりして、男性と対等に働くことができないという状況をなくしたわけです。

ただ、日本の労働者は、過労で有名です。男性と対等に働くということは、女性労働者を、男性労働者のような過労に巻き込んでしまうおそれもあります。これでは、平等の進展は、かえって女性労働者のためにならないのではないか、という疑問も出てきます。

そこで、1997年改正時に、労基法は、時間外労働の上限規制を強化し（36条2項等を参照）、また育介法は、少なくとも育児や介護の負担を抱える労働者への配慮はすべきとしたのです。

ただ、こうした配慮だけで十分とはいえません。そこで、最近では、ワーク・

ライフ・バランスが主張されるようになってきました（労契法3条3項も参照）。男女は平等に職場で働くというだけでなく、同じように休むことも求められるのです。とくに育児休業については、男性の取得率をあげることが重要な政策目標とされ、育介法の2009年改正では「パパママ育休プラス制度」等が設けられています。

　雇均法により働くうえでの平等を実現するだけでは不十分で、さらに別の法律を用いて、生活の充実も図ろうというのでしょう。こうした生活重視の姿勢は、結果として、女性に優しい職場を実現し、女性にとって働きやすいことになるのです。それが女性の社会進出をいっそう後押しすることになるでしょう。

7　男女の格差は、どうすれば解消されるか

　このように男女平等法制は充実してきたのですが、それでは、どうして男女の賃金格差が残っているのでしょうか。その原因の一つは、女性の勤続年数の短さにあります。日本のように賃金面で年功的な要素がなお強いところでは、勤続年数が短ければ、どうしても賃金は低くなります。勤続年数が短いのは、女性は、男性とは異なり、結婚や出産を契機に会社を辞めてしまうことが多いからです。

　勤続年数が短いとわかっている従業員に、会社は重要な仕事をさせませんし、訓練機会もそれほど与えません。そうなると、その従業員の賃金が高くなる可能性は小さくなります。統計上、女性の勤続年数が短いことは明らかなので、会社が女性従業員をそれほど重視せず、その結果、彼女たちの賃金が低くなったとしても、その点について会社を責めるのは酷といえるかもしれません。もちろん、女性にも、いろいろなタイプの人がいるのであり、女性だからといって勤続年数が短いと決めつけるのはよくないというのが、雇均法の精神です。

　そこで、企業は、雇均法の制定の際に、それ以前に広く行われていた男女別コース制を改めて、コース別雇用を導入することにしました。それが、多くの会社にある、総合職と一般職を区別した雇用管理制度です。総合職では、重要な仕事を任され、教育訓練も十分に受けることができ、当然、賃金は高くなります。一般職では、補助的な仕事を任され、賃金は低くなります。会社でバリバリ働

いて高い賃金を得たいと考える女性は、総合職を選択するでしょうが、実際には、女性の多くは一般職を選択しました。そのため、女性の賃金が平均して低くなることになったのです。

このような状況を考慮すると、男女の賃金格差を不当と考えることは難しいでしょう。会社が女性従業員に一般職を強制したわけではないからです。ただし、総合職の働き方のハードルを必要以上にあげて、女性を閉め出すようなことがあれば、それは問題です。前述の間接差別の(2)の類型は、総合職において合理性のない転勤要件を課すことは間接差別にあたるとしています。

ただ、現実は、法律の規制に関係なく、どんどん進んでいくこともあります。熾烈な競争にさらされている会社にとって、能力のある女性労働力を活用しない手はありません。優秀な女性が辞めないようにするために、良好な職場環境を作ろうとする会社も増えてきています。そうして女性の勤続年数が長くなっていくと、賃金もおのずから上昇していくでしょう。

私のゼミの女子学生をみていると、総合職志望がほとんどです。その際、私は、会社選びのポイントの一つとして、結婚し、出産した女性従業員が、どの程度いるかを調べるようにアドバイスしています。こうした女性従業員が多い会社では、女性にとってのさまざまなライフイベントに対する配慮が行き届いていると推測できるからです。このようにして、優秀な女性が、しっかりと会社を選別していくと、会社のほうも変わっていくことになるでしょう。

このことは、男女平等は、法律の介入という手法を使わなくても、市場メカニズムにゆだねていても、実現可能ということを示唆しています。

参考文献

「25の疑問」の第25話
「キーワード」の第5話
「雇用はなぜ壊れたか」の第2章

キーワード

男女雇用機会均等法、性差別、ワーク・ライフ・バランス、間接差別

Theme 29 セクシュアルハラスメントって何？

セクハラというのは、日常的によく耳にする言葉ですが、男性からすると、その基準があいまいで納得できないところもあります。法的には、どのような行為がセクハラとなるのでしょうか。また、企業は、セクハラに対して、どのような対応をすることが求められているのでしょうか。

1 セクハラ概念の功罪

セクシュアルハラスメント（sexual harassment）という言葉を知らない人は、今日では、まずいないでしょう。略称して「セクハラ」です。しかし、この言葉が使われ出したのはそれほど古いことではありません。

もちろん、それは、セクハラという現象が新しいものであることを意味するのではありません。昔から、セクハラに相当するような行為はありました。その多くは、とくに法的な問題とされずに見過ごされていたかもしれませんが、いくつかは職場の規律を乱すものとして、懲戒処分の対象とされていました。

セクハラには、犯罪行為に該当するものもあります。それはもちろん刑法犯として処罰されますし、懲戒解雇事由にもなります。これは当然ですが、セクハラという概念の本来の意味は、そのような犯罪的な行為ではなくても、女性が性的に不快と感じることがあれば、女性の人権を侵害するものとして、法的な問題となるということを示す点にあるのです。まさに、そのことが、この概念のメリットといえます。

セクハラには、このように人権侵害というニュアンスが付着しているので、セクハラ行為をしたとされることは、その行為者の社会的信用を著しく落とすことになり、会社のほうも不問に付すことができなくなります。上司による女性従業員に対するセクハラに対して、会社がその上司に対して厳しい措置をとるのは、現代の感覚からすれば、当然のことといえます。

ただ、セクハラ概念には、危うさがあることも事実です。セクシュアルハラ

スメントは法律上の言葉ではなく、そのことは、定義が明確でないということを意味しています。女性従業員が主観的にセクハラと感じればセクハラに該当するという誤解も、実はかなり蔓延しています。個人の主観は外部からは判定しようがないので、そのような曖昧なセクハラの定義は、法的には許容できるものでありません。

セクハラの成否は、加害者の社会的生存を左右するほどの事柄である以上、どのような行為がセクハラであるかは可能なかぎり明確に定義されるべきですし、そうした行為をしたかどうかの認定は慎重に行わなければならないのです。

2 セクハラとは何か

さきほど、セクハラは法律上の言葉ではないと述べましたが、実は指針レベルでは、「セクシュアルハラスメント」という言葉が出てきます。雇均法11条2項にもとづき厚生労働大臣が定めた指針である「事業主が職場における性的な言動に起因する問題に関して雇用管理上講ずべき措置についての指針（平成18年厚生労働省告示第615号）」です（以下、これをセクハラ指針と略称します）。

この指針を見る前にまず、雇均法11条1項を確認しておきましょう。

「事業主は、職場において行われる性的な言動に対するその雇用する労働者の対応により当該労働者がその労働条件につき不利益を受け、又は当該性的な言動により当該労働者の就業環境が害されることのないよう、当該労働者からの相談に応じ、適切に対応するために必要な体制の整備その他の雇用管理上必要な措置を講じなければならない。」

この規定は、1997年改正で設けられたものです。この規定にはセクシュアルハラスメントという言葉が出てきませんが、セクシュアルハラスメントを念頭に置いた規定であることは明らかです。また、セクシュアルハラスメントのなかでも「職場」で行われたものをターゲットにしています。この規定は、「事業主」に雇用管理上必要な措置を講じる義務を課したものなのです。私生活上のセクハラ（これをセクハラというのが適切かどうかは議論の余地があるでしょうが）については、雇均法は規制対象としていないわけです。

ここでいう「職場」とは、セクハラ指針によると、「事業主が雇用する労働

者が業務を遂行する場所を指」すとし、「当該労働者が通常就業している場所以外の場所であっても、当該労働者が業務を遂行する場所については、『職場』に含まれる」とされています。たとえば、取引先の事務所、取引先と打合せをするための飲食店、顧客の自宅等であっても、その従業員が業務を遂行する場所であれば職場に該当します。

また、雇均法11条1項でいうセクシュアルハラスメントとは、「性的な言動」に関係するものです。「性的な言動」とは、セクハラ指針によると、「性的な内容の発言及び性的な行動をさし、この『性的な内容の発言』には、性的な事実関係を尋ねること、性的な内容の情報を意図的に流布すること等が、『性的な行動』には、性的な関係を強要すること、必要なく身体に触ること、わいせつな図画を配布すること等が、それぞれ含まれる。」とされています。

3 二つのタイプのセクハラ

雇均法11条1項から、セクシュアルハラスメントには、二つのタイプのものがあることがわかります。このことは、セクハラ指針で、次のように具体的に定められています。

「職場におけるセクシュアルハラスメントには、職場において行われる性的な言動に対する労働者の対応により当該労働者がその労働条件につき不利益を受けるもの（以下「対価型セクシュアルハラスメント」という。）と、当該性的な言動により労働者の就業環境が害されるもの（以下「環境型セクシュアルハラスメント」という。）がある。」

「対価型セクシュアルハラスメント」とは、セクハラ指針によると、「職場において行われる労働者の意に反する性的な言動に対する労働者の対応により、当該労働者が解雇、降格、減給等の不利益を受けること」であり、その状況は多様であるものの、典型的な例として、次のようなものがあげられています。

(1) 事務所内において事業主が労働者に対して性的な関係を要求したが、拒否されたため、当該労働者を解雇すること。
(2) 出張中の車中において上司が労働者の腰、胸等に触ったが、抵抗されたため、当該労働者について不利益な配置転換をすること。

(3) 営業所内において事業主が日頃から労働者にかかる性的な事柄について公然と発言していたが、抗議されたため、当該労働者を降格すること。

このタイプのセクシュアルハラスメントは、比較的、わかりやすいものであり、事業主、役員、上司など、その労働者に対して権限をもつ者が行うハラスメントという意味では、パワーハラスメントとの類似性もあります。

もう一つが、「環境型セクシュアルハラスメント」です。これは、セクハラ指針によると、「職場において行われる労働者の意に反する性的な言動により労働者の就業環境が不快なものとなったため、能力の発揮に重大な悪影響が生じる等当該労働者が就業する上で看過できない程度の支障が生じること」であり、その状況は多様であるものの、典型的な例として、次のようなものがあげられています。

(1) 事務所内において上司が労働者の腰、胸等に度々触ったため、当該労働者が苦痛に感じてその就業意欲が低下していること。
(2) 同僚が取引先において労働者にかかる性的な内容の情報を意図的かつ継続的に流布したため、当該労働者が苦痛に感じて仕事が手につかないこと。
(3) 労働者が抗議をしているにもかかわらず、事務所内にヌードポスターを掲示しているため、当該労働者が苦痛に感じて業務に専念できないこと。

裁判例において、最初にセクハラとして問題とされたのも、この類型です[*1]。その事件では、職場の上司が、部下の女性が性的に乱れているなどの発言を従業員や社外の関係者に行うなどしたため、結局、その女性従業員は退職に追い込まれてしまいました。裁判所は、上司だけでなく、会社も不法行為による損害賠償責任（民法715条）を負うと判断しています。

なお、雇均法は2006年改正により、女性だけでなく男性も法的な保護のターゲットになっています（⇒ *Theme* 28）。つまり、会社は、男性に対するセクシュアルハラスメントについても、雇用管理上必要な措置を講じなければならないのです。

(*1) 福岡セクシュアル・ハラスメント事件・福岡地判平成4年4月16日労判607号6頁〔最重判141事件〕

4　事業主のとるべき措置

　雇均法11条１項は、事業主に対して、職場における性的な言動に起因する問題に関し雇用管理上必要な措置を講じることを義務づけています。セクハラ指針によると、事業主は、雇用管理上の措置として、第１に、事業主の方針の明確化およびその周知・啓発、第２に、相談や苦情に応じ、適切に対応するために必要な体制の整備、第３に、職場におけるセクシュアルハラスメントにかかる事後の迅速かつ適切な対応をあげています。これらを順にみていきましょう。
　第１の予防のための周知・啓発に関して事業主が講じるべき措置としては、具体的には、次のようなものがあげられます。
(1)　就業規則その他の職場における服務規律等を定めた文書において、職場におけるセクシュアルハラスメントがあってはならない旨の方針を規定し、職場におけるセクシュアルハラスメントの内容とあわせ、労働者に周知・啓発すること。
(2)　社内報、パンフレット、社内ホームページ等広報または啓発のための資料等に職場におけるセクシュアルハラスメントの内容および職場におけるセクシュアルハラスメントがあってはならない旨の方針を記載し、配布等すること。
(3)　職場におけるセクシュアルハラスメントの内容および職場におけるセクシュアルハラスメントがあってはならない旨の方針を労働者に対して周知・啓発するための研修、講習等を実施すること。

　また、セクシュアルハラスメントをしたら、どのような措置がとられるかについての周知・啓発については、具体的には、次のような措置があげられます。
(1)　就業規則その他の職場における服務規律等を定めた文書において、職場におけるセクシュアルハラスメントにかかる性的な言動を行った者に対する懲戒規定を定め、その内容を労働者に周知・啓発すること
(2)　職場におけるセクシュアルハラスメントにかかる性的な言動を行った者は、現行の就業規則その他の職場における服務規律等を定めた文書において定められている懲戒規定の適用の対象となる旨を明確化し、これを労働者に周知・啓発すること。

実際、最近の就業規則の多くは、セクシュアルハラスメントを懲戒事由として定めており、これに違反した従業員に対して懲戒処分を課すものとしています。
　以上が、予防のための周知・啓発ですが、第2に、被害者からの相談や苦情に応じ、適切に対応するために必要な体制の整備をするための具体的な措置として、事業主は、相談窓口を定め、そこで内容や状況に応じた適切な対応をすることが求められます。相談窓口については、具体的には、次のような措置があげられます。
(1)　相談に対応する担当者をあらかじめ定めること。
(2)　相談に対応するための制度を設けること。
(3)　外部の機関に相談への対応を委託すること。
　そこでの対応のための具体的な措置としては、次のようなものがあげられます。
(1)　相談窓口の担当者が相談を受けた場合、その内容や状況に応じて、相談窓口の担当者と人事部門とが連携を図ることができる仕組みとすること。
(2)　相談窓口の担当者が相談を受けた場合、あらかじめ作成した留意点等を記載したマニュアルにもとづき対応すること。
　第3に、事後の迅速かつ適切な対応をするための措置として、事業主は、事案にかかる事実関係を迅速かつ正確に確認し、加害者と被害者に対して適切な措置をとり、再発防止措置をとることが義務づけられます。
　事実確認に関しては、具体的には、次のような措置があげられます。
(1)　相談窓口の担当者、人事部門または専門の委員会等が、相談者および行為者とされる者の双方から事実関係を確認すること。また、相談者と行為者との間で事実関係に関する主張に不一致があり、事実の確認が十分にできないと認められる場合には、第三者からも事実関係を聴取するなどの措置を講ずること。
(2)　事実関係を迅速かつ正確に確認しようとしたが、確認が困難な場合等において、調停（雇均法18条）の申請を行うことその他中立な第三者機関に紛争処理をゆだねること。
　被害者と加害者に対する対応に関しては、具体的には、次のような措置があげられます。
(1)　就業規則その他の職場における服務規律等を定めた文書における職場に

おけるセクシュアルハラスメントに関する規定等にもとづき、行為者に対して必要な懲戒その他の措置を講ずること。あわせて事案の内容や状況に応じ、被害者と行為者の間の関係改善に向けての援助、被害者と行為者を引き離すための配置転換、行為者の謝罪、被害者の労働条件上の不利益の回復等の措置を講ずること

(2) 調停（雇均法18条）その他中立な第三者機関の紛争解決案に従った措置を講ずること。

セクシュアルハラスメントの加害者である従業員に会社が懲戒処分を行うのは、たんに企業秩序違反に対する制裁というだけでなく、会社が雇均法11条1項にもとづいて負っている義務を履行するという意味もあるのです。

再発防止措置に関しては、具体的には、次のような措置があげられます。

(1) 職場におけるセクシュアルハラスメントがあってはならない旨の方針および職場におけるセクシュアルハラスメントにかかる性的な言動を行った者について厳正に対処する旨の方針を、社内報、パンフレット、社内ホームページ等広報または啓発のための資料等に改めて掲載し、配布等すること。

(2) 労働者に対して職場におけるセクシュアルハラスメントに関する意識を啓発するための研修、講習等を改めて実施すること。

5　従業員の権利

以上の措置を講じる会社の義務については、その違反があった場合には、同法の定める厚生労働大臣（都道府県労働局長）の助言、指導、勧告があったり、勧告に従わない場合には公表の制裁があるということは明文で規定があります（雇均法29条、30条）。しかし、従業員が雇均法を根拠として、事業主に対して、雇用管理上必要な措置を講じることを直接請求できるわけではありません。

もっとも、裁判例のなかには、「使用者は、被用者との関係において社会通念上伴う義務として、被用者が労務に服する過程で生命及び健康を害しないよう職場環境等につき配慮すべき注意義務を負うが、そのほかにも、労務遂行に関連して被用者の人格的尊厳を侵しその労務提供に重大な支障を来す事由が発生することを防ぎ、又はこれに適切に対処して、職場が被用者にとって働きや

すい環境を保つよう配慮する注意義務もある」と述べています[*1]。

つまり、会社は、安全配慮義務（現在では、労契法5条）以外に、この判決の述べるような職場環境配慮義務があるとされているのです。今日では、多くの裁判例で、セクシュアルハラスメントなどのような行為があった場合に、会社の職場環境配慮義務違反があったかどうかを問い、それに違反した場合に会社に損害賠償責任を認める傾向にあります（パワーハラスメントや職場のいじめのような行為があった場合にも、会社は、同様の義務違反に問われることがあります）。

このように雇均法11条1項の義務それ自体は、事業主が政府に対して負っている義務（公法上の義務）にとどまりますが、職場環境配慮義務という概念をとおして、労働契約上の義務、あるいは不法行為における注意義務の内容に取り込まれているのです。その結果、被害者である従業員は、義務違反に対して損害賠償責任を追及するという形で、会社の責任を追及することができるのです。

(*1) 福岡セクシュアル・ハラスメント事件・前掲

参考文献

奥山明良『職場のセクシュアル・ハラスメント』（1999年、有斐閣）
水谷英夫『セクシュアル・ハラスメントの実態と法理』（2001年、信山社）
大内伸哉『君は雇用社会を生き延びられるか——職場のうつ・過労・パワハラ問題に労働法が答える』（2011年、明石書店）

キーワード

セクシュアルハラスメント、職場環境配慮義務、安全配慮義務

第8章
解雇・退職

Theme 30
会社の都合による解雇は、許されるの？

　従業員が病気で労務を提供できなくなった場合、仕事への適格性に著しく欠ける場合、著しい規律違反の場合のように、従業員側の事情による解雇であれば、場合によっては認められても納得できないわけではないのですが、経営者が放漫な経営をして企業経営を悪化させておいて、それで従業員を解雇するというのは、ちょっと納得できません。法的には、そういう解雇は許されるのでしょうか。

1 解雇の自由と権利濫用法理

　解雇については、すでに何度かふれてきましたが、ここでまとめて基本的なところから、整理しておきましょう。

　民法では、解雇についての規制はとくになく、期間の定めのない労働契約は2週間の予告をすれば、いつでも雇用（労働）契約を打ち切ることができました（627条1項）。しかし、こうした解雇の自由は、判例により修正され、解雇は、客観的に合理的な理由を欠き、社会通念上相当であると認められない場合は、その権利を濫用したものとして、無効となる、という解雇権濫用法理が構築されることになりました[*1]。現在では、その内容は労契法で定められています（16条）。なお、期間の定めのある雇用（労働）契約については、民法では、「やむを得ない事由」がある場合であれば、中途解除（解雇）ができるとされ（628条）、さらに労契法は、有期労働契約の中途解雇は、「やむを得ない事由」がな

30. 会社の都合による解雇は、許されるの？

ければ認められないと定めています（17条1項）。

（＊1）　日本食塩製造事件・最2小判昭和50年4月25日民集29巻4号456頁〔最重判51事件〕

2 労基法上の解雇規制

　一方、労契法と並ぶ、もう一つの重要な立法である労基法では、労契法の制定前から、主として二つの重要な解雇規制があります。
　一つは、会社は、従業員が業務上の負傷や疾病により療養のために休業する期間およびその後30日間は、原則として解雇することができない、というものです（19条）。労基法65条にもとづく産前産後の休業期間およびその後30日間も、同じように解雇が制限されます（同条）。
　もう一つは、予告に関する規定です。会社は、従業員を解雇する場合には、30日前に予告をしなければなりません。予告日数がそれに満たない場合には、その満たない日数に相当する平均賃金（予告手当）を支払わなければなりません（20条）。
　この規定は、天災事変その他やむをえない事由のために事業の継続が不可能となった場合、または、労働者の責に帰すべき事由にもとづいて解雇する場合には適用されません（同条1項ただし書）。解雇予告の例外が認められる事由については、行政官庁（労働基準監督署長）の認定（除外認定）を受けることが必要となります（同条3項、19条2項）。
　この例外は、労基法の予告規制に関するものであって、この要件をみたすからといって、当然に解雇が有効となるわけではありません。例外要件をみたしていても、さらに除外認定を受けていても、解雇が、前述の労契法16条にもとづき、権利濫用として無効となる可能性はあります。
　また、解雇予告規定を適用される場合でも、それに違反したからといって、当然に解雇が無効となるわけではありません。判例によると、そうした場合は、即時解雇としては効力を生じないが、会社が即時解雇に固執する趣旨でないかぎり、通知後30日の期間を経過するか、または通知後に予告手当の支払をしたときのいずれかのときから解雇の効力が生ずる、としています[＊1]。

237

なお、解雇予告に関する規定は、①日日雇い入れられる者、②2カ月以内の期間を定めて使用される者、③季節的業務に4カ月以内の期間を定めて使用される者、④試みの使用期間中の者には適用されません。ただし、①については1カ月を超えて引き続き使用されるに至った場合、②と③については、所定の期間を超えて引き続き使用されるに至った場合、④については14日を超えて引き続き使用されるに至った場合は、適用除外は認められません（労基法21条）。

このほか、労基法には、従業員がどのような理由で解雇されたかについて、会社が事前に通告をすることを義務づける規定はありませんが、従業員は、退職時に、使用期間、業務の種類、その事業における地位、賃金または退職の事由（退職の事由が解雇の場合にあっては、その理由を含む）についての証明書（退職証明書）を請求することができます（22条1項）。

さらに、解雇の場合には、解雇の予告がされた日から退職の日までの間に、解雇の理由についての証明書（解雇理由証明書）を請求することもできます（22条2項）。ただし、解雇の予告がなされても、その後に、解雇以外の事由により退職した場合には、従業員は、退職証明書の交付しか請求できません（同項ただし書）。

（＊1）　細谷服装事件・最2小判昭和35年3月11日民集14巻3号403頁〔最重判62事件〕

3　特別な解雇規制

解雇は、労契法や労基法における一般的な解雇規制以外に、個々の法律で定める不利益禁止規定により制限されることもあります。たとえば、次のようなものです。

労基法では、国籍、信条または社会的身分を理由とする差別的取扱いが禁止されているので、これらを理由とする解雇も禁止されます（労基法3条）。また、労基法に違反する事実を行政官庁または労働基準監督官に申告したことを理由とする解雇その他不利益取扱いも禁止されています（労基法104条2項。同様の規定は、最賃法34条2項、労安法97条2項、派遣法49条の3第2項にもあります）。以上の規定に違反すると、罰則が科される可能性がある点が、他の法

律の禁止規定との違いです。

　雇均法によると、従業員の性別を理由とした差別的な解雇が禁止されています（6条4号）。また、女性従業員が婚姻したことを理由とする解雇が禁止され（9条2項）、女性従業員が、妊娠したこと、出産したこと、または産前産後の休業（労基法65条1項、2項）を請求したり、取得したりしたことを理由とする解雇その他不利益取扱いも禁止されています（雇均法9条3項）。

　妊娠中の女性従業員および出産後1年を経過しない女性従業員の解雇も、原則として、無効となります（雇均法9条4項）。ただし、事業主が、雇均法9条3項に該当する差別的な解雇でないことを証明したときは、このかぎりでありません（同項ただし書）（⇒ *Theme* 28 ）。

　育介法では、育児休業、介護休業、子の看護休暇、介護休暇の申出や取得を理由とする解雇その他不利益取扱いが禁止されています（10条、16条、16条の4、16条の7）。また、3歳に満たない子を養育する従業員が、この養育のために請求する所定労働時間の制限について、その請求をしたこと、または所定労働時間を超えて労働しなかったことを理由とする解雇その他不利益な取扱いは禁止されていますし（16条の9）、同様に所定労働時間の短縮を請求したときに、そうした申出をしたこと、または措置を講じられたことを理由とする解雇その他不利益な取扱いは禁止されています（23条の2）。小学校就学の始期に達するまでの子を養育する従業員が子を養育するために請求したときに認められる時間外労働の制限についても、同様の規定が適用されます（18条の2）。

　また、個紛法では、従業員が、個別労働関係紛争に関して都道府県労働局長に紛争解決の援助を求めたことを理由とする解雇その他不利益な取扱いが禁止されています（4条3項）。同様の規定は、雇均法17条2項、育介法52条の4第2項、パート労働法21条2項にもあります。都道府県労働局長への調停の申請をしたことを理由とする解雇その他の不利益な取扱いも禁止されています（雇均法18条2項、育介法52条の5第2項、パート労働法22条2項）。

　このほか、公益通報をしたことを理由とする解雇も禁止されています（公益通報者保護法3条）。降格、減給その他不利益な取扱いも禁止されています（同法5条1項）。

　さらに、団体法の場面では、従業員が、労働組合の組合員であること、労働

組合に加入し、もしくはこれを結成しようとしたこと、もしくは労働組合の正当な行為をしたことの故をもって、その従業員を解雇したり、その他不利益な取扱いをすることは、不当労働行為に該当するとされています（労組法7条1号）。この場合は、他の規制とは違い、労働委員会という専門の行政委員会に、従業員やその所属する労働組合は救済申立てをすることができます（同法27条以下）。

4 解雇の合理的理由

以上は、法律上の解雇に関するルールですが、解雇に関する一般的な制限を定めているのは、最初にあげた労契法16条です。解雇は、客観的合理性と社会的相当性がなければ権利濫用として無効となるのです。

では、どのような理由による場合に権利濫用とならないのでしょうか。この点について、まず従業員側に起因する理由として考えられるのが、労働能力や適格性が欠如していることを理由とする解雇や職場規律に違反したことを理由とする解雇です。

ただ、解雇権濫用法理は、とても厳格な法理であり、解雇はそう簡単には有効となりません。裁判所は、従業員にとって有利な事情をできるだけ考慮して、権利濫用かどうかの判断をしようとするからです[*1]。なお、以上とは異なった類型として、ユニオン・ショップよる解雇もあります。労働組合と会社との間でユニオン・ショップ協定が締結されている場合に、その労働組合の組合員でない者（脱退した者あるいは除名された者）に対して、同協定にもとづいて行われる解雇は、権利濫用ではないとするのが判例の立場です[*2]。ただし、別の労働組合に加入したり、新たな労働組合を結成したりした場合には、解雇は無効となります[*3]（⇒ ***Theme 34***）。

一方、会社側の事情により行われる解雇もあります。それが整理解雇と呼ばれるものです。整理解雇については、法律上の定義はありませんが、「企業が経営上必要とされる人員削減のために行う解雇」という定義が一般的です。

整理解雇についても、労契法16条が適用され、客観的合理性と社会的相当性がなければ権利濫用として無効となります。逆にいうと、整理解雇は、会社の

経営上の都合によるものだからといって、許されないものではないのです。許されないのは、権利濫用となるような整理解雇だけなのです。

（＊１）　高知放送事件・最２小判昭和52年１月31日労判268号17頁〔最重判52事件〕
（＊２）　日本食塩製造事件・前掲
（＊３）　三井倉庫港運事件・最１小判平成元年12月14日労判552号６頁〔最重判149事件〕

5　整理解雇の４要素

　では、許される整理解雇とは、どのようなものなのでしょうか。この点も法律では何も定められていないのですが、判例上、「整理解雇の４要件」が定立されてきました（判例とはいえ、最高裁で認められたものではありません）。

　そのリーディング・ケースとなったのが、東洋酸素事件の東京高裁判決です(＊１)。この判決以後、整理解雇については、①人員削減の必要性、②解雇回避努力（人員削減の手段として、解雇を選択することの必要性）、③被解雇者選定の相当性、④労働者側との手続の相当性が「要件」となるとされてきました（⇒ **Theme 09**）。

　もっとも、①から④が、厳密な意味での要件であるとすると、どれか一つの要件でも欠けると解雇は無効となってしまいます。「整理解雇の４要件」も、そもそも解雇権の行使が濫用となるかどうかを総合的に判断するうえでの基準にすぎないものであり、そのことを考慮に入れると、一つひとつを要件とするのは適切でないように思えます。今日の裁判例の主流は、①から④を総合的に勘案して、整理解雇の有効性を判断するというものであり、その意味で、これらは要素と解すべきです。「整理解雇の４要素」と言うべきなのです(＊２)。現在の裁判例の主流も、この立場です。

　整理解雇の４要素のなかでも、とくに問題となるのは、②解雇回避努力です。どんなに人員削減の必要性があるとしても、安易に解雇を選択することは許されないのですが、だからといって、どこまで解雇を回避するための努力をしなければならないのかは、明確ではありません。よく議論となるのは、希望退職を募集することは、解雇回避のために絶対的に必要かという点です。しかし、希望退職は解雇回避の一つの手段にすぎず、それをしていたからといって、解

雇回避として十分と評価されるとはかぎりませんし、他方、希望退職を募集していなかったからといって、解雇回避努力がただちに不十分と判断されるわけでもありません。

また④の手続的な義務は、人員整理という従業員にとってきわめて重大な出来事について、会社のほうが誠意をもって情報提供をしたり説明したりする協議手続をふむべきという考えにもとづいているもので、実務的にも重要な意味をもつのですが、これも、どこまで協議をしておけば、会社にとって十分なものといえるかは、必ずしも明確ではありません。

①の人員削減の必要性については、基本的には、経営者の判断にゆだねられており、裁判所がふみこんだ審査をするのは適切でないと考えられています。もっとも、倒産手続中になされた解雇だからといって、当然に人員削減の必要性が認められたり、あるいはそもそも整理解雇の4要素が適用されないというわけではありません。ただし、倒産手続中であるということは、それだけ企業経営が悪化していることを意味するわけですから、結果として、①の要素が会社に有利に考慮されることはあるでしょう。

(*1)　東洋酸素事件・東京高判昭和54年10月29日労判330号71頁〔最重判57事件〕
(*2)　要素と考える裁判例の代表として、ナショナル・ウエストミンスター銀行（第3次仮処分）事件・東京地決平成12年1月21日労判782号23頁〔最重判58事件〕

6　就業規則による解雇制限

これまでは、法律や判例による解雇規制について説明してきましたが、さらに就業規則により解雇権が制限されることもあります。

労基法は、解雇に関する事項は、就業規則の絶対的必要記載事項としています（労基法89条3号）。これは会社の公法上の義務です。問題は、会社が解雇できる事由は、就業規則に記載したものに限定されるのかです。

こうした義務が課されている以上、就業規則に記載されている以外の事由にもとづく解雇はできないという考え方も十分にありうるところです。このような考え方は、解雇事由が就業規則記載のものに限定されるという意味で、限定列挙説と呼ばれます。

また、会社が就業規則に解雇事由を列挙した場合は、会社自らがそれらの事由に解雇の自由を制限して、それが労働契約の内容となるので、列挙された以外の事由による解雇は許されないことになる、という見解もあります[*1]。就業規則の解釈として、限定列挙となるということです。

これに対して、解雇権濫用法理は、解雇自由の原則を基礎として、それを制限する法理にすぎないので、就業規則の解雇事由に該当する事実がなくても、客観的に合理的な理由があれば解雇はできるとする見解もあります。このような考え方は、就業規則記載の解雇事由は例示にすぎないという意味で、例示列挙説と呼ばれます[*2]。

もっとも、就業規則には、具体的な解雇事由を定めたうえで、最後に一般的な条項（たとえば、「その他前記各号に準じた事由」といった規定）がおかれることが多いので、限定列挙説の考え方にたっても、実際に解雇事由が制限されすぎることにはなりません。もちろん、就業規則の解雇事由に該当している場合であっても常に解雇が有効とされるわけではなく、解雇権の行使が権利濫用となる可能性はあります（労契法16条）。

なお、例示列挙説においても、列挙された事由がたんなる例にすぎず、解雇の有効性判断に影響を及ぼさない、というわけではありません。例示的であれ列挙されている解雇事由にもとづく解雇の場合には解雇権の行使が濫用にあたるかどうかという判断の際に会社に有利に考慮されることになるでしょうし、逆に解雇事由に列挙されていない事由による解雇の場合には、解雇は有効と判断されにくくなるでしょう。

(*1)　裁判例として、寿建築研究所事件・東京高判昭和53年6月20日労判309号50頁
(*2)　裁判例として、ナショナル・ウエストミンスター銀行事件（第3次仮処分）・前掲

参考文献
「労働の正義」の第2話
「25の疑問」の第10話
「雇用はなぜ壊れたのか」の第7章

キーワード
解雇、解雇権濫用法理、整理解雇の4要素、就業規則

Theme 31

会社は、従業員を何歳まで雇わなければならないの？

一般には、60歳になると定年となり退職しなければならないと考えられていますが、現在の60歳といえば、まだまだ働ける年齢です。最近では、継続雇用等により、60歳を超えて働く人も増えていますが、法的なルールはどうなっているのでしょうか。

1 定年制

厚生労働省の発表した「平成20年高年齢者雇用実態調査結果」によると、定年制がある事業所の割合は73.5％となっています。事業所規模でみると、1000人以上規模では99.8％とほぼすべての事業所で定年制が導入されています。5〜29人規模でも、69.6％と7割近くの事業所で定年制が導入されています。

定年年齢でみると、一律定年制のある事業所のうち、定年が60歳のところは82.0％、61〜62歳のところは1.5％、63〜64歳のところは1.7％、65歳以上のところは14.8％でした。これを、1000人以上の規模の事業所でみると、定年が60歳のところが96.4％とほとんどを占めていました。事業規模が小さくなるほど、定年年齢は上がっていく傾向にあります。

定年年齢は、かつては50歳や55歳とされており、平均寿命がいまほど長くなかったので、定年まで働くことを終身雇用と呼んでも違和感はありませんでした。しかし、現在では、定年まで働いたとしても、引退後の人生が長く残っており、これを終身雇用と呼ぶのは、もはや妥当でないような気もします。

2 定年制の雇用保障機能

こうした高齢化の時代ですので、定年で従業員を辞めさせることに合理性があるのかが疑問をもたれるようになってきています。また、定年制は年齢差別として禁止すべきではないのか、というような主張も有力になされてきました

31. 会社は、従業員を何歳まで雇わなければならないの？

（アメリカでは、40歳以上の定年制を設けることは、年齢差別禁止法に違反するものとして禁止されています）。年齢に関係なく働ける「エイジフリー社会の実現を」というようなスローガンが提唱されることもありました。

もっとも、労基法の均等待遇規定（3条）では、年齢を理由とする差別は禁止されていません。2007年に改正された雇用対策法10条における「事業主は、労働者がその有する能力を有効に発揮するために必要であると認められるときとして厚生労働省令で定めるときは、労働者の募集及び採用について、厚生労働省令で定めるところにより、その年齢にかかわりなく均等な機会を与えなければならない」という規定が、日本で初めて設けられた年齢差別禁止規定ですが、これも募集・採用段階の差別規制であり、しかも例外が広く認められています（同法施行規則1条の3を参照）。

日本の雇用社会で年齢による差別を禁止しようとする発想は、なかなか深く浸透しにくいものであると思います。もし、これを徹底すれば、年齢にともない賃金が上昇していく年功型賃金は若年者に対する年齢差別となりかねません。また、かりに定年制を年齢差別として禁止するとすれば、それは従業員本人の実力に着目する実力主義を認めたことになります。実力主義にすると、実力がなくなれば解雇するということにならなければ一貫しないことになります。そうなると、現在よりも、解雇規制（労契法16条）を緩めることになると思いますが、それは望ましい結論なのでしょうか。このことは、定年制には、定年となった従業員の雇用を奪うという面があることは事実ですが、同時に、解雇権濫用法理（労契法16条）とリンクすることにより、定年までの雇用を保障する面もあることを示しています。

「エイジフリー社会」の主張が、最近あまり聞かれなくなったのは、定年制のもつ雇用保障面が評価し直されたからではないかと思います。また、それ以上に、最近では、若年者の雇用不安が深刻化しているので、それを助長しかねない高年齢者の雇用延長は声高には叫ばれなくなったという事情もあるでしょう。

さらに、高年齢者が実際に雇用されるようになってきたという点も指摘できるかもしれません。前記の「平成20年高年齢者雇用実態調査結果」によると、60歳以上の労働者を雇用している事業所割合は59.4％で前回調査に比べて8.9ポ

イント上昇しています。そのうち、60～64歳の労働者を雇用している事業所割合は50.2％（前回調査では41.3％）、65～69歳の労働者を雇用している事業所割合は26.9％（前回調査では22.5％）、70歳以上の労働者を雇用している事業所割合は15.6％（前回調査では13.1％）となっており、いずれも前回調査より上昇しています。

3　定年制の合理性

　定年制の合理性をめぐっては、就業規則の拘束力や合理的変更法理（現在の労契法の7条および10条）で有名な秋北バス事件判決は、次のように述べています[*1]。
　「一般に、老年労働者にあっては当該業種又は職種に要求される労働の適格性が逓減するにかかわらず、給与が却って逓増するところから、人事の刷新・経営の改善等、企業の組織および運営の適正化のために行なわれるものであって、一般的にいって、不合理な制度ということはでき」ない。
　また、下級審判決ですが、平成2年段階での55歳定年制を有効と判断した、アール・エフ・ラジオ事件では、定年制について、次のように述べています[*2]。
　「一般に労働者にあっては、年齢を経るにつれ、当該業種又は職種に要求される労働の適格性が逓減するにかかわらず、給与が却って逓増するところから、人事の刷新・経営の改善等、企業の組織及び運営の適正化を図るために定年制の定めが必要であるという合理的理由が存するし、労働者の側からみても、定年制は、いわゆる終身雇用制と深い関連を有し、定年制が存するが故に、労働者は、使用者による解雇権の行使が恣意的になされる場合は、これが権利濫用に当たるものとして無効とされ、その身分的保障が図られているものということができ、また、若年労働者に雇用や昇進の機会を開くという面があり、一応の合理性があることを否定できない」。
　このように、これまでの判例は、定年制の合理性を肯定してきました。

（＊1）　秋北バス事件・最大判昭和43年12月25日民集22巻13号3459頁〔最重判79事件〕
（＊2）　アール・エフ・ラジオ事件・東京高判8年8月26日労判701号12頁〔最重判68事件〕

4 高年法による規制

　会社は、定年年齢を自由に設定できるわけではありません。高年法は、その8条で、60歳を下回る定年を禁止しています。60歳未満の定年を定めた場合について、裁判例は、定年の定めがなくなるとするものもあります[*1]が、学説上は、60歳定年となるとする見解が有力です。

　定年が60歳であったとしても、その年齢で会社から放逐されると、生活に困る人はたくさんいるでしょう。定年して職業生活を引退した人は、後は年金で生活するというのが、通常の人生設計でしょうが、肝心の公的年金（労働者の場合には、厚生年金）のほうの支給開始年齢が徐々に引き上げられています。

　厚生年金は、定額部分と報酬比例部分の二階建てであり、定額部分は2001年から引上げが開始して、2013年に65歳への引上げが完了します。報酬比例部分は、2013年から引上げが開始し、2025年に完了します。報酬比例部分の引上げにともない、もし60歳定年が維持されていると、早くも2013年以降は、定年になっても無年金となる者が出現するわけです。つまり、現在のままでは、定年から年金受給の開始年齢までの間に「空白」が生じることになります。

　そこで、高年法は、その間をつなぐために、60歳を超えても、高年齢者が雇用されて賃金を得ることにより生計を維持することができるように配慮しました（60歳代前半の従業員の中には健康状態に問題がなく、勤労意欲のある人が多いという事情もあります）。それが、高年齢者雇用確保措置です。

（＊1）　牛根漁業協同組合事件・福岡高宮崎支判平成17年11月30日労判953号71頁

5 高年齢者雇用確保措置

　高年齢者雇用確保措置について定めた高年法9条1項は、次のような規定です。
　「定年（六十五歳未満のものに限る。以下この条において同じ。）の定めをしている事業主は、その雇用する高年齢者の六十五歳までの安定した雇用を確保するため、次の各号に掲げる措置……のいずれかを講じなければならない。
　一　当該定年の引上げ

二　継続雇用制度（現に雇用している高年齢者が希望するときは、当該高年齢者をその定年後も引き続いて雇用する制度をいう……）の導入
　三　当該定年の定めの廃止」

　これまでも65歳までの継続雇用を奨励する政策はとられていましたが、高年法の2004年改正で設けられたこの規定により、従業員に対して65歳までの雇用確保措置を講じることが、会社の法的な義務となったのです（ただし、この規定には経過措置があり、実際に65歳までの雇用確保措置が義務づけられるのは2013年からとなっています）。

　高年法が、高年齢者雇用確保措置として定めているのは、①定年引上げ、②継続雇用制度、③定年廃止ですが、圧倒的に多くの会社は、継続雇用制度を採用しています。

　前記の「平成20年高年齢者雇用実態調査結果」によると、一律に定年制を定めている事業所で定年年齢が60～64歳の事業所では、継続雇用制度がある事業所割合は89.1％となっています。このうち勤務延長制度がある事業所割合は27.3％、再雇用制度がある事業所割合は83.5％となっています。継続雇用制度には、勤務延長制度と再雇用制度とがあるのですが、後者のほうが多いのです。再雇用制度は、労働契約をリセットすることになり、賃金等について引き下げることになっても、労働条件の不利益変更の問題（⇒ ***Theme*** **07**）が原則として生じないため、会社側にとっては使い勝手のよい制度なのです[*1]。

　事業所規模別に継続雇用制度がある事業所割合をみると、1000人以上規模が99.5％、300～999人規模が99.4％と、ほぼすべての事業所で継続雇用制度が導入されています。

（*1）　X運輸事件・大阪高判平成22年9月14日労経速2091号7頁も参照

6　継続雇用制度

　このように継続雇用制度を導入するところが多いのですが、その理由の一つには、法規定上の理由もあります。高年法9条2項には、次のような規定があります。

31. 会社は、従業員を何歳まで雇わなければならないの？

「事業主は、当該事業所に、労働者の過半数で組織する労働組合がある場合においてはその労働組合、労働者の過半数で組織する労働組合がない場合においては労働者の過半数を代表する者との書面による協定により、継続雇用制度の対象となる高年齢者に係る基準を定め、当該基準に基づく制度を導入したときは、前項第二号に掲げる措置を講じたものとみなす。」

これによると、事業主は、過半数代表との労使協定により、継続雇用制度の対象者の基準を設けていれば、高年齢者雇用確保措置の履行をしたことになります。その基準を適用して再雇用されない高年齢者がいるとしても、それは高年齢者雇用確保措置の不履行とはならないということです。

また、高年法付則5条1項には、過半数代表との協定締結に至らなかった場合には、継続雇用制度の対象者の基準を就業規則によって設けてもよいという経過措置もありました。ただし、この経過措置の認められる期間は終了しています。

高年法9条をめぐっては、いくつかの解釈上の問題があります。

第1に、高年法9条1項に違反して、高年齢者雇用確保措置をとっていなかった場合には、どうなるのかです。この点については、学説上、激しい対立があります。大きく分けると、高年法9条は公法上の規定であって、それに違反した場合には公法上の制裁（高年法10条にもとづく、厚生労働大臣の助言、指導、勧告）があるにとどまるとする見解と、それでは高年法9条1項の意味がなくなるとして、同条に違反した会社に対して、従業員は60歳を超えても継続雇用されることを求める請求権を有するという見解とがありました。しかし、裁判例は、前者の立場で、高年法9条には私法上の効力はなく、従業員に継続雇用請求権を認めるものではないとしています[*1]。

第2に、過半数代表との労使協定で基準を設ける場合、どのような基準が妥当であるのか、です。この基準が厳格すぎると、多くの従業員が継続雇用から排除されてしまい、高年齢者雇用確保措置は実効性を失ってしまいます。この点、通達は、「意欲、能力等をできる限り具体的に測るものであること（具体性）」と「必要とされる能力等が客観的に示されており、該当可能性を予見することができるものであること」（客観性）という基準が望ましいとしています（平成16年11月4日職高発1104001号）。

249

第3に、客観的に判断すると基準に合致しているにもかかわらず、会社から基準に合致していないという理由で継続雇用を拒否された従業員が、継続雇用を求めることができるかどうかです。前述のように、まったく継続雇用制度を設けていない場合には、継続雇用請求権は認められませんが、いったん就業規則で継続雇用制度を設けていれば、この制度を根拠として継続雇用請求が認められる余地が出てきます。

　裁判例には、継続雇用の対象となる従業員が継続雇用を希望したことは、継続雇用契約の申込みであるとし、会社は、このとき、客観的にみて継続雇用の基準に合致しているにもかかわらずに承諾しないことは権利濫用となるので、そのときには承諾したものとみなされるとするものがあります[*2]。あるいは、こうした継続雇用拒否に対しては、労契法16条の類推適用をすべきであると述べる裁判例もあります[*3]。

（*1）　NTT西日本事件・大阪高判平成21年11月27日労判1004号112頁〔最重判増補4事件〕
（*2）　津田電気計器事件・大阪高判平成23年3月25日労判1026号49頁
（*3）　東京大学出版会事件・東京地判平成22年8月26日労判1013号15頁

7　高年法の改正

　このような裁判例があるなか、前述のような年金の支給開始年齢の引上げの動き（とくに報酬比例部分の引上げの動き）は、高年齢者に対して、就労による所得保障をする必要性をいっそう高めることになります。そこで、高年法は、次のような内容に改正されることが検討されています。

　第1に、現在の高年法9条2項は全面的に改められ、労使協定により基準を設けるという仕組みをなくそうとしています。そのうえで、新たにグループ企業（「特殊関係事業主」[*1]）の範囲で雇用を継続すれば、高年齢者雇用確保措置を講じたことになることにしようとしています（改正後の9条2項）。

　第2に、高年齢者雇用確保措置を講じる義務に違反した場合の制裁として、これまでの助言、指導、勧告に加えて、勧告を受けたがこれに従わなかった場合の公表が追加されています（改正後の10条3項）。

　現在の9条2項が、実際上、高年齢者雇用確保措置を講じる義務の抜け道と

なる可能性があったことに対処して、義務を強化する一方で、グループ企業での雇用確保でよいとするという形でバランスをとっています。

　もっとも、こうした高年齢者の雇用確保の強化は、とくに中小企業にとっては重い負担になるかもしれません。それは、結局は、現役層の労働条件を低下させたり、若年層の雇用に悪影響をもたらしたりするおそれがあります。

　ただ、その一方で、会社としては、少子化にともなう労働力人口の減少が確実に進行していく以上、高年齢者の活用は、法律により義務づけられているかどうかに関係なく積極的に対応していく必要があることも事実です。また、適切な高年齢者雇用確保措置を講じていなければ、従業員の労働意欲は高まらず、会社の業績にマイナスの影響が生じるおそれがあるということも考慮に入れておく必要があるでしょう。

（＊１）　当該事業主の経営を実質的に支配することが可能となる関係にある事業主等をさす。

参考文献
「25の疑問」の第19話
「キーワード」の第６話
「雇用はなぜ壊れたのか」の第９章
森戸英幸『いつでもクビ切り社会──「エイジフリー」の罠』（2009年、文春新書）

キーワード
定年、年齢差別、高年齢者雇用確保措置、継続雇用、公的年金

Theme 32

会社は、従業員の退職後の就職先を制限してよいの？

　在職中は、他社でアルバイトをしたりしてはならないというのは、よくわかります。しかし、退職したら、どこで働こうが自由だと思います。ところが、うちの会社は、退職後も1年間は同業他社で働いてはいけない、というのです。こうした制限は適法なのでしょうか。

1　職業選択の自由

　憲法22条1項には、「何人も、公共の福祉に反しない限り、居住、移転及び職業選択の自由を有する。」と定められています。つまり、労働者には、職業選択の自由が保障されているのです。どこで、どのような仕事をするかは、労働者が自由に選べるはずです。

　ところが、この憲法上も保障されている職業選択の自由が、現実の雇用社会では制限を受けることがあるのです。会社のなかには、従業員に対して、その退職後に、会社と同じ業種の他社で勤務してはならない、あるいは起業してはならないという義務を課すことがあるからです。このように競業してはならないとする義務のことを競業避止義務と呼びます。

　会社としては、従業員が退職後に同業他社で働くことにより、損害を被ることがあり、それを回避するために、こうした義務を課そうとします。たとえば、A学習塾の人気講師が退職した後、近くのB学習塾の講師となり、A学習塾の生徒がごっそりとB学習塾に移ってしまったとすればどうでしょうか。A学習塾は大きな打撃を受けることになります。

　もっとも、その講師にとっては、B学習塾から、A学習塾よりはるかに高い給料を出すと言われたとすると、B学習塾に移籍したいと考えるのは当然でしょう。労働者には退職の自由が認められており、移籍の自由も当然そこに含まれています。

　また学習塾に子を通わせる親にとってみれば、学習塾どうしが競い合って良

い講師を雇って授業のクオリティを上げようとすることは望ましいことであり、逆に特定の学習塾が特定の講師を抱え込むのは望ましくないと考えるかもしれません。

このように競業避止義務を認めるかどうか（あるいは、認めるとすれば、どの範囲までか）という点をめぐっては、この義務に関係する利害関係者の利益を調整する必要があるため、難しい問題となるのです。

ところで、先ほど、憲法において、職業選択の自由を保障していると述べましたが、厳密にいうと、このことの法的な意味は、公権力が国民に対して職業選択の自由を制限してはならないということにとどまり、会社が従業員との間で職業選択の自由を制限する契約を結ぶことまでが、憲法違反となるわけではありません。

ただ、憲法に違反しなくても、契約の一般原則を定める民法に違反する可能性はあります。民法は、「公の秩序又は善良の風俗に反する事項を目的とする法律行為は、無効とする」として、公序良俗に反する法律行為（契約等）を無効とすると定めています（90条）ので、従業員の職業選択の自由を制限する契約は、この公序良俗に反するという理由で無効となる可能性があるのです。

2 競業避止義務の根拠

従業員は、労働契約の締結により、信義則上、会社の利益を不当に侵害してはならない義務を負うと解されています。このような従業員の義務を、誠実義務と言います。

競業避止義務は誠実義務の一つに含まれますが、その義務違反について、会社が懲戒処分等を課すためには、就業規則上の根拠が必要となります（なお、会社の取締役の競業避止義務については、会社法356条で明文で規定があります。この規定は、委員会設置会社の執行役にも準用されます［同法419条］）。

競業避止義務が、具体的に、どのような場合に課されるかについては、従業員の在職中と退職後を分けて考える必要があります。在職中の競業避止義務は、多くの場合、兼業規制に含まれます。このような兼業規制が就業規則で定められている会社であれば、競業行為をすれば、当然に兼業規制にひっかかること

になります（もちろん、競業避止義務が、兼業規制とは独立して定められていることもあります）。兼業規制に違反した場合には、懲戒解雇になる可能性もあります（⇒ ***Theme 20***）。

　問題となるのは、退職後の競業避止義務です。定年退職したような場合を除くと、労働者は退職後も自らの生活のために、仕事をしていかなければなりません。そのときに、自分がそれまでやっていた仕事に関係する転職先を探したいと考えるのは自然なことであり、これもまた職業選択の自由に含まれるでしょう。しかし、競業避止義務が課されていれば、そのような自由を享受できなくなるのです。

　退職後は、もはや労働契約関係が存在しないので、労働契約上の信義則が妥当する基盤はなくなり、誠実義務も及ばないことになります。そのため、元従業員に退職後も競業避止義務を課すためには、会社は、その元従業員との間で、そのような義務を元従業員が負担する旨の合意を改めてしなければならないと解されています。

　ただ、合意があれば当然に競業避止義務が有効に課されるということではありません。前述のように、合意（契約）があったとしても、それが公序良俗に違反する場合であれば、その合意（契約）は無効となることがあるのです（民法90条）。

3 競業避止特約の有効性

　会社と従業員が、退職後の競業避止義務について交わした特別な合意（競業避止特約）の有効性が争われた例は、かなりの数に上ります。その代表例が、フォセコ・ジャパン・リミテッド事件です[*1]。

　この事件の事実関係は、次のようなものでした。冶金用副資材の製造・販売を業とするA社は、その元従業員であるBとCとの間で、在職中に、A社の技術的秘密を保持するために、①労働契約の存続中または終了後を問わず、業務上知りえた秘密を他に漏洩しないこと、②労働契約の終了後満2年間は、A社と競業関係にある一切の企業に直接にも、間接にも関係しないこと、という内容の競業避止特約を交わしていました。ところが、BとCは、A社に約11年勤

務した後にA社を退職し、A社と競業関係にあるD社の取締役に就任しました。そこで、A社は、BとC両名に対し、前記の競業避止特約にもとづいて、競業行為の差止めを求める仮処分を申し立てました。

　争点となったのは、A社とBらとの間で交わされていた競業避止特約の有効性です。裁判所は、次のように述べました。

　「競業の制限が合理的範囲を超え、Bらの職業選択の自由等を不当に拘束し、同人の生存を脅かす場合には、その制限は公序良俗に反し無効となることは言うまでもないが、この合理的範囲を確定するにあたっては、制限の期間、場所的範囲、制限の対象となる職種の範囲、代償の有無等について、A社の利益（企業秘密の保護）、Bらの不利益（転職、再就職の不自由）及び社会的利害（独占集中の虞れ、それに伴う一般消費者の利害）の三つの視点に立って慎重に検討していくことを要する」。

　このように、競業避止特約の有効性については、どれだけの期間、競業を制限するのか、競業が制限される場所的範囲はどこまでか（特定の地域か、全国か、世界中かなど）、どのような職種で競業することが制限されるのか、競業制限に対する代償（手当等）があるかどうか、という点を判断要素としたうえで、競業を制限しようとする会社の利益、競業を制限される元従業員の利益、社会的利益を総合的に考慮していくことになっています。

　もちろん、これでは、有効性の判断基準が具体的に明確になっているとはいえず、最終的な結論は、裁判所に行ってみなければわからないことになります。そのため、競業避止特約の有効性をめぐる紛争は、これまでも数多く生じています。とりわけ、元従業員が、元にいた会社で知りえた営業秘密やノウハウなどを用いて、別会社を立ち上げたり、別会社で雇われたりして、元の会社の顧客を奪うようなことがあると、紛争は深刻なものとなります。

　先ほどの裁判例は、結論として、競業の制限期間が2年間という短期間であること、制限の対象となる職種は、金属鋳造用副資材の製造販売と競業関係にある会社とされていて、制限の対象は比較的狭いこと、場所は無制限であるものの、それはA社の営業の秘密が技術的秘密である以上やむをえないと考えられること、退職後の制限に対する代償は支給されていないが、在職中に機密保持手当がBとCに支給されていたこと、という事情を総合的に考慮して、前記

の競業避止特約は有効であると判断しています。

　なお、最近の裁判例においては、競業避止特約は有効であるとしたうえで、その義務の範囲を限定的に解釈して、結論として、義務違反の成立を否定するものもあります[*2]。これは、競業が制限される範囲が広すぎるという理由から競業避止特約を無効とするのは行き過ぎである場合に、特約を有効としたうえで、その禁止する範囲を解釈によって制限しようとするものであり（実質的には、一部無効ということです）、バランスのとれたアプローチといえます。

　ただ、このアプローチが定着していくと、会社は、裁判所の解釈によって競業の範囲が制限されることを見越して、その範囲を広めに設定していこうと考える危険性もあり、その弊害に留意しておく必要があります（特約が無効とされる可能性が高い場合のほうが、会社は競業を禁止する範囲を慎重に限定しようとするでしょう）。

（*1）　奈良地判昭和45年10月23日判例時報624号78頁〔最重判9事件〕
（*2）　アートネイチャー事件・東京地判平成17年2月23日労判902号106頁、三田エンジニアリング事件・東京高判平成22年4月27日労判1005号21頁など

4　競業避止義務違反に対する制裁

　競業避止特約が有効である場合、それに違反した元従業員には、どのような制裁が課されることになるのでしょうか。

　まず第1に、会社からは、競業行為の差止めが申し立てられる可能性があります。競業避止特約にもとづく競業避止義務を履行していないので（債務不履行）、その履行が求められるということです。これは、元従業員の職業選択の自由と正面から衝突するものですが、競業避止特約が有効とされる以上、こうした差止め請求が認められる可能性を理論的に否定することは困難です[*1]。

　第2に、競業避止義務違反により、会社に具体的な損害が発生し、そのことを会社が立証できた場合、会社は、競業避止義務に違反した元従業員に対して、損害賠償を請求することができます（民法415条）。競業避止特約を結んでいない場合でも、場合によっては、不法行為を理由とする損害賠償責任を追及できることがあるでしょう（民法709条）[*2]。

第3に、退職金が没収されたり、減額されたりすることもあります。これについては、有名な最高裁判決があります[*3]。
　これは、ある広告代理業等を営むE社が、退職した従業員に支払った退職金の半額の返還を求めたという事件です。この元従業員は、退職時に、E社に対して、同業他社に就職した場合には、受領した退職金の半額を返還することを約束していました。また、E社では、退職金規則において、同業他社への転職のときは自己都合退職の2分の1の乗率で退職金が計算されるということが定められていました。
　最高裁は、次のように述べています。
　「E社が営業担当社員に対し退職後の同業他社への就職をある程度の期間制限することをもって直ちに社員の職業の自由等を不当に拘束するものとは認められず、したがって、E社がその退職金規則において、右制限に反して同業他社に就職した退職社員に支給すべき退職金につき、その点を考慮して、支給額を一般の自己都合による退職の場合の半額と定めることも、本件退職金が功労報償的な性格を併せ有することにかんがみれば、合理性のない措置であるとすることはできない。すなわち、この場合の退職金の定めは、制限違反の就職をしたことにより勤務中の功労に対する評価が減殺されて、退職金の権利そのものが一般の自己都合による退職の場合の半額の限度においてしか発生しないこととする趣旨であると解すべきであるから、右の定めは、その退職金が労働基準法上の賃金にあたるとしても、所論の同法3条、16条、24条及び民法90条にはなんら違反するものではない」。
　この判決では、退職金には、功労報償的な性格があることも考慮されて、退職金の減額を有効と認めています。
　一方、下級審判決ですが、同じ広告代理業を営むF社において、従業員が退職後6カ月以内に同業他社に就職した場合には退職金を支給しないことが就業規則で定められていたというケースで、その規定にもとづく不支給措置を無効としたものもあります[*4]。
　裁判所は、次のように述べています。
　「本件退職金……が……継続した労働の対価である賃金の性質を有すること（功労報償的性格をも有することは、このことと矛盾するものでない……）、本

件不支給条項が退職金の減額にとどまらず全額の不支給を定めたものであって、退職従業員の職業選択の自由に重大な制限を加える結果となる極めて厳しいものであることを考慮すると、本件不支給条項に基づいて……支給額を支給しないことが許容されるのは、同規定の表面上の文言にかかわらず、単に退職従業員が競業関係に立つ業務に6か月以内に携わったというのみでは足りず、退職従業員に、前記のよう労働の対償を失わせることが相当であると考えられるようなE社に対する顕著な背信性がある場合に限ると解するのが相当である」と述べ、「このような背信性の存在を判断するに当たっては、F社にとっての本件不支給条項の必要性、退職従業員の退職に至る経緯、退職の目的、退職従業員が競業関係に立つ業務に従事したことによってF社の被った損害などの諸般の事情を総合的に考慮すべきである」。

　退職金には功労報償的な性格があるとはいえ、賃金の後払い的な性格もあることを考慮すると、いくら競業避止義務違反があるとはいっても、退職金を全額不支給とするのは、顕著な背信性がある場合にかぎられるべきなのです。この点は、懲戒解雇の場合の退職金の不支給と同様です（⇒ **Theme 23**）。

（*1）　これを肯定した裁判例として、フォセコ・ジャパン・リミテッド事件・前掲等。
（*2）　最高裁は、競業避止特約がない場合でも、「元従業員等の競業行為が、社会通念上自由競争の範囲を逸脱した違法な態様で雇用者の顧客を奪取したとみられるような場合等は、不法行為を構成することがある」としています（三佳テック事件・最1小判平成22年3月25日労判1005号5頁）。
（*3）　三晃社事件・最2小判昭和52年8月9日労経速958号25頁〔最重判10事件〕
（*4）　中部日本広告社事件・名古屋高判平成2年8月31日労判569号37頁

5　競業避止義務はどうあるべきか

　このように、退職金まで没収される場合は、そう多くないかもしれませんが、競業避止義務が、元従業員の再就職にとって制限をもたらすものであることには違いありません。会社間の競争の促進という観点からは、従業員の会社間移動はできるだけ自由であるべきということもいえそうです。

　もっとも、会社としては、せっかく育成した従業員を、同業他社に引き抜かれるとなると、その従業員に対してきちんとした教育訓練をしないようになる

おそれもあります。それは、日本経済全体にとっては望ましいことではないでしょう。そのような点を考慮すると、会社が競業避止義務を課すことを否定的に考えすぎることは妥当でないと思われます。

さらに、業種によっては会社の営業秘密を確実に保持するために、競業避止義務を課すこともあるでしょう。会社の営業秘密がいったん漏洩すると、致命的なダメージを受ける業種の会社では、競業避止義務を課して、違反者に対しては競業の差止めをできるようにしておくことは会社防衛のために必要なことかもしれません。

おそらく、元従業員の職業選択の自由に配慮しながら、会社の正当な利益も守られるようにするには、競業禁止によって元従業員が受ける経済的な損失を会社が適切に補償するということが重要なポイントとなるとも思われます。前述の競業避止特約の有効性のところでも、代償措置の有無は判断要素の一つにあげられていました。裁判例のなかには、代償措置がないことを理由に競業避止特約を無効としたものもあります[*1]。

適正な補償額がどの程度のものであるかはケースバイケースの判断となりますが、補償額が十分なものであれば、競業避止特約は有効と認められやすくなると考えるべきでしょう。

（＊1）　東京貸物社事件・東京地判平成12年12月18日労判807号32頁

[参考文献]
「労働の正義」の第16話

[キーワード]
誠実義務、競業避止義務、職業選択の自由、退職金、営業秘密

第3編

労働組合に関するルールを学ぼう

第1章
労働組合とは、どんな組織か

Theme 33

管理職は労働組合に加入してはならないの？

　日本の労働組合は、ある程度のレベルの管理職になると脱退しなければならないとされています。しかし、管理職になったからといって、待遇がとくによくなるわけではなく、むしろ残業代がなくなるなど、労働条件が厳しくなることもあります。管理職は、こうしたときに、労働組合に加入したり、あるいは自ら労働組合を結成したりしては、いけないのでしょうか。

1 日本の労働組合

　日本の労働組合の多くは、企業別組合です。最近では、企業横断的で地域レベルで組織されている合同労組（コミュニティ・ユニオンと呼ばれたりもします）の活動も活発ですが、中心となる組織形態は企業別組合です。企業別組合の組合員資格は、その会社の正社員であることが一般的です。

　労働組合の組織率は、厚生労働省の行った「平成23年度労働組合基礎調査」によると、平成22年6月30日現在で、推定組織率（雇用者数に占める労働組合員数の割合）は、18.5％です。5人に1人も労働組合に入っていないのです。また、労働組合の組織状況は大企業に偏っているという問題もあります。従業員数1000人以上の大企業では、労働組合の組織率は、46.6％とかなり高いですが、零細企業ではほとんど組織されていません。

　なお、最近では、パートなどの非正社員の組織化を進める労働組合も増えて

おり、パートタイム労働者で労働組合に加入している者の数は、平成23年度は77万6千人で前年度より5万人増加しています（全労働組合員数に占める割合は7.8パーセントとなっています）。組織化は着実に進行していますが、企業別組合が正社員を中心とするという実態には、それほど変わりがありません。

2 法律上の労働組合

　労働組合は、労働者の団体ですが、そのすべてが、法律による助成や保護の対象となるわけではありません。労組法は、労働組合について、次のように定義しています（2条）。
　「この法律で『労働組合』とは、労働者が主体となつて自主的に労働条件の維持改善その他経済的地位の向上を図ることを主たる目的として組織する団体又はその連合団体をいう。」
　この定義に合致している労働者団体であるかどうかは、とくに不当労働行為の救済を申し立てるときに意味があります。不当労働行為とは、使用者による反組合的な行為であり（大きく分けると、「不利益取扱い」、「団体交渉拒否」、「支配介入」の類型があります）、不当労働行為を受けた労働組合やその組合員は、労働委員会という特別の行政機関に対して、救済を申し立てることができます（7条、27条以下）。
　申立てを受けた労働委員会は、ある労働者団体が、労組法に適合しているかどうかを審査し（これを資格審査といいます）、適合性を認めた場合にのみ、不当労働行為の救済を行います。では、具体的に、労働委員会は、どのように資格審査を行うのでしょうか。労組法5条は、次のように定めています。
　「労働組合は、労働委員会に証拠を提出して第2条及び第2項の規定に適合することを立証しなければ、この法律に規定する手続に参与する資格を有せず、且つ、この法律に規定する救済を与えられない。」
　この条文でいう「第2条」は、労働組合の定義に関する規定です。「第2項」は、労働組合の規約の必要記載事項に関する規定です（5条2項）。この二つの要件をみたせば、労働委員会は、労組法上の労働組合と認定するわけです。労組法上の労働組合と認定されることは、不当労働行為の救済以外にも、法人登記

の申請や労働委員会の労働者委員（労働委員会は、公益委員、労働者委員、使用者委員の三者構成です）の推薦等をする資格を得ることができるというメリットがあります。

3 「利益代表者」とは？

　労働組合は、「労働者が主体となつて……組織する」ものです（労組法2条）が、実際には、労組法上の労働者（同3条）に該当するにもかかわらず、労働組合に加入できない人がいます。実は、企業別組合では、課長クラス以上には、組合員資格を認めないのが一般的なのです。どうして、そうなるかというと、労働組合も会社も、従業員が課長になれば、「利益代表者」に該当すると考えているからです。

　では「利益代表者」とは、何なのでしょうか。労組法2条は、前述の労働組合の定義をしたうえで、「但し、左の各号の一に該当するものは、この限りでない。」としています。それに続いて出てくるのが、「利益代表者」に関する規定です（2条1号）。そこでは、①役員、②雇入、解雇、昇進、異動に関して、直接の権限を持つ監督的地位にある労働者、③使用者の労働関係についての計画と方針とに関する機密の事項に接し、そのためにその職務上の義務と責任とが当該労働組合の組合員としての誠意と責任とに直接に抵触する監督的地位にある労働者、④その他使用者の利益を代表する者が加入しているもの、があげられています。

　つまり、①から④の者が加入することは、労組法上の労働組合の欠格事由とされているのです。④の「使用者の利益を代表する者」のことを、「利益代表者」と呼ぶのです（以下では、4つの類型を総称するときは、「利益代表者等」と呼びます）。後述の裁判例も参考にすると、課長の場合には、人事課長等であれば②に、総務課長等であれば③に、その他の課長であれば④に該当する可能性が高くなるでしょう。

　労組法が「利益代表者等」の加入する労働組合を、労組法上の定義から除外したのは、「利益代表者等」が加入しているような労働組合は、会社に支配された傀儡組合、すなわち御用組合となってしまう危険性が高いからです。労組

法は、労働組合がこうした状況に陥らないように、いわば後見的な（パターナリスティックな）観点から、加入すると危険な労働者のカテゴリーを法律で列挙したわけです。それが、①から④の労働者です。

なお、自主性は、「利益代表者等」の加入を排除するだけでなく、経費援助を受けることを禁止するという形でも担保されています。すなわち、労組法2条2号では、「団体の運営のための経費の支出につき使用者の経理上の援助を受けるもの」を、労組法上の労働組合の欠格事由としています。さらに、会社がこうした経費援助をすることは、支配介入の不当労働行為に該当するとして禁止されてもいます（労組法7条3号）。

4 課長は、ほんとうに労働組合に加入できないのか

前述のように、「利益代表者等」が加入しているような労働組合は、欠格事由があるとして、資格審査をパスしないので、不当労働行為の救済を申し立てることができないことになります。こうしたこともあり、実務上は、「利益代表者等」に該当する課長が、労働組合に加入することはできないという理解が広がっていったと考えることができます。

もっとも、これには二つの疑問点があります。一つは、課長は、ほんとうに「利益代表者等」なのか、という点です。「管理監督者」をめぐる議論と同様、課長が必ずしも「利益代表者等」に該当するわけではありません。もう一つは、「利益代表者等」は、ほんとうに労働組合に加入できないのでしょうか。

前者の疑問点には、後でまたふれるとして、ここでは、後者の疑問点に先に答えておくことにします。まず正解を言っておくと、「利益代表者等」が労働組合に加入することそのものは、法律上禁止されているわけではないのです。

たしかに、「利益代表者等」が加入している労働組合は、労組法上の労働組合には該当しないとしても、それは労組法5条1項で定めているように、労組法の「規定する手続に参与する資格を有せず」、また労組法に「規定する救済を与えられない」だけであり、それ以上の不利益を受けるわけではありません。

そもそも、憲法は、勤労者の団結権、団体交渉権、団体行動権を保障しています（28条）。憲法より下位にある労組法が、憲法で保障している保護を奪う

ことはできないのです。したがって、学説上は、「利益代表者等」という概念は、労組法上のものにすぎず、憲法レベルで考えると、「利益代表者等」が参加している労働組合であっても、少なくとも自主性が確保されていれば（あるいは、労組法2条本文の要件さえ充足していれば）、憲法上の団結として、労組法が創設したものではない保護を受けることができるとする見解が有力です。

たとえば、会社が、団体交渉を不当に拒否してそれにより損害が生じたときに、労働組合は、民法の不法行為の規定（709条）にもとづき、賠償請求ができるでしょう。たしかに、労組法により創設された労働委員会における不当労働行為の救済（これを、行政救済といいます）は、資格審査をパスできない以上、利用することはできませんが、裁判所における救済（これを、司法救済といいます）を求めることは否定されないのです。

このほか、正当な争議行為をしたときに認められる民事免責（労組法8条を参照）や刑事免責（労組法1条2項）も、憲法上の保護に含まれると解されています（⇒ ***Theme*** **36**）ので、「利益代表者等」が参加している労働組合にも認められる可能性があります。

5　「利益代表者」性の判断

ところで、法律上は、具体的にどのような管理職が「利益代表者等」に該当するかは、明らかにされていません。とくに「利益代表者」については、条文上も基準が明確になっていません。課長だからといって、「利益代表者」に該当するとはかぎらないのです。

労基法上の「管理監督者」（労基法41条2号）についても同様の問題がありました（⇒ ***Theme*** **11**）。日本の大企業では、管理職のなかでも、とくに課長クラスになると、「管理監督者」に該当し、労働時間関連規定の適用が除外されると同時に、労働組合から脱退するのです。課長は、労基法、労組法それぞれの法律における「労働者」には該当するものの（労基法9条、労組法3条）（⇒ ***Theme*** **02**）、他の一般労働者とは同じような保護を受けなくなるということです。しかし、こうした実務上の取扱いが、法的な根拠をもつかどうかについては議論の余地があります。

33. 管理職は労働組合に加入してはならないの？

　そもそも管理職がほんとうの意味での管理職なのか、というような疑問が生じてきた背景には、従業員の人員構成において高齢化と高学歴化が進んだために、それに対処するために管理職ポストが水増しされたという事情があったと指摘されています。

　また、管理職というと、通常は「ラインの管理職」なのですが、部下をもたない「スタッフ管理職」が登場して久しくなります。「スタッフ管理職」となると、その人が労働組合に加入しても、部下がおらず、人事的な権限もないので、その労働組合が御用組合化する心配はありません。少なくとも、そのような管理職は、「利益代表者」に該当すると考えるのは適切ではありません。

　裁判例をみると、まず「利益代表者」かどうかの判断は、「その者が加入することにより、使用者と対等の立場に立つべき労働組合の自主性がそこなわれるかどうかという観点から、個別具体的に判断すべき」ものと述べたものがあります[*1]。これは妥当な判断基準といえるでしょう。

　また、農業協同組合の総務課長が、労組法2条1号の③の類型の監督的地位にある労働者と認めた裁判例[*2]、また、接着剤等の製造販売を行っている会社においては、労組法2条1号の②の類型に該当するのは人事部長だけであり、③の類型に該当するのは、人事部、総合企画部、総務部の次長、課長、担当職だけと判断した裁判例があります[*3]。

　一方、部下が1人しかおらず、その部下の1次考課を行う権限しか有していなかった病院の放射線科課長は、「利益代表者」に該当しないと判断されています[*4]。

　労組法2条1号に該当する「利益代表者」の範囲は決して広いものではありません。その管理職の職務内容や権限に照らして、その人が労働組合に加入すると、御用組合となる危険性があるという場合にはじめて、その人は「利益代表者」になるのです。

　このようにみると、人事部や総務部の課長でもないかぎり、課長であるからただちに組合員資格から外すという取扱いは、労組法の趣旨からすると行き過ぎといえるでしょう。

　　（*1）　東京地労委（日本アイ・ビー・エム）事件・東京高判平成17年2月24日労判892号29頁。このケースでは、スタッフ専門職の「利益代表者」性が否定されて

267

(＊2) 男鹿市農協事件・仙台高秋田支判平成元年1月30日労判538号76頁
(＊3) 中労委(セメダイン)事件・東京高判平成12年2月29日労判807号7頁〔最重判145事件〕
(＊4) 恵和会宮の森病院事件・札幌高判平成16年9月17日労判886号53頁

6 管理職組合

　管理職は、仕事の量は多いのに割増賃金は支払われず、労働組合の加入資格を奪われ、しかも労働条件の不利益変更は受ける可能性があるというのでは、踏んだり蹴ったりだともいえます。そのため、管理職だけで労働組合を結成しようとする動きが出てきても不思議ではありません。

　問題は、そのような労働組合が、労組法上の労働組合として資格審査をパスするかどうかです（前述のように、かりに資格審査をパスしなくても、憲法上の保護を受ける可能性はあります）。

　法的には、三つのタイプの管理職組合を区別しておく必要があります。

　第1に、管理職の中にも、「利益代表者等」とそうでない者がいます。前述のように、管理職のすべてが「利益代表者等」に該当するわけではないからです。たとえば、かりにその会社では課長は「利益代表者等」に該当するが、係長は「利益代表者等」に該当しないという場合、課長と係長が加入している労働組合は、まさに労組法2条1号に該当してしまいます。すなわち、こうした管理職組合は、労組法上の労働組合ではないのです。

　第2に、いまの例で、係長だけで作った管理職組合であればどうでしょうか。この場合は、一般従業員だけで組織されている労働組合と同じように、「利益代表者等」でない労働者だけで組織されている労働組合となりますので、これは問題なく、労組法上の労働組合となります。

　第3に、逆に、課長だけで作った管理職組合であればどうでしょうか。課長が「利益代表者等」であるとすると、その労働組合には、非「利益代表者等」は含まれていません。こういう労働組合であれば、「利益代表者等」の参加により、労働組合が御用組合化する可能性はないと考えてよいでしょう。まさに自主性をもった労働組合です。

私は、この第3のタイプの労働組合も、労組法上の労働組合と認めてよいと考えています[*1]。言うまでもなく、管理職であっても、役員ではないかぎり、「労働者」であるので、原則として、労組法上の保護は及ぼされてしかるべきなのです。

ところで、裁判例の中には、管理職定年制に反対して結成された管理職組合に対して、会社が団体交渉を拒否したというケースで、団交拒否の不当労働行為（労組法7条2号）の成立を認めた労働委員会の命令を適法と判断したものがあります[*2]。これは、管理職組合には、「利益代表者等」が参加していなかったという理由によるもので、前記の第2のタイプと同じと判断されたものです。

この裁判例は、「利益代表者の参加を許す労働組合であっても、使用者と対等関係に立ち、自主的に結成され統一的な団体であれば、労働組合法7条2号の『労働者の代表者』に含まれるものであ」るという判断も行っています。これは、前記の第1のタイプの労働組合であっても、会社は、団体交渉に応じなければならないということです。ただ資格審査はパスできないので、不当労働行為の行政救済の手続は利用できません。

前述のように、第1のタイプの管理職組合であっても、憲法上の保護を受けることはできますが、その理由は、その労働組合が憲法上の団結と認められるからです。この判決の述べるような、不当労働行為の禁止規定に関係している労組法7条2号が根拠となるものではありません。労組法7条2号の「労働者の代表者」に該当するとしながら、不当労働行為の行政救済を認めないという判断は、理論的に誤ったものといえるでしょう。

(*1) 日本臓器製薬事件・大阪地決平成12年1月7日労判789号39頁も参照。
(*2) 中労委（セメダイン）事件・前掲

参考文献

大内伸哉『労働者代表法制に関する研究』（2007年、有斐閣）の第6章

キーワード

労働組合、管理職組合、法適合組合、不当労働行為

第3編 ●第1章／労働組合とは、どんな組織か

Theme 34

労働組合に入らない自由はないの？

　入社したら、知らぬ間に組合員となっていて、給料から組合費が引かれていたのですが、従業員には、労働組合に加入する、しないの選択の余地はないのでしょうか。企業別組合は、会社内の組織なので、その会社の従業員となった以上は、加入しなければならないものなのでしょうか。

1 ユニオン・ショップとは

　ユニオン・ショップ（union shop）は、労働組合による組織強制の手段です。そのポイントは、従業員の資格と組合員の資格は一致していなければならないという点にあります。組合員でなければ、従業員の資格を与えない、あるいはそれを奪うということです。

　具体的には、労働組合は、会社との間で、ユニオン・ショップ協定を締結し、労働組合に加入しない従業員、労働組合から脱退した従業員、または労働組合から除名された従業員が解雇されるようにするということです。

　解雇というのは、なんとも物騒ですが、実際には、労働組合から脱退した場合でも、必ず解雇されるということではなく、会社と労働組合との間で協議したうえで決定するというような内容にとどまる「尻抜けユニオン」が少なくないといわれています。

　とはいえ、たとえ「尻抜けユニオン」であったとしても、労働組合への加入は実際上、強制されるでしょうし、脱退に対する抑止的効果もあるでしょう。その意味では、やはり従業員にとって、労働組合への加入や脱退について自ら選択する自由が制約されている面があるのです。

　日本では、労働組合との間でユニオン・ショップ協定を締結している会社は少なくありません。日本の労働組合の組織状況は大企業に偏在しているのです（⇒ Theme 33 ）が、大企業では、ユニオン・ショップ協定により組合員を確保していることが多いわけです。厚生労働省が発表した「平成20年労使関係総

合調査（労働組合実態調査）」によると、労働組合の60.9パーセントがユニオン・ショップ協定を締結しています。そのうち企業規模が5000人以上のところでは71.1％、1000〜4999人のところでは73.7％というように高い割合となっています。

会社側にとっても、ユニオン・ショップ協定を締結することにはメリットがあります。ある特定の労働組合が従業員の全員を組織してくれると、交渉の窓口を一本化することができて、効率的なのです。

また、日本の会社は、労使協議制において、経営に関する重要な情報を伝えて、従業員側とのコミュニケーションを深めることにより、協調的な労使関係を構築しているといわれていますが、ユニオン・ショップ協定締結組合のように、労働組合が従業員を全員組織して、従業員組織としての性格をもつようになると、こうしたコミュニケーションをいっそうとりやすくなるというメリットもあります。

2 ユニオン・ショップの法的問題点

ユニオン・ショップ協定が締結されている場合（尻抜けユニオンの例は除いて考えます）、会社はその締結組合から脱退した従業員を解雇することが、その労働組合との関係で義務づけられることになります。ここから、ユニオン・ショップ協定については、次のような法的問題が生じることになります。

一つは、労働組合から脱退をしたこと、あるいは除名されたこと、あるいは加入しないことを理由とする解雇は、解雇権濫用とならないのか（労契法16条）、という点です。つまり、ユニオン・ショップにもとづく解雇（以下、ユニオン・ショップ解雇）は、権利濫用として無効とならないのかが問題となるのです。

もう一つは、脱退の自由や加入の自由への影響です。かりにユニオン・ショップ解雇が有効だとすると、従業員は労働組合から脱退することが事実上困難となり、脱退せず組合員のままでいることが事実上強制されることになります。

判例は、一般に、労働組合の組合員は、脱退の自由、すなわち、その意思により組合員としての地位を離れる自由を有する、と述べています[*1]。

たしかに、脱退の自由は、脱退には組合の機関の承認を要するという組合規約を無効とする[*2]、というような文脈で論じられることが多く、ユニオン・

ショップ協定は、これとは異なり、脱退そのものを制限してはいないようにも思えます。しかし、解雇の威嚇があることからすると、脱退を間接的に制限しているとみることはできるでしょう。

そうであるとすると、ユニオン・ショップは、こうした脱退の自由と抵触しないのかが問われることになります。ユニオン・ショップの狙いは、組織強制にあるのですが、法的には、そうした組織強制が当然に是認できるわけではないのです。

（＊１）　東芝労働組合小向支部・東芝事件・最２小判平成19年２月２日労判933号５頁〔最重判148事件〕
（＊２）　日本鋼管鶴見製作所事件・東京高判昭和61年12月17日労判487号20頁など

3 ユニオン・ショップ解雇の有効性

前者のユニオン・ショップ解雇の有効性という問題については、最高裁は、解雇権濫用法理を定立した日本食塩製造事件において、ユニオン・ショップ協定にもとづき除名された従業員に対する解雇の事案で、次のような一般論を述べています[＊1]。

「ユニオン・シヨツプ協定は、労働者が労働組合の組合員たる資格を取得せず又はこれを失つた場合に、使用者をして当該労働者との雇用関係を終了させることにより間接的に労働組合の組織の拡大強化をはかろうとする制度であり、このような制度としての正当な機能を果たすものと認められるかぎりにおいてのみその効力を承認することができるものであるから、ユニオン・シヨツプ協定に基づき使用者が労働組合に対し解雇義務を負うのは、当該労働者が正当な理由がないのに労働組合に加入しないために組合員たる資格を取得せず又は労働組合から有効に脱退し若しくは除名されて組合員たる資格を喪失した場合に限定され、除名が無効な場合には、使用者は解雇義務を負わないものと解すべきである。そして、労働組合から除名された労働者に対しユニオン・シヨツプ協定に基づく労働組合に対する義務の履行として使用者が行う解雇は、ユニオン・シヨツプ協定によって使用者に解雇義務が発生している場合にかぎり、客観的に合理的な理由があり社会通念上相当なものとして是認することができる

のであり、右除名が無効な場合には、前記のように使用者に解雇義務が生じないから、かかる場合には、客観的に合理的な理由を欠き社会的に相当なものとして是認することはできず、他に解雇の合理性を裏づける特段の事由がないかぎり、解雇権の濫用として無効であるといわなければならない」。

つまり、ユニオン・ショップ解雇は権利濫用とならないのです。解雇権濫用法理は、文字どおり解雇を制限する法理ですが、この法理を定立した最高裁判決は、ユニオン・ショップ解雇は、解雇権濫用法理の下でも有効となることを示したものだったのです。

ただ、この判決は、労働組合の除名が無効の場合には、解雇は無効となるとも述べています。除名という統制処分は労働組合の内部の問題であり、会社と組合員との間の労働契約関係上の問題である解雇の有効性とは切り離して考察すべきという考え方もありますが、判例は、両者は一体として考察すべきものとしているのです。会社は、ユニオン・ショップ協定を締結することにより、除名が無効な場合には、解雇が無効とされてしまうというリスクも引き受けたとみるべきなのです。

なお、ユニオン・ショップ締結組合から除名されて解雇されたが、除名が無効とされ、解雇も無効となった場合、その組合員は解雇期間中の賃金を請求できるのが原則です（民法536条2項）。会社は、無効な解雇をした場合には、帰責事由があるので、従業員は賃金請求権を失わないのであり（⇒ **Theme 14**）、除名が無効であることが理由で、ユニオン・ショップ解雇が無効となる場合も、同じことがあてはまります。

もっとも、除名の有効性は、労働組合内部の問題であることからすると、除名処分が無効であったことについて会社に帰責事由があるとするのは、会社に酷であるようにも思えます。それでも、判例が帰責事由を認めていることからすると(*2)、会社はユニオン・ショップ協定の締結により、この点のリスクまでも引き受けたと解すべきなのでしょう。

（*1）　最2小判昭和50年4月25日民集29巻4号456頁〔最重判51事件〕
（*2）　清心会山本病院事件・最1小判昭和59年3月29日労判427号17頁

4 ユニオン・ショップ協定の効力の制限

　以上のような判例があるものの、その後の判例により、ユニオン・ショップ協定の有効性は、かなり制限されていることも事実です。最高裁は、次のように述べています[*1]。

　「ユニオン・ショップ協定は、労働者が労働組合の組合員たる資格を取得せず又はこれを失った場合に、使用者をして当該労働者との雇用関係を終了させることにより間接的に労働組合の組織の拡大強化を図ろうとするものであるが、他方、労働者には、自らの団結権を行使するため労働組合を選択する自由があり、また、ユニオン・ショップ協定を締結している労働組合（以下「締結組合」という。）の団結権と同様、同協定を締結していない他の労働組合の団結権も等しく尊重されるべきであるから、ユニオン・ショップ協定によって、労働者に対し、解雇の威嚇の下に特定の労働組合への加入を強制することは、それが労働者の組合選択の自由及び他の労働組合の団結権を侵害する場合には許されないものというべきである」。

　「したがって、ユニオン・ショップ協定のうち、締結組合以外の他の労働組合に加入している者及び締結組合から脱退し又は除名されたが、他の労働組合に加入し又は新たな労働組合を結成した者について使用者の解雇義務を定める部分は、右の観点からして、民法90条の規定により、これを無効と解すべきである（憲法28条参照）」。

　「そうすると、使用者が、ユニオン・ショップ協定に基づき、このような労働者に対してした解雇は、同協定に基づく解雇義務が生じていないのにされたものであるから、客観的に合理的な理由を欠き、社会通念上相当なものとして是認することはできず、他に解雇の合理性を裏付ける特段の事由がない限り、解雇権の濫用として無効であるといわざるを得ない」。

　つまり、組合員でなくなった従業員が、別の労働組合に加入したり、新たな労働組合を結成したりした場合には、ユニオン・ショップ協定の効力は及ばず、したがってユニオン・ショップ解雇も無効となるということです。この事件は脱退の事例ですが、除名の事例でも、最高裁は、同様の判断をしています[*2]。

　この判断には、労働者の労働組合選択の自由を保障し、またユニオン・ショッ

プ協定締結組合以外の労働組合の団結権も尊重したという意味があります。日本では、一つの会社内に労働組合が併存することを認める複数組合主義という原則があることからすると、ユニオン・ショップ協定締結組合の団結権のみを尊重することは適切でないのです。

一方、どの労働組合にも加入せず、労働組合を結成もしなかったということになると、解雇は有効となってしまいます。労働組合にまったく加入しないという自由までは認められないのです。

(＊1) 三井倉庫港運事件・最1小判平成元年12月14日労判552号6頁〔最重判149事件〕
(＊2) 日本鋼管事件・最1小判平成元年12月21日労判553号6頁

5 加入強制との関係

では、こうした労働組合への加入強制は法的に許容できるのでしょうか。この点については、まず前提問題として、憲法28条において、勤労者に保障されている団結権については、団結しない自由（消極的団結権）も含まれているのか、という問題があります。

この点につき、通説は、憲法21条の保障する結社の自由が結社をしない自由を含むと考えられているのとは異なり、憲法28条の保障する団結権には、消極的団結権は含まれないと解してきました。

憲法は、個々の労働者と使用者の間の力関係には大きな差があることを前提に、労働組合の結成や活動を承認したのであり、それに照らして考えると、労働者が「個々人」で使用者と対峙して、労働条件の維持・改善を図るという選択には重きを置く必要はないと解されてきたのです。労働者は、労働組合に加入したほうが絶対に有利なのであり、労働者の労働組合に加入しないという自己決定に価値が認められていなかったのです。

しかし、今日では、労働者の経済的な地位も向上し、労働者の労働組合に加入しない選択に価値を認めてもよいといえるような状況が生じていると思われます。とくに労働者の自己決定権（憲法13条）の保障という観点からは、労働組合に加入するかどうかを、労働者の選択にゆだねたほうが、憲法の理念に整合的であるともいえます。

こうしたことから、私は、憲法28条の団結権には、消極的団結権が含まれると解すべきであると考えています。団結する権利だけがあって、団結しない権利がないというのは、ほんとうの意味での団結する権利が保障されているとはいえないでしょう。

もちろん、ユニオン・ショップ協定があったからといって、ただちに加入が強制されるわけではありません。労働者は、加入を拒否して、解雇されるという選択肢もあるからです。しかし、こうした選択肢は、労働者にとって現実的なものではないのであり、実質的には、加入の強制があるといってよいのです。脱退の自由についても、同様の議論があてはまります。

こうしたことから、私は、ユニオン・ショップは憲法に違反し、公序良俗にも反して無効と解すべきである（民法90条）と考えています。

6　労働者の組織化はどうあるべきか

ユニオン・ショップ協定が無効とされて、オープン・ショップとなると、既存の労働組合の多くは組合員を集めることができないかもしれません。すでに２割を切っている組織率はさらに低下し、日本の労働組合は壊滅的な打撃を受ける可能性もあるでしょう。

しかし、ユニオン・ショップ協定というのは、会社の解雇権を用いて組織力を強化するものであり、尋常なことではないでしょう。労働組合は、その定義において自主性が必要とされているのです（労組法２条）が、ユニオン・ショップ協定を用いて、組織を維持するのでは、ほんとうの意味で自主的な労働組合とはいえないでしょう。

もちろん、先にみたように、労働組合が従業員を全員組織して一本化し、実際上は労働組合というよりも、従業員組織として活動することは悪いことではありません。その意味で、こうしたことを可能とするユニオン・ショップをとくに法で禁止する必要はないという政策判断はありえると思います（ただ、一本化がよいということを貫徹すると、複数組合主義そのものが問題であるということになっていきます）。

それでも、私自身は、労働組合に加入するかどうかという根本的な選択は、

34. 労働組合に入らない自由はないの？

個人の自由にゆだねるべきだと考えています。労働組合には、規範的効力をもつ労働協約を締結する（労組法16条）というように、労働者の労働条件に大きな影響をもつ権限が与えられていることも考慮に入れるべきでしょう（⇒ *Theme* 35）。かつてのように、労働協約は、労働条件を一方的に向上させるだけでなく、不利益変更をすることもあるのです(＊1)。

このほか、ユニオン・ショップ協定の効力は、他組合に加入したような場合には及ばず、その効力はかぎられているので、それほど問題としなくてもよいという意見もあります。

しかし、判例は、労働組合の組合選択の自由は保障していますが、労働組合に加入しない自由は保障していません。判例は、どの労働組合かに加入していれば、解雇から免れるが、どの労働組合にも加入していなければ、解雇から免れないとしているのです。その意味で、現在の判例は、個人の選択の自由を尊重するという態度を貫徹してはいないのです。

今日、活発な活動をしているコミュニティ・ユニオンは、企業内の存在ではないので、もちろんユニオン・ショップ協定を締結することはできません。それでも、組織強制の手段を使わずに、オルグ活動により、組合員に加入を呼びかけているわけです。

コミュニティ・ユニオンをどう評価するかについては簡単に答えを出せませんが、ユニオン・ショップを使わずに組織強化を図ることも可能であるという例を示してくれているとはいえるでしょう。

(＊1) 朝日火災海上保険（石堂）事件・最1小判平成9年3月27日労判713号27頁〔最重判163事件〕

参考文献
「労働の正義」の第20話
「25の疑問」の第15話
「雇用はなぜ壊れたのか」の第4章

キーワード
ユニオン・ショップ、労働組合、解雇、脱退の自由

第2章
労働組合の活動

Theme 35
労働協約と労使協定はどこが違うの？

　労働法の本を読んでいると、労使協定という言葉と労働協約という言葉が出てきます。どちらも労使間の合意だと思うのですが、法的には違うものなのでしょうか。違うとすれば、どう違うのでしょうか。

1 労使間の協定

　協定というと、一般的には、当事者間でおいてなされる合意を意味します。企業別の労働組合が会社との間で、なんらかの合意に達したときにも、私たちは、労使間で協定が成立した、と言うでしょう。

　労働組合と会社との間で締結する協定の典型は、労働協約です。労働協約については、後でみるように、労組法で定義がなされていて、特別な効力が付与されています。

　他方、これと似ているようで違うのが労使協定です。たとえば、労基法34条は、1項において、「使用者は、労働時間が6時間を超える場合においては少くとも45分、8時間を超える場合においては少くとも1時間の休憩時間を労働時間の途中に与えなければならない」と定めたうえで、2項において、次のような規定を置いています。

　「前項の休憩時間は、一斉に与えなければならない。ただし、当該事業場に、労働者の過半数で組織する労働組合がある場合においてはその労働組合、労働

者の過半数で組織する労働組合がない場合においては労働者の過半数を代表する者との書面による協定があるときは、この限りでない。」

そこでいう協定が、労使協定と呼ばれるものです。労使協定は、主として、労基法をはじめとする個別的労働関係法の領域で導入されています（労基法上は、たとえば、18条2項（任意的貯蓄金管理）、24条1項ただし書（賃金全額払いの原則の例外）、32条の2第1項（1カ月単位の変形労働時間制）、32条の3（フレックスタイム制）、32条の4第1項（1年単位の変形労働時間制）、32条の5第1項（1週間単位の変形労働時間制）、36条1項（時間外・休日労働）、37条3項（代替休暇）、38条の2第2項（事業場外労働のみなし労働時間）、38条の3第1項（裁量労働制）、39条4項（時間単位年休）、同条6項（計画年休）、同条7項ただし書（年休手当）があります）。

労使協定は、法所定の効力の発生のためには、たんに締結するだけでは不十分で、行政官庁（労働基準監督署長）への届出が義務づけられているものもあります（とくに労働時間に関係する労使協定には、このようなものが多いです）。また、労使協定は、就業規則等と同様、周知義務が課されています（106条）。

このようにみると、同じ労使間の協定とはいえ、労働協約と労使協定は、かなり異なる法的性格をもつものといえます。

2 労働協約とは何か

労働協約の効力要件については、労組法14条は、次のように定めています。
「労働組合と使用者又はその団体との間の労働条件その他に関する労働協約は、書面に作成し、両当事者が署名し、又は記名押印することによつてその効力を生ずる。」

書面性が求められ、署名または記名押印も必要というように要式性が定められているのです。こうした要式性をみたさない場合、たとえば、労働組合と会社との間で口頭での合意だけがあって、書面化されていないような場合には、その合意は労働協約と認められず、規範的効力が発生しないというのが判例の立場です[*1]。口頭の合意はあるが、会社が書面化を拒否しているような場合、規範的効力は発生しませんが、支配介入の不当労働行為（労組法7条3号）と

なる可能性はあります。

それでは、規範的効力とは何でしょうか（⇒ **Theme 06**）。これについては労組法16条で定められています。

「労働協約に定める労働条件その他の労働者の待遇に関する基準に違反する労働契約の部分は、無効とする。この場合において無効となつた部分は、基準の定めるところによる。労働契約に定がない部分についても、同様とする。」

労働協約には、労働組合と会社との間の集団的労使関係上のルール（組合事務所や組合掲示板の貸与、組合休暇の付与等）を定める部分もあります（これを債務的部分といいます）が、何といっても一番重要なのは、労働組合の組合員の「労働条件その他の労働者の待遇に関する基準」について定める部分です。これを規範的部分といいます。

この規範的部分に関しては、個々の組合員が会社との間で結ぶ労働契約において、独自に労働協約とは異なる労働条件を合意したとしても、その労働契約は無効となり、労働協約の定める基準が適用されることになるのです。この効力が規範的効力です。

前者の労働協約に違反する労働契約の部分を無効とする効力は強行的効力、無効となった部分について労働協約の規定が直接的に適用されるという効力を直律的効力（あるいは、補充的効力）といいます。労働契約に規定のない部分については、労働協約の直律的効力のみが及びます。要するに、労働協約が締結されていれば、組合員の労働契約は、労働協約により規律されることになるのです。

（＊1）　都南自動車教習所事件・最3小判平成13年3月13日労判805号23頁〔最重判162事件〕

3　規範的効力の範囲

労働協約の規範的効力については、その範囲が問題となることもあります。たとえば、労働契約が労働協約よりも有利な内容を定めているときにも、この規範的効力が及ぶのかです。これを有利原則の問題といいます。

労働協約よりも有利な内容の労働契約の効力を否定するのは、労働者に不利

となると批判するのが、有利原則肯定論です。一方、労働組合は、組合員の労働条件を集合的に決定するために労働協約を締結しているので、個々の組合員が、有利、不利に関係なく、労働協約と異なる内容の労働契約を締結することは認められないというのが、有利原則否定論です。ただ、有利原則否定論でも、労働組合が、組合員に有利な労働契約を結ぶことを許容している場合、あるいは労働協約の趣旨として、労働契約による上乗せを認めていると解せられる場合には、有利原則を認める傾向にあります。

また、労働協約で定められれば、どのような内容のものであっても、組合員に規範的効力が及ぶわけではありません。たとえば、労働協約が改訂されて、労働条件が引き下げられたとします。労働組合の目的は、労働者の経済的地位や労働条件の維持または改善にあるので、労働条件の引下げは、その目的に反するともいえます。

判例は、労働協約による労働条件の引下げがいっさい認められないとはしていませんが、「協約が特定の又は一部の組合員を殊更不利益に取り扱うことを目的として締結されたなど労働組合の目的を逸脱して締結された」場合には、規範的効力は否定されるとしています[*1]。

(*1) 朝日火災海上保険（石堂）事件・最1小判平成9年3月27日労判713号27頁〔最重判163事件〕

4　労働協約の一般的拘束力

労働協約の規範的効力は、その労働協約を締結した労働組合の組合員にのみ及ぶのが原則です。ただし、労組法17条は、その例外を定めています。労働協約が、ある事業場における同種の労働者の4分の3以上に適用されている場合には、その労働協約は、他の同種の労働者にも自動的に適用されるのです。これを労働協約の一般的拘束力といいます（労働協約の拡張適用制度とも呼ばれます）。労働協約の一般的拘束力には、労組法18条にもとづく地域レベルのものもあります。

一般的拘束力が認められるのは、労働協約の規範的部分です。通説、裁判例によると、残りの同種の労働者が他の労働組合（少数組合）に加入している場

合には、その労働組合の団結権を尊重するために、一般的拘束力は及ばないと解されています。

　一般的拘束力は、労働者にとってみれば、自分が加入していない労働組合の締結した労働協約を強制的に適用されるものなので、とくに労働条件の不利益変更をもたらすような場合には、これを無制限に認めるべきではないともいえます。

　そこで、判例は、「未組織労働者は、労働組合の意思決定に関与する立場になく、また逆に、労働組合は、未組織労働者の労働条件を改善し、その他の利益を擁護するために活動する立場にないことからすると、労働協約によって特定の未組織労働者にもたらされる不利益の程度・内容、労働協約が締結されるに至った経緯、当該労働者が労働組合の組合員資格を認められているかどうか等に照らし、当該労働協約を特定の未組織労働者に適用することが著しく不合理であると認められる特段の事情があるときは、労働協約の規範的効力を当該労働者に及ぼすことはできないと解するのが相当である」として、労働条件を不利益に変更する労働協約の一般的拘束力が未組織労働者（どの労働組合にも所属していない労働者）に適用されることについて制限を加えています。

（＊１）　朝日火災海上保険（高田）事件・最３小判平成８年３月26日労判691号16頁〔最重判166事件〕

5　労使協定とは何か

　労使協定は、従業員の過半数代表と会社側との間で締結される書面の協定です。労使協定の多くは、法律の定める強行的な規制を解除したり、弾力化させたりする効力を、法律上、付与されています。冒頭にあげた休憩時間いっせい付与の原則の例外を定める労使協定が、その一例です。

　そのほか、労基法24条１項ただし書にも、労使協定が登場します。同項本文では、賃金全額払いの原則が定められており、その原則に違反して、賃金の一部を控除して支払った会社には、罰則が適用されることがあります（労基法120条１号。実際に罰則が適用されるのは、故意による違反が行われた場合です）。しかし、例外的に、法令の定めによる場合と、労使協定の締結がなされている

場合には、罰則は適用されません（⇒ *Theme* 13）。

　労使協定のもう一つの典型例は、労基法36条1項の定める三六協定です。三六協定が締結され、それが労働基準監督署長に届け出られていれば、会社は、その上限を超える労働（時間外労働と呼びます）をさせても罰則は適用されません（⇒ *Theme* 11）。

　これらの例のように、労使協定には、それに従っているかぎり、労基法に違反することにはならないという効力をもつのです。このような効力を免罰的効力といいます。

　それでは、労使協定には、免罰的効力以外に、会社と従業員との間での権利義務に影響するという意味での私法上の効力（労働契約を規律する効力）はないのでしょうか。

　この点、行政解釈は、三六協定について次のように述べています。「労働者の民事上の義務は、当該協定から直接生じるものではなく、労働協約、就業規則等の根拠が必要なものである」（昭和63年1月1日基発1号）。

　以上のようにみると、労働協約と労使協定の違いは次のようにまとめることができます。すなわち、労働協約は、その効力としては、組合員の労働契約を規律する規範的効力があり、その効力が及ぶのは、一般的拘束力が認められる場合を除くと、その労働協約を締結した労働組合の組合員だけとなります。他方、労使協定は、その効力として、法律の定める免罰的効力はあるが、労働契約を規律する効力はありません。一方、労使協定の効力は、その協定が締結された事業場の労働者全員に及びます。過半数代表は、その事業場に所属する労働者全員の代表だからです。

　なお、労使協定のなかには免罰的効力以上の効力が認められている場合もあります。その一つが、計画年休に関する協定です（労基法39条6項）。計画年休とは、労使協定にもとづき、年休日を定めるものです。この制度によると、従業員の時季指定権も会社の時季変更権も消滅します（ただし、時季指定権の消滅は、個々の従業員の5日を超える年休部分についてのみです）。このように、計画年休協定で定められた内容は免罰的効力にとどまらず、従業員の労働契約上の年休日を具体的に定める効力をもっているのです[*1]（⇒ *Theme* 16）。

(＊1) 三菱重工長崎造船所事件・福岡高判平成6年3月24日労民集45巻1-2号123頁〔最重判122事件〕

6　三六協定と時間外労働義務

　労使協定に労働契約を規律する効力がないということの具体的な意味は、たとえば三六協定でいうと、この協定だけを根拠として、従業員に時間外労働を命じることができないということです。会社が従業員に時間外労働をさせるためには、そのようなことを命じるための「労働契約上の根拠」が必要となるわけです。そこでいう「労働契約上の根拠」とは、従業員の同意だけではありません。就業規則や労働協約に規定がある場合でもよいと考えられています。ただし、就業規則については、合理性がなければなりません（労契法7条(＊1)）。
　この点を、もう少し具体的にみていくことにしましょう。
　ある事業場に、従業員の過半数を組織する労働組合（以下、過半数組合）が存在していたとしましょう。その労働組合が三六協定を結び、それが同時に、労働協約としての要式（労組法14条を参照）もみたしていたとしましょう。そうすると、時間外労働に関する労使間の合意は、まず規範的効力により、労働契約を規律するので、時間外労働を命じる「労働契約上の根拠」となります（なお、学説のなかには、時間外労働については、労働組合に決定権限が与えられていないので、労働協約で定めても規範的効力が生じないという見解もあり、その見解によると、時間外労働をさせるには、労働協約があっても、組合員個人の同意が必要となります）。
　さらに、この合意は、三六協定として労働基準監督署長に届け出ると、免罰的効力が発生します。
　このように、過半数組合と会社との合意は、労働協約としてみた場合は、その規範的効力により「労働契約上の根拠」となりますが、一般的拘束力の要件をみたさないかぎり、その効力は過半数組合の組合員だけにしか及びません。したがって、過半数組合の組合員以外の従業員に対して時間外労働を有効に命じるためには、別個の「労働契約上の根拠」が必要となります。これに対して、三六協定のもつ免罰的効力は、その事業場の従業員全員に及ぶので、過半数組

合の組合員以外の従業員に対する関係でも、別個の三六協定が必要となるわけではありません。

次に、ある事業場に過半数組合が存在しない場合を考えてみましょう。そのときには、過半数代表は、従業員の過半数を代表する者、すなわち過半数代表者となります（なお、過半数代表者の選出方法に問題があれば、三六協定は無効となります[*2]）。つまり、過半数代表者が、三六協定を締結するわけです。過半数代表者は一個人にすぎず、労働組合の代表者というわけではないので、三六協定は労働協約としての法的性質をもつことはできません。したがって、会社は、時間外労働を命じる場合には、別途の「労働契約上の根拠」が必要とります。

このようにみると、会社は、時間外労働命令を有効に発するためには、全従業員を組織している労働組合があるような場合を除き、就業規則において時間外労働に関する合理的な規定を整備しておく必要があり、さもなければ、個々の従業員の同意が必要となるということがわかります。

要するに、会社の命じる時間外労働は、三六協定の締結・届出、割増賃金の支払いのいずれが欠けても労基法違反となりますし、それに加えて、労働協約、就業規則、個別合意等の「労働契約上の根拠」も必要なのです。会社には、時間外労働をさせているかぎり、それが適法かどうかに関係なく割増賃金の支払義務があります（労基法37条）が、割増賃金を支払っているからといって、当然に時間外労働が適法となるわけではないのです。

(*1) 日立製作所武蔵工場事件・最1小判平成3年11月28日労判594号7頁〔最重判113事件〕
(*2) トーコロ事件・東京高判平成9年11月17日労判729号44頁〔最重判112事件〕

参考文献
「労働の正義」の第21話および第9話

キーワード
労使協定、労働協約、規範的効力、一般的拘束力、免罰的効力

Theme 36

ストライキって、ほんとうにやっていいの？

外国では、労働者がストライキをよくやると聞いたことがありますが、ストライキというのは、仕事をしないことで、要するにサボることではないのでしょうか。そういうことが、法的に許されるのでしょうか。

1　サボる権利？

　ストライキとは、労働組合の決定にもとづき、その指示を受けて、組合員がいっせいに労務を提供しない行動です。日本でも、かつてはよく行われていましたが、最近では、あまり聞かなくなりました（それでも、まったく行われていないわけではありません）。

　ところで、労働者は、労働契約を締結することによって、会社に対して労務に従事する義務を負います（民法623条、労契法6条）。この義務を履行しないのは、債務不履行となり、損害賠償責任を負わなければならないのが原則です（民法415条）。

　一方で、憲法は、「勤労者の団結する権利及び団体交渉その他の団体行動をする権利は、これを保障する」と定めており（28条）、そこでいう団体行動をする権利（団体行動権）には、ストライキなどの争議行為を行う権利（争議権）が含まれると解されています。つまり、ストライキをすることは憲法上の権利なのです。

　そうなると、ストライキは、民法上は債務不履行とされているにもかかわらず、憲法上は権利として保障されているのは矛盾ではないのか、という疑問が出てくるでしょう。そもそも、サボることが権利だなんて、おかしいのではないか、という疑問もあるでしょう。

2 団体行動権の保障ということの意味

　憲法において、団体行動権が保障されていることは、具体的には、どういうことを意味するのでしょうか。

　さきほど、民法と憲法は矛盾しているのではないか、という疑問があると述べましたが、実は、労組法には、次のような規定があります（8条）。

　「使用者は、同盟罷業その他の争議行為であって正当なものによって損害を受けたことの故をもって、労働組合又はその組合員に対し賠償を請求することができない。」

　この条文でいう「同盟罷業」とは、ストライキのことです。ストライキなどの争議行為により損害を与えても、それが正当なものであれば、労働組合も組合員も賠償責任を負わないということが定められています。これを民事免責といいます。このような民事免責を享受する権利が与えられることが、憲法で団体行動権が保障されていることの第一の意味です。

　また、争議行為は刑法の規定に抵触することもあります。たとえば、刑法234条は、威力を用いて人の業務を妨害すると、威力業務妨害罪にあたると定めています。争議行為は、この犯罪の構成要件に該当することもありそうです。しかし、労組法1条2項は、次のように定めています。

　「刑法……第三十五条の規定は、労働組合の団体交渉その他の行為であって前項に掲げる目的を達成するためにした正当なものについて適用があるものとする。」

　刑法35条は、「法令又は正当な業務による行為は、罰しない。」という規定です。これが正当な団体行動にも適用されるのです。これを刑事免責といいます。このような刑事免責を享受する権利が与えられることが、憲法で団体行動権が保障されていることの第二の意味です。

　つまり、争議行為が憲法において保障されていることの意味は、民法や刑法といった一般法との抵触があったとしても、憲法や労組法の観点から正当性があるとされた場合には、民事免責や刑事免責が認められるという点にあるのです。したがって、民法と憲法で矛盾しているのはいわば当然であり、その矛盾は、国の最高法規である憲法（および労組法）を優先することによって解決す

ることになるのです（憲法98条も参照）。

3 公務員の争議権

　争議行為は、憲法上、勤労者に保障されているもので、公務員も勤労者に含まれると解されています。したがって、公務員にも、団体行動権が憲法上保障されているはずです。ところが、実際には、公務員の争議行為は禁止されています。たとえば、国家公務員法98条2項は、「職員は、政府が代表する使用者としての公衆に対して同盟罷業、怠業その他の争議行為をなし、又は政府の活動能率を低下させる怠業的行為をしてはならない。又、何人も、このような違法な行為を企て、又はその遂行を共謀し、そそのかし、若しくはあおってはならない。」と定めています（地方公務員については、地方公務員法37条を参照）。

　また、「何人たるを問わず第九十八条第二項前段に規定する違法な行為の遂行を共謀し、そそのかし、若しくはあおり、又はこれらの行為を企てた者」については、3年以下の懲役または100万円以下の罰金に処すると定められています（国家公務員法110条17号。地方公務員法61条4号も参照）。

　このように公務員の争議行為については、刑事制裁つきの厳格な規制があり、その範囲では刑事免責はないのです。そこで、公務員に争議権を認めない法律は、憲法に違反しているのではないかが問題となります。

　この点について、判例は大きく変遷してきましたが、最終的には、昭和48年の全農林警職法事件[*1]により、公務員の争議行為の制限は憲法違反ではないということで決着がついています。しかし、今日でも違憲論が完全になくなっているわけではありません。

　公務員は身分保障があるので、争議行為ができなくて当然という意見もありますが、はたして、そうした意見が説得的かどうかは議論があるところです。

（＊1）　最大判昭和48年4月25日刑集27巻4号547頁〔最重判172事件〕

4　争議行為の定義

　ここまで争議行為という言葉を使ってきましたが、争議行為がどのような行為をさすかについては明確にしていませんでした。実は、労組法には、争議行為の定義はないのです。

　一方、労調法7条では、争議行為について、「この法律において争議行為とは、同盟罷業、怠業、作業所閉鎖その他労働関係の当事者が、その主張を貫徹することを目的として行ふ行為及びこれに対抗する行為であって、業務の正常な運営を阻害するものをいふ。」と定義されています。

　ただし、この定義が置かれているのは、争議調整を行う必要がある労働争議が、「労働関係の当事者間において、労働関係に関する主張が一致しないで、そのために争議行為が発生してゐる状態又は発生する虞がある状態」とされているためであって（労調法6条）、必ずしも憲法上の団体行動権として、会社に対抗して行う権利としての争議行為を念頭においたものではありません。

　学説のなかには、労調法7条を根拠として、争議行為を「業務の正常な運営を阻害するいっさいの行為」とする見解もありますが、これには有力な反対論もあります。ただ、どのような見解に立つにせよ、争議行為の態様として、ストライキ（同盟罷業）、怠業、ピケッティング、職場占拠、ボイコットが含まれることについては、異論がないところです。

5　争議行為の正当性の判断基準

　労組法は、刑事免責について定めた前述の規定（1条2項）において、「前項に掲げる目的を達成するためにした正当なもの」という表現を使っていました。そこでいう「前項に掲げる目的」とは、労組法1条1項で、次のように定められています。

　「この法律は、労働者が使用者との交渉において対等の立場に立つことを促進することにより労働者の地位を向上させること、労働者がその労働条件について交渉するために自ら代表者を選出することその他の団体行動を行うために自主的に労働組合を組織し、団結することを擁護すること並びに使用者と労働

者との関係を規制する労働協約を締結するための団体交渉をすること及びその手続を助成することを目的とする。」

　労働者は、個々人で使用者と対峙すると対等な関係に立てないため、団結して実質的に対等な立場で交渉をすることができるようにするために、労働組合の結成や、それをとおして団体交渉その他の団体行動をすることが認められているのです。労組法は、このような労働組合の結成や活動を助成することを目的として制定されたものであり、正当性の判断も、この点を考慮して行われるべきとされているのです。

　もっとも、この目的はかなり抽象的であり、ここから具体的な正当性の判断基準を導き出すのは簡単ではありません。判例は、もう少し具体的に、次のように述べています[*1]。

　「ストライキは必然的に企業の業務の正常な運営を阻害するものではあるが、その本質は労働者が労働契約上負担する労務供給義務の不履行にあり、その手段方法は労働者が団結してその持つ労働力を使用者に利用させないことにあるのであって、不法に使用者側の自由意思を抑圧しあるいはその財産に対する支配を阻止するような行為をすることは許されず、これをもって正当な争議行為と解することはできないこと、また、使用者は、ストライキの期間中であっても、業務の遂行を停止しなければならないものではなく、操業を継続するために必要とする対抗措置を採ることができる」。

　この判例によると、ストライキの実効性を維持するために張られるピケッティングは、それがたとえば業務に就こうとする管理職ら非組合員に対して、平和的説得の範囲を超えた圧力的なものとなったような場合は、正当性を欠くと判断されるでしょう。

　[*1]　御國ハイヤー事件・最２小判平成４年10月２日労判619号８頁〔最重判174事件〕

6　争議行為と団体交渉

　争議行為は、労組法１条１項の定める目的をふまえると、団体交渉において、労働者の交渉上の地位を高めるために行使されるべきものといえるでしょう。

したがって、団体交渉において、解決できないような政治的な要求をかかげたストライキ（政治スト）は、正当性が認められないことになります[*1]。また、団体交渉を経ないでいきなり争議行為に入る場合にも、正当性は認められにくいでしょう。

議論があるのは、団体交渉が終結して、労働協約の締結に至ったあと、その合意事項をめぐって争議行為が行われるケースです。労働協約が締結された場合に、その合意事項については争議行為をしない義務を、平和義務といいます（相対的平和義務。合意事項にかかわりなく、あらゆる争議行為をしない義務は絶対的平和義務といいます）。「平和」という表現が使われているのは、団体交渉は「戦争」状態なのであって、労働協約は、その「休戦協定」のようなものであるという位置づけだからです。労働協約の有効期間は、「休戦協定」を守るというのが「平和」義務なのであり、協約当事者が特別に合意をしなくても、このような義務が課されると解されています（ただし、絶対的平和義務については、争議行為全般をしない義務なので、当事者の明示の合意が必要と解されています）。

平和義務違反の争議行為が、ただちに正当性を欠くわけではありませんが、争議行為の態様等によっては正当性を欠くこともあると解されています。

（＊1） 三菱重工長崎造船所事件・最2小判平成4年9月25日労判618号14頁〔最重判176事件〕

7　争議行為の通告

予告をしないで実施する争議行為（いわゆる抜打スト）に正当性が認められるかどうかについても議論があります。法律上は、労働組合に、事前に通告をする義務を課していないので、当然には抜打ストの正当性が否定されるわけではありません。

これに対して、公益事業における争議行為については、労調法上、少なくとも10日前までに労働委員会および厚生労働大臣または都道府県知事にその旨を通知しなければならないと定められています（37条1頁）。ただ、この通知をしなかったからといって、争議行為の正当性が当然に否定されるとは解されて

いません。

　ここでいう公益事業とは、運輸事業、郵便・信書・電気通信事業、水道・電気・ガスの供給事業、医療・公衆衛生事業であって、公衆の日常生活に欠くことのできないものをさします（8条1項）。

　公益事業の争議行為について、労働委員会に通知させる目的は、そこでのあっせん、調停を通じて争議行為を回避することにあり、厚生労働大臣等に通知させる目的は、それをとおして争議行為を公表して公衆の不利益を回避することにあります。

　公益事業に関しては、争議行為による業務停止が国民経済の運行を著しく阻害し、あるいは国民の日常生活を著しく危うくするおそれがある場合には、内閣総理大臣が中央労働委員会の意見を聴いて緊急調整の決定を行うことができることとなっています（35条の2）。この緊急調整の決定後は、中央労働委員会が事件解決のために最大限の努力を行うこととされ（35条の3）、争議当事者は50日間、争議行為が禁止されます（38条）。この制度は、争議権に対する重大な制約をもたらす例外的なものであり、これまで1952年に1度発動されただけです。

8　争議行為と賃金

　労働者には争議権があるとはいえ、争議行為に参加したときに、賃金までもらえるわけではありません。労務が提供されていない以上、ノーワーク・ノーペイの原則が適用されるからです（⇒ *Theme* **14**）。

　会社が命じた業務に従事せずに、労働組合の指令により、争議行為として、別の業務に従事した場合も同じです。判例は、出張・外勤拒否闘争をしているなか、出張命令や外勤命令に従わずに内勤業務に従事した組合員は、「債務の本旨に従った労務の提供」（民法493条参照）をしていないとして、労働者の賃金請求権を否定しています[*1]。

　争議行為のなかには、労務の不完全履行という形をとる怠業と呼ばれる形態のものもあります。裁判例のなかには、労働組合が、新幹線を減速させるという闘争を通告したケースで、会社が運転士に乗務をさせなかった場合に、賃金

請求権がどうなるかが問題となったものがあります。この場合も、新幹線を減速して運転することは、「債務の本旨に従った労務の履行」ではないので、会社がこれを拒否して労務に従事させないことに問題はなく、運転士である組合員には賃金請求権は認められないと判断されています[*2]。

これは怠業が失敗した例ですが、怠業を実際に行った場合は、どうでしょうか。怠業は労務の一部のみ履行しているものであり、不完全な履行の部分が特定できる場合には、その部分はカットできるとされています（応量カットと呼ばれます）。もっとも、学説には、怠業は争議行為である以上、そもそも賃金請求権は発生しないという見解もあります。

争議行為にはノーワーク・ノーペイの原則が妥当するとしても、家族手当のように従業員としての地位にもとづき支給されるような手当まで減額されるのか、という問題もあります。この点については、賃金のなかには労務提供との交換的な部分とそうでない部分とがあり、前者の部分しか減額できないという賃金二分説が主張されたこともありましたが、判例は、こうした賃金二分説を否定し、労務提供との交換的な部分でない家族手当のようなものも、労働協約等や労使慣行に根拠があれば、カットできるとしています[*3]。

ノーワーク・ノーペイの原則というのは、もともと、法的に強制されるルールのようなものではなく、あくまで労働契約の解釈準則にすぎないものです。したがって、争議行為のときに、どこまで賃金カットができるかも、広い意味での労働契約の解釈の問題となるのです。

（*1）　水道機工事件・最 1 小判昭和60年 3 月 7 日労判449号49頁〔最重判179事件〕
（*2）　JR東海事件・東京地判平成10年 2 月26日労判737号51頁
（*3）　三菱重工長崎造船所事件・最 2 小判昭和56年 9 月18日労判370号16頁〔最重判180事件〕

参考文献
「労働の正義」の第24話
「25の疑問」の第 6 話

キーワード
団体行動権、争議行為、民事免責、刑事免責、ストライキ、組合活動の正当性、公務員の争議行為の禁止、ノーワーク・ノーペイの原則

Theme 37
会社施設を利用した組合活動は、どこまで許されるの？

日本の労働組合に多い企業別組合においては、組合事務所の設置のように、社内の施設を利用して組合活動をする必要性が高いのですが、それを会社に求めても、よい返事が返ってこないこともあります。会社の施設を利用することを労働組合の権利として主張することはできないのでしょうか。

1　労働組合の活動の憲法的保障

憲法28条で保障されている団体行動権には、争議権以外に、組合活動権も含まれているというのが通説です（⇒ *Theme* 36）。一般的には、組合活動とは、労働組合の団体行動のうち、争議行為（その典型はストライキ）を除くものと解されています。

組合活動の典型は、組合内部における組織運営のための活動（役員選挙、大会等諸種の会議、日常の業務執行等）、組合員や非組合員に対する情報宣伝活動（集会、ビラや文書の配布、署名活動等）、会社に対して要求をしたり圧力をかけたりする活動（職場集会、ビラ貼り、リボン闘争等）と考えられています（最後の類型の活動については、争議行為に分類する人もいます）。

こうした組合活動を行う権利が憲法により団体行動権として保障されているということには、具体的にどういう意味があるのでしょうか。争議行為と同様、正当な組合活動についても、民事免責や刑事免責があることについては異論がありません。問題は、法的な意味は、それにとどまるのかです。

一つの考え方は、日本の労働組合の多数は企業別組合なので、その活動も会社内となることから、会社内において組合活動を行う権利が保障されているというものです。

たしかに、会社内で組合活動を行うとなると、会社の権限と抵触する面が出てきます。会社としてみれば、いくら企業内の組合であるとはいっても、許可なく、勝手なことをされては困ると考えるでしょう。会社はあくまで働くため

の場所であり、労働組合が、会社施設を無断で使ってよいということにはならないでしょう。

このことを法的にみれば、会社には、所有権や占有権等にもとづき、その物的施設を管理する権限があるということです。こうした権限を総称して、施設管理権といいます。

ただ、労働組合には憲法上の団結権や団体行動権があるので、場合によっては、施設管理権を侵害するような組合活動も、会社は甘受しなければならない、という考え方が出てきても不思議ではありません。会社の許可があれば、組合活動ができるのは当然であり、それでは、憲法上の保障があるということの意味がないともいえそうです。会社の許可がなくても、会社内で組合活動ができる可能性があってはじめて、組合活動権が憲法上保障されていることの意味があるといえそうです。

2 学説の対立

この問題については、学説上、対立があります。一つの考え方は、憲法上の団結権の保障は、会社に団結権承認義務を課すものであり、その団結権承認義務から、組合活動に関する受忍義務が導き出されるとするものです。これを受忍義務説といいます。

つまり、労働組合にとって必要がある場合には、会社の許可があるかどうかに関係なく、会社施設を利用して組合活動を行う権限を有し、会社はそれを受忍する義務があるというのです。

もう一つの考え方は、憲法の団体行動権は、受忍義務のように、会社の施設管理権を正面から制約するような義務をもたらすものではないが、かりに企業の施設管理権を侵害するような行為をしたとしても、労働法的な観点から正当とされれば、違法性が阻却されるというものです。この見解は、違法性阻却説と呼ばれます。

ここでいう労働法的な観点からの正当性とは、組合活動の必要性の程度や企業に与えた損害の程度等を総合的に考慮して判断されることになるでしょう。

違法性阻却説は、受忍義務説のように、労働組合が会社施設を利用する権限

があるとまではいわないのですが、会社が、無断の施設利用について責任を追及しようとすると、場合によってはそれが許されないことがあるとするのです。

このあたりの議論は、法的な理論構成に関する争いという面が強く実務には関係ないともいえそうですが、違法性阻却説は、労働組合だからといって当然には会社施設を利用する権限をもつことはないということを明確にしており、これは重要な点だと思います。

以上は学説の対立ですが、では、最高裁は、どう言っているのでしょうか。この点が問題となったのが、国鉄札幌運転区事件です[*1]。

（*1） 最3小判昭和54年10月30日民集33巻6号647頁〔最重判187事件〕

3 国鉄札幌運転区事件最高裁判決

この事件は、当時の国鉄の職員で組織されている労働組合が、当局の許可を得ずに、駅のロッカーなどにビラを大量に貼付したため、組合幹部らに懲戒処分としての戒告処分が行われ、この処分の有効性が争われたものです。

最高裁は、受忍義務説に関して、次のように述べています。

「企業に雇用されている労働者は、企業の所有し管理する物的施設の利用をあらかじめ許容されている場合が少なくない。しかしながら、この許容が、特段の合意があるのでない限り、雇用契約の趣旨に従って労務を提供するために必要な範囲において、かつ、定められた企業秩序に服する態様において利用するという限度にとどまるものであることは、事理に照らして当然であり、したがって、当該労働者に対し右の範囲をこえ又は右と異なる態様においてそれを利用しうる権限を付与するものということはできない」。

「また、労働組合が当然に当該企業の物的施設を利用する権利を保障されていると解すべき理由はなんら存しないから、労働組合又はその組合員であるからといって、使用者の許諾なしに右物的施設を利用する権限をもっているということはできない」。

「もっとも、当該企業に雇用される労働者のみをもって組織される労働組合（いわゆる企業内組合）の場合にあっては、当該企業の物的施設内をその活動の主

要な場とせざるを得ないのが実情であるから、その活動につき右物的施設を利用する必要性の大きいことは否定することができないところではある」。

しかし、「労働組合による企業の物的施設の利用は、本来、使用者との団体交渉等による合意に基づいて行われるべきものであることは既に述べたところから明らかであつて、利用の必要性が大きいことのゆえに、労働組合又はその組合員において企業の物的施設を組合活動のために利用しうる権限を取得し、また、使用者において労働組合又はその組合員の組合活動のためにする企業の物的施設の利用を受忍しなければならない義務を負うとすべき理由はない、というべきである」。

このように、最高裁は、受忍義務説を明確に否定し、会社施設を利用するためには、団体交渉等をとおした合意にもとづくべきだと述べているのです。労働組合には、団体交渉権があり（憲法28条、労組法7条2号）、会社施設を利用した組合活動のルールは、会社が団体交渉に応じなければならない義務的団交事項であるので、そうした団体交渉により、組合活動についてのルールを設定したうえで、組合活動を行うべきということです。

4 義務的団交事項

ここで義務的団交事項という言葉が出てきたので、その意味を説明しておきましょう。

労組法7条2号は、「使用者が雇用する労働者の代表者と団体交渉をすることを正当な理由がなくて拒むこと」を不当労働行為として禁止しています。つまり、会社には、団体交渉応諾義務があるのです。

もっとも、会社は、労働組合が申込むすべての要求事項について、団体交渉に応じなければならないわけではありません。会社が応じなければならない義務的団交事項について、法律上は定義されていませんが、従来から、裁判例および学説は、「団体交渉を申し入れた労働者の団体の構成員たる労働者の労働条件その他の待遇、当該団体と使用者との間の団体的労使関係の運営に関する事項であって、使用者に処分可能なもの」と定義してきました[*1]。

会社のほうは、経営に関する事項は企業の専権であり、義務的団交事項に該

当しないと言うこともあります。しかし、通説は、経営に関する事項であっても、それが組合員の労働条件や雇用に影響がある場合には、その面については義務的団交事項となると解しています。

また、非組合員の労働条件については、原則として義務的団交事項には該当しませんが、それが「将来にわたり組合員の労働条件、権利等に影響を及ぼす可能性が大きく、組合員の労働条件との関わりが強い事項」は例外的に義務的団交事項に該当するとされています[*2]。

(*1) たとえば、国・中労委（根岸病院）事件・東京高判平成19年7月31日労判946号58頁〔最重判159事件〕
(*2) 国・中労委（根岸病院）事件・前掲。初任給が要求事項とされた事案で、会社の団交応諾義務を肯定しました。

5 最高裁の許諾説

最高裁判決に戻ると、最高裁は、受忍義務説は否定したのですが、それに続いて、次のような重要な判断を示しています。

「労働組合又はその組合員が使用者の所有し管理する物的施設であって定立された企業秩序のもとに事業の運営の用に供されているものを使用者の許諾を得ることなく組合活動のために利用することは許されないものというべきであるから、労働組合又はその組合員が使用者の許諾を得ないで叙上のような企業の物的施設を利用して組合活動を行うことは、これらの者に対しその利用を許さないことが当該物的施設につき使用者が有する権利の濫用であると認められるような特段の事情がある場合を除いては、職場環境を適正良好に保持し規律のある業務の運営態勢を確保しうるように当該物的施設を管理利用する使用者の権限を侵し、企業秩序を乱すものであって、正当な組合活動として許容されるところであるということはできない」。

これは、許諾がなければ、会社施設の利用を認めない、あるいは許諾のない組合活動は正当性がない、と述べたもので、許諾説と呼ばれます。許諾説は、労働組合にとってはかなり厳しい判断です。この判例が出てから、労働組合が会社内において無許可の組合活動をすることは著しく困難となりました。

組合活動の正当性が否定されるということは、それに対する会社の対抗措置が不当労働行為（労組法7条）とならないということですし、会社に損害を与えた場合には、不法行為による損害賠償責任が認められるということでもあります（民法709条。民事免責の否定）。

　めったにないことですが、犯罪の構成要件に該当するようなことがかりにあると（たとえば、ビラの貼付は、貼り方いかんでは、刑法261条の器物損壊罪に該当することがあります）、正当性のある組合活動であれば、刑事責任は問われないのです（労組法1条2項）が、正当性がなければ、刑事責任が追及されることになります（刑事免責の否定）。

　このように正当性を厳しく判断する判例は、労働組合には過酷なものとなるのですが、実は、最高裁も、まったく救いの手をさしのべていないわけではないのです。それが、「特段の事情」論です。

6　特段の事情とは

　最高裁の前記の判決は、注意深く読むと、「これらの者に対しその利用を許さないことが当該物的施設につき使用者が有する権利の濫用であると認められるような特段の事情がある場合を除いて」と述べています。つまり、特段の事情がある場合には、無許可の組合活動が正当と認められる余地があるとしているのです。

　もっとも、その後の判例は、「特段の事情」を限定的に解したため、会社の許諾なしに会社施設を利用して行った組合活動が正当と認められる余地は、結果として著しく小さくなりました。「特段の事情」の認められる典型例は、会社施設の利用の拒否が反組合的意図によるもので不当労働行為に該当するような場合、あるいは、組合併存状況において、合理的な理由なく一方の組合にのみ利用を認め、他方の組合に利用を認めないという組合間差別がある場合です。

　判例の許諾説は、違法性阻却説よりも、労働組合には厳しい見解といえるでしょう。そのため、学説の強い批判があるところです。

　ただ、判例は、同じように会社施設を利用する組合活動であっても、ビラの配布については、ビラの貼付より広く正当性を認める傾向にあります。これは、

施設管理権の侵害の程度が小さいことに起因しているのかもしれません。

　判例は、旧電電公社の局所内で許可を得ずに行われたビラ配布行為について、形式的には就業規則の規定に違反する場合でも、「右規定は、局所内の秩序風紀の維持を目的としたものであるから……、ビラの配布が局所内の秩序風紀を乱すおそれのない特別の事情が認められるときは、右規定の違反になるとはいえないと解するのを相当とする」と述べていました[*1]。

　この判決は、結論としては、ビラ配布が「局所内の秩序を乱すおそれのあったものであることは明らかである」として就業規則に違反し、懲戒事由に該当することを認めたのですが、その後の最高裁判決では、昼の休憩時間中に政治的な内容のビラを平穏に配布したという事案で、「秩序を乱すおそれのない特別の事情」があるということを認めて、懲戒処分を無効とするものが現れました[*2]。

　さらに、組合活動としてのビラ配布についても、会社の正門と歩道との間の広場という、「当時一般人が自由に立ち入ることのできる格別上告会社の作業秩序や職場秩序が乱されるおそれのない」場所で行われたものである場合には、施設管理権を不当に侵害するものではないとして、ビラ配布を正当として是認することができると述べた最高裁判決[*3]や学校の教員の職場でのビラ配布に対する懲戒処分が不当労働行為に該当するかどうかが争われた事件で、このような「秩序を乱すおそれのない特別の事情」の有無という観点から判断をし、組合活動の正当性を肯定して、懲戒処分は不当労働行為であると述べた最高裁判決[*4]も出てきました。

（＊１）　目黒電報電話局事件・最３小判昭和52年12月13日労判287号26頁〔最重判30事件〕
（＊２）　明治乳業事件・最３小判昭和58年11月１日労判417号21頁
（＊３）　住友化学工業事件・最２小判昭和54年12月14日労判336号46頁
（＊４）　倉田学園事件・最３小判平成６年12月20日労判669号13頁〔最重判189事件〕

7　就業時間内の組合活動

　組合活動の正当性は、会社施設の利用をした場合の施設管理権との抵触という観点から問題となるだけでなく、組合活動が就業時間内に行われたときには、

職務専念義務に違反するかという観点からも問題となります。たとえば組合の要求事項をかかげたリボンを着用して勤務するというリボン闘争や、組合バッジをつけて勤務するというような場合に、職務専念義務違反が問題となります（⇒ *Theme* 18 ）。

この点について、最高裁は、一般論として、次のように述べています[*1]。

「一般に、労働者は、労働契約の本旨に従って、その労務を提供するためにその労働時間を用い、その労務にのみ従事しなければならない。したがって、労働組合又はその組合員が労働時間中にした組合活動は、原則として、正当なものということはできない」。

元来、職務専念義務について、最高裁は、「勤務時間及び職務上の注意力のすべてをその職務遂行のために用い職務にのみ従事しなければならないことを意味する」と述べて厳格な判断をしており[*2]、そのため就業時間中の組合活動が正当と認められる余地もきわめて小さいのです。ただ学説上は、実害が発生していない場合には、義務違反と認めるべきではないとする見解が通説であり、この論点では、判例と学説が正面からぶつかっています。

（*1） 済生会中央病院事件・最２小判平成元年12月11日労判552号10頁〔最重判188事件〕
（*2） 目黒電報電話局事件・前掲

参考文献
「労働の正義」の第23話

キーワード
組合活動、団体行動権、施設管理権、受忍義務説、団体交渉、義務的団交事項、職務専念義務

[注記]

2012年の第180回国会で成立した法改正および審議中の法改正案について

　2012年の第180回国会において、同年5月30日時点で、派遣法の改正はすでに成立し、さらに労契法、労安法、高年法の改正案が出されています。以下には、その内容について、本書に関係する部分に限定して紹介しておきます。

Theme 01 に関して

　労契法の改正案には、有期労働契約の労働者と無期労働契約の労働者との間で労働条件が相違する場合は、その相違は、労働者の職務の内容（業務の内容および当該業務にともなう責任の程度）、当該職務の内容および配置の変更の範囲その他の事情を考慮して、不合理と認められるものであってはならない、という規定が含まれています。有期労働契約の従業員の労働条件について、正社員との均衡を考慮する規定の一種と考えてよいでしょう。

　このほか、有期労働契約の反復更新後の雇止めを制限する法理を成文化する規定、有期労働契約が通算して5年を超える場合における無期労働契約への転換規定もあります。

Theme 05 に関して

　派遣法は、名称が変更されたことに加えて（本書の凡例の略語一覧では、改正後の名称にしています）、多くの改正点があります。ポイントをあげれば次のとおりです。
① 日雇い派遣または30日以内の期間を定めてする派遣の原則禁止（35条の3）
② グループ内派遣は8割以内におさえること（23条の2）。特定の者にのみ派遣を行うことを目的とする「専ら派遣」は、派遣事業の許可の消極的要件として禁止されています（7条1項1号）が、規制の範囲が広げられたということです。
③ 派遣先が、派遣先を離職した労働者を1年以内に派遣労働者として受け入れることの禁止（40条の6、35条の4）
④ 派遣元に、派遣労働者の無期労働契約への転換推進措置を講じる努力義務を課すこと（30条）

⑤ 派遣元は、派遣労働者の賃金、教育訓練、福利厚生について、派遣先で同種の業務に従事する労働者との均衡を考慮すること（30条の2）
⑥ マージン率（派遣料金の平均と派遣労働者の賃金の平均の差額を派遣料金の平均で割ったもの）の情報提供（23条5項）
⑦ 派遣元は、雇入れの際等に、派遣労働者に派遣料金を明示すること（34条の2）
⑧ 労働者派遣契約の解除の場合において、派遣先が派遣労働者の新たな就業機会の確保や休業手当等の費用負担の措置等の措置を講じることの義務化（29条の2）
⑨ 一定の違法派遣の場合、派遣先が違法であることを知りながら派遣労働者を受け入れている場合等には、派遣先が派遣労働者に労働契約の締結の申込みをしたものとみなすこと（この規定については、法の施行から3年経過後の施行）
⑩ 処分逃れの防止をするための、労働者派遣事業の許可における欠格事由等の整備（6条等）

Theme 27 に関して

　労安法の改正案には、メンタルヘルス（精神的健康）に関する検査義務と、現行の面接指導（66条の8）と類似のスキームで、従業員の希望により、プライバシーに配慮しながら、医師等の面接指導を受けることができるという制度が含まれています。そのほか、受動喫煙（室内またはこれに準ずる環境において、他人のたばこの煙を吸わされること）の防止に関する規制の導入も含まれています。

Theme 31 に関して

　高年法の改正案については、本文でも紹介したように、同法9条2項における継続雇用について労使協定で基準を設けることができるという規定が廃止されることです。その代わりに、同項では、新たに、関連会社（法文上は、特殊関係事業主）との間での継続雇用でもOKとする規定が盛り込まれています。

キーワード索引 (Theme)

あ

安全配慮義務	Theme 27, Theme 29
一般的拘束力	Theme 35
営業秘密	Theme 32
親子会社	Theme 03

か

解雇	Theme 09, Theme 10
	Theme 25, Theme 30
	Theme 34
解雇権濫用法理	Theme 30
解雇の金銭解決	Theme 09
会社の社会的責任	Theme 17
会社分割	Theme 04
過労死	Theme 26
過労自殺	Theme 26
間接雇用	Theme 05
間接差別	Theme 28
管理監督者	Theme 11
管理職組合	Theme 33
企業秩序	Theme 22
帰責事由	Theme 14
偽装請負	Theme 05
偽装解散	Theme 03
規範的効力（労働協約）	Theme 35
義務的団交事項	Theme 37
休業手当	Theme 14
休職	Theme 25

競業避止義務	Theme 32
強行規定	Theme 06
業務委託（請負）	Theme 02
業務起因性	Theme 26
業務命令	Theme 19
均衡待遇	Theme 01
均等待遇	Theme 01
組合活動	Theme 37
組合活動の正当性	Theme 36
計画年休	Theme 16
刑事免責	Theme 36
継続雇用	Theme 31
契約	Theme 02
経歴詐欺	Theme 22
健康配慮義務	Theme 27
権利濫用	Theme 24
公益通報者保護法	Theme 17
公的年金	Theme 31
高年齢者雇用確保措置	Theme 31
公務員の争議行為の禁止	Theme 36
合理的変更法理	Theme 07
雇用契約	Theme 02
コンプライアンス	Theme 17

さ

罪刑法定主義	Theme 23
最低基準効（就業規則）	
	Theme 06, Theme 07

305

最低賃金	Theme 06
債務不履行	Theme 21
採用内定	Theme 09
裁量労働制	Theme 11, Theme 12
時間外労働	Theme 11
指揮監督	Theme 15
時季指定権	Theme 16
時季変更権	Theme 16
事業譲渡	Theme 04
事実たる慣習	Theme 08
私生活の自由	Theme 20
施設管理権	Theme 37
私的自由	Theme 19
自動退職	Theme 25
試用期間	Theme 10
使用者責任	Theme 21
私用メール	Theme 18
従業員の損害賠償責任	Theme 21
就業規則	Theme 07, Theme 24, Theme 30
周知	Theme 07
出向	Theme 04
受忍義務説	Theme 37
職業選択の自由	Theme 32
職場環境配慮義務	Theme 29
職務専念義務	Theme 18, Theme 37
ストライキ	Theme 14, Theme 36
性差別	Theme 28
誠実義務	Theme 32
正社員	Theme 01
精神障害	Theme 26

整理解雇の4要素	Theme 30
セクシュアルハラスメント	Theme 29
争議行為	Theme 36
相殺	Theme 13

た

退職金	Theme 23, Theme 32
脱退の自由	Theme 34
男女雇用機会均等法	Theme 28
団体交渉	Theme 37
団体行動権	Theme 36, Theme 37
チェックオフ	Theme 13
中間収入の控除	Theme 14
懲戒解雇	Theme 23
懲戒権	Theme 23
懲戒権の濫用	Theme 23
懲戒処分	Theme 17, Theme 19, Theme 20, Theme 21, Theme 22, Theme 25
長期連続休暇	Theme 16
調整的相殺	Theme 13
直用義務	Theme 05
賃金	Theme 13
賃金全額不払いの原則	Theme 13
賃金直接払いの原則	Theme 13
定年	Theme 31
転勤	Theme 24
転籍	Theme 04

な

内定取消	Theme 09

内々定	Theme 09
内部告発	Theme 17
内容規律効（就業規則）	Theme 07
任意規定	Theme 06
年次有給休暇	Theme 16
年俸制	Theme 12
年齢差別	Theme 31
脳・心臓疾患	Theme 26
ノーワーク・ノーペイの原則	Theme 14, Theme 36

は

パートタイム	Theme 01
派遣先の使用者性	Theme 05
非正社員	Theme 01
秘密保持義務	Theme 18
副業	Theme 20
普通解雇	Theme 23
不当労働行為	Theme 33
不法行為	Theme 21
プライバシー	Theme 18
変更解約告知	Theme 24
法人格否認の法理	Theme 03
法定労働時間	Theme 11
法適合組合	Theme 33

ま

民事免責	Theme 36
メンタルヘルス	Theme 27
免罰的効力	Theme 35
黙示の労働契約	Theme 05

や

有期労働契約	Theme 10
ユニオン・ショップ	Theme 34

ら

留保解約権	Theme 10
労基法の強行規定性	Theme 12, Theme 15
労災保険	Theme 26
労使慣行	Theme 08
労使協定	Theme 13, Theme 35
労働協約	Theme 35
労働組合	Theme 33, Theme 34
労働契約	Theme 02
労働契約の承継	Theme 04
労働災害	Theme 26
労働時間の概念	Theme 15
労働者	Theme 01, Theme 02
労働者派遣	Theme 05
ロックアウト	Theme 14

わ

ワーキング・プア	Theme 01
ワーク・ライフ・バランス	Theme 24, Theme 28
割増賃金	Theme 11, Theme 12

MEMO

〔著者紹介〕

大内　伸哉（おおうち・しんや）

　1963年生まれ。東京大学法学部卒、東京大学大学院法学政治学研究科修士課程修了、同博士課程修了。現在、神戸大学大学院法学研究科教授。

　主たる著書は、『労働条件変更法理の再構成』、『労働者代表法制に関する研究』、『労働の正義を考えよう』（以上、有斐閣）、『イタリアの労働と法』（日本労働研究機構）、『労働法実務講義（第2版）』、『就業規則からみた労働法（第3版）』、『キーワードからみた労働法』（以上、日本法令）、『雇用社会の25の疑問（第2版）』、『労働法学習帳（第2版）』、『最新重要判例200労働法（増補版）』（以上、弘文堂）、『どこまでやったらクビになるか』（新潮社）、『雇用はなぜ壊れたのか』（筑摩書房）、『君は雇用社会を生き延びられるか』（明石書店）、『改訂　君たちが働き始める前に知っておいてほしいこと』（労働調査会）他。

いまさら聞けない!?　雇用社会のルール
～採用から退職まで～

　　平成24年8月20日　初版発行

　　　著　者　大内　伸哉
　　　発行者　志田原　勉
　　　発行所　一般社団法人　日本労務研究会
　　　　　　〒170-0005　東京都豊島区南大塚3-32-10
　　　　　　TEL：03-3980-2331
　　　　　　FAX：03-3980-2334
　　　　　　http://www.nichiroken.or.jp/

ISBN978-4-88968-090-4 C2032　¥1800E
落丁・乱丁はお取り替えいたします。

本書の一部または全部を無断で複写・複製することは、著作権法上での例外を除き、禁じられています。